社会工作法律实务

乌玉洁　张雁飞　王萍　编著

清华大学出版社
北京

内容简介

本书根据国家"加快高等院校社会工作人才培养体系建设,抓紧培养大批社会工作急需的各类专门人才"的指示精神,结合社会工作者从事与法律相关的职业岗位工作任务编写而成。本书以真实的案例为载体,提炼出社会工作实践中常见的法律纠纷,通过最具权威性的法律法规、司法解释进行解读,旨在培养专业性、职业性的社会工作人才。

本书以高校法律专业和社会学类专业学生为主要对象,也可作为社会工作者从事相关岗位、解决社会纠纷的参考资料和普法教材。

本书封面贴有清华大学出版社防伪标签,无标签者不得销售。
版权所有,侵权必究。举报: 010-62782989,beiqinquan@tup.tsinghua.edu.cn。

图书在版编目(CIP)数据

社会工作法律实务/乌玉洁,张雁飞,王萍编著. --北京: 清华大学出版社,2016(2024.3重印)
ISBN 978-7-302-42360-7

Ⅰ. ①社… Ⅱ. ①乌… ②张… ③王… Ⅲ. ①法律—基本知识—中国 Ⅳ. ①D920.5

中国版本图书馆 CIP 数据核字(2015)第 296219 号

责任编辑: 张龙卿
封面设计: 徐日强
责任校对: 袁　芳
责任印制: 沈　露

出版发行: 清华大学出版社
网　　址: https://www.tup.com.cn, https://www.wqxuetang.com
地　　址: 北京清华大学学研大厦 A 座　　　邮　编: 100084
社 总 机: 010-83470000　　　　　　　　　邮　购: 010-62786544
投稿与读者服务: 010-62776969, c-service@tup.tsinghua.edu.cn
质量反馈: 010-62772015, zhiliang@tup.tsinghua.edu.cn

印 装 者: 三河市龙大印装有限公司
经　　销: 全国新华书店
开　　本: 185mm×260mm　　印　张: 15　　字　数: 340 千字
版　　次: 2016 年 4 月第 1 版　　　　　　印　次: 2024 年 3 月第 9 次印刷
定　　价: 45.00 元

产品编号: 064542-02

前言

社会工作是一种体现社会主义核心价值理念、预防和解决社会问题、促进社会和谐稳定的专业性、职业性的服务活动。2006年10月中共中央十六届六中全会在《中共中央关于构建社会主义和谐社会若干重大问题的决定》中指出:"建设宏大的社会工作人才队伍。造就一支结构合理、素质优良的社会工作人才队伍……加快高等院校社会工作人才培养体系建设,抓紧培养大批社会工作急需的各类专门人才。"中组发〔2012〕7号《社会工作专业人才队伍建设中长期规划(2011—2020年)》要求:"适应社会工作专业教育、理论、政策与实务发展需要,重点培养造就一批理论功底深,实务能力强,系统掌握国内外社会工作法规政策,能够推动本土社会工作理论和政策实务发展,具备开展国际交流合作能力的社会工作教育与研究人才。"这些文件的出台,为我国新时期的社会工作提供了政策上的强大支持的同时,也确定了社会工作走专业化、职业化的道路是未来的发展方向。

社会工作必须以国家法律法规、政策性规定为服务依据,所以社会工作者必须具备将法律知识熟练应用于实际工作、解决纠纷的能力。鉴于此,作为承担社会工作人才培养的高等院校,本书的设计与编写结合编者多年在高校从事"社会工作法律法规"课程一线教学的经验,从社会工作者职业岗位工作面对的多种社会纠纷中提炼出"十项任务",有针对性地选取最具普适性的法律法规,以法律原理(涵盖了常用的法律条文)、案例研究、相关文书拟定和拓展阅读等体系构成,旨在提高社会工作者理解和应用法律知识的实践能力。

本书由乌玉洁、张雁飞、王萍编著。具体分工如下:乌玉洁编写绪论、任务2、任务3、任务5、任务7和任务9;张雁飞编写任务1、任务4和任务8;王萍编写任务6和任务10。乌玉洁完成本书的统稿工作。

在本书编写的过程中参考了大量书籍、报刊文献和网络资料,吸收了国内学者最新的研究成果,在此向各位专家、学者表示衷心感谢!本书的出版得到清华大学出版社的大力支持,在此一并致谢。

本书可作为应用型本科法律或社会学类,高职高专公共事业类、公共服务类专业社会工作法律法规课程的教材和教学参考书,同时也是从事社会工作相关岗位人员的参考读物。

由于编者水平和时间所限,难免有疏漏和不足之处,敬请广大读者和同仁批评、指正。

编 者
2016年1月

目录

绪论 ··· 1
任务 1 　相邻关系纠纷及解决 ··· 8
　1.1　法律原理 ·· 8
　　1.1.1　相邻关系的含义 ··· 8
　　1.1.2　相邻关系的类型 ··· 10
　　1.1.3　相邻关系的主要法律规定 ····························· 13
　1.2　案例研究 ·· 14
　　1.2.1　案例介绍 ·· 14
　　1.2.2　案例分析 ·· 15
　　1.2.3　相关文书拟定 ·· 16
　1.3　拓展阅读 ·· 18
　　1.3.1　相邻权与地役权的联系与区别 ······················· 18
　　1.3.2　《物权法》与《民法通则》的相邻关系 ··············· 19
　课后练习 ··· 21
任务 2 　监护纠纷及解决 ··· 22
　2.1　法律原理 ·· 22
　　2.1.1　监护的含义 ··· 22
　　2.1.2　监护的类型 ··· 23
　　2.1.3　监护的主要法律规定 ··································· 27
　2.2　案例研究 ·· 30
　　2.2.1　案例介绍 ·· 30
　　2.2.2　案例分析 ·· 32
　　2.2.3　相关文书拟定 ·· 34
　2.3　拓展阅读 ·· 38
　　2.3.1　监护制度的沿革 ··· 38
　　2.3.2　中国监护制度的源流 ··································· 39
　　2.3.3　监护人劳动报酬的取得 ································ 40
　　2.3.4　监护的变更 ··· 40
　　2.3.5　监护关系中的民事责任 ································ 41

课后练习 ··· 42
任务3　婚姻家庭纠纷及解决 ··· 44
　3.1　法律原理 ·· 44
　　3.1.1　婚姻家庭的含义 ··· 44
　　3.1.2　家庭关系 ·· 50
　　3.1.3　婚姻家庭关系的主要法律规定 ··································· 54
　3.2　案例研究 ·· 56
　　3.2.1　案例介绍 ·· 56
　　3.2.2　案例分析 ·· 58
　　3.2.3　相关文书的拟定 ··· 59
　3.3　拓展阅读 ·· 62
　　3.3.1　婚姻家庭制度的历史发展 ··· 62
　　3.3.2　我国婚姻立法的历史变迁 ··· 63
　　3.3.3　最高人民法院《关于适用〈中华人民共和国婚姻法〉若干问题
　　　　　的解释(一)(二)(三)》 ·· 64
　　课后练习 ··· 66

任务4　抚养、扶养、赡养纠纷及解决 ······································· 68
　4.1　法律原理 ·· 68
　　4.1.1　亲属制度 ·· 68
　　4.1.2　家庭关系 ·· 69
　　4.1.3　抚养 ··· 71
　　4.1.4　扶养 ··· 73
　　4.1.5　赡养 ··· 75
　　4.1.6　抚养、扶养、赡养的主要法律规定 ······························· 77
　4.2　案例研究 ·· 78
　　4.2.1　案例介绍 ·· 78
　　4.2.2　案例分析 ·· 80
　　4.2.3　相关文书拟定 ·· 82
　4.3　拓展阅读 ·· 85
　　4.3.1　法律意义上抚养与扶养的区别 ····································· 85
　　4.3.2　抚养义务的特征 ··· 86
　　4.3.3　违反夫妻扶养义务的法律后果 ····································· 86
　　4.3.4　后赡养义务 ·· 87
　　4.3.5　违反赡养义务的法律责任 ··· 88
　　课后练习 ··· 88

任务5　继承纠纷及解决 ··· 91
　5.1　法律原理 ·· 91
　　5.1.1　继承概述 ·· 91

	5.1.2	遗产	94
	5.1.3	被继承人的债务清偿问题	97
	5.1.4	法定继承	98
	5.1.5	遗嘱继承	103
	5.1.6	遗赠及遗赠扶养协议	106
	5.1.7	继承的主要法律规定	107

5.2 案例研究 ··········· 109
    5.2.1 案例介绍 ··········· 109
    5.2.2 案例分析 ··········· 110
    5.2.3 相关文书拟定 ··········· 113

5.3 拓展阅读 ··········· 115
    5.3.1 遗嘱继承纠纷——原告代理词展示 ··········· 115
    5.3.2 法定继承纠纷——被告代理词展示 ··········· 116
    5.3.3 遗嘱继承纠纷——答辩状展示 ··········· 117

课后练习 ··········· 118

任务6 刑事自诉法律问题及处理 ··········· 120

6.1 法律原理 ··········· 120
    6.1.1 犯罪 ··········· 120
    6.1.2 刑罚 ··········· 121
    6.1.3 虐待罪犯罪构成与刑罚 ··········· 125
    6.1.4 遗弃罪犯罪构成与刑罚 ··········· 128
    6.1.5 刑事自诉 ··········· 131
    6.1.6 刑事自诉的主要法律规定 ··········· 134

6.2 案例分析 ··········· 136
    6.2.1 案例介绍 ··········· 136
    6.2.2 案例分析 ··········· 136
    6.2.3 相关文书的拟定 ··········· 138

6.3 拓展阅读 ··········· 139
    6.3.1 刑事自诉特点 ··········· 139
    6.3.2 刑事自诉起诉条件 ··········· 140
    6.3.3 自诉案件范围 ··········· 141
    6.3.4 刑事自诉状 ··········· 142

课后练习 ··········· 143

任务7 特殊群体纠纷及解决 ··········· 144

7.1 法律原理 ··········· 144
    7.1.1 特殊群体 ··········· 144
    7.1.2 精神病人 ··········· 145
    7.1.3 艾滋病人 ··········· 148

7.1.4 未成年人权益的保护 150
  7.1.5 老年人 153
  7.1.6 特殊群体的主要法律规定 155
 7.2 案例研究 158
  7.2.1 案例介绍 158
  7.2.2 案例分析 159
  7.2.3 相关文书拟定 161
 7.3 拓展阅读 162
  7.3.1 特殊群体概念界定 162
  7.3.2 我国对特殊群体保护的主要立法形式 163
 课后练习 164

任务8 劳动与社会保障法律问题及解决 166
 8.1 法律原理 166
  8.1.1 劳动关系与劳动法律关系 166
  8.1.2 劳动合同 166
  8.1.3 劳动争议 173
  8.1.4 社会保障 175
  8.1.5 劳动与社会保障法律法规 176
 8.2 案例研究 178
  8.2.1 案例介绍 178
  8.2.2 案例分析 179
  8.2.3 相关文书拟定 180
 8.3 拓展阅读 181
  8.3.1 社会保障发展历程 181
  8.3.2 我国社会保障制度的历史发展 182
  8.3.3 劳动合同范本 183
 课后练习 187

任务9 侵权纠纷及解决 188
 9.1 法律原理 188
  9.1.1 民事侵权行为及分类 188
  9.1.2 承担民事侵权责任的方式 193
  9.1.3 侵权纠纷的主要法律规定 197
 9.2 案例研究 199
  9.2.1 案例介绍 199
  9.2.2 案例分析 200
  9.2.3 相关文书拟定 202
 9.3 拓展阅读 205
  9.3.1 环境污染侵权诉讼民事起诉状的书写重点 205

9.3.2　道路交通事故损害赔偿诉讼民事起诉状的书写重点 …………… 206
　　9.3.3　医疗纠纷侵权诉讼民事起诉状的书写重点 …………………… 207
课后练习 ……………………………………………………………………… 209

任务 10　社区服务与管理纠纷及解决 ……………………………………… 211
10.1　法律原理 ………………………………………………………………… 211
　　10.1.1　社区的法律地位 ……………………………………………… 211
　　10.1.2　社区与居民的法律关系 ……………………………………… 213
　　10.1.3　社区纠纷的类型 ……………………………………………… 214
　　10.1.4　社区的主要法律规定 ………………………………………… 216
10.2　案例研究 ………………………………………………………………… 217
　　10.2.1　案例介绍 ……………………………………………………… 217
　　10.2.2　案例分析 ……………………………………………………… 218
　　10.2.3　相关文书拟定 ………………………………………………… 220
10.3　拓展阅读 ………………………………………………………………… 224
　　10.3.1　物业服务合同概述 …………………………………………… 224
　　10.3.2　物业服务合同的主要内容 …………………………………… 225
课后练习 ……………………………………………………………………… 227

参考文献 ……………………………………………………………………… 228

绪　　论

社会工作,是一种体现社会主义核心价值理念,预防和解决社会问题,恢复和发展社会功能,促进社会和谐稳定的职业活动。其目的是帮助有困难的个人、家庭、群体等走出困境的职业化、专业化的助人活动,通过服务化解矛盾、解决相关社会问题,实现个人与社会环境的良性互动,达到维持社会秩序的效果。

一、社会工作含义、范围

社会工作是一项以助人为目的,综合运用社会工作专业知识和技能,利用特有的个案、小组及社区工作方法,为有需要的个人、家庭、机构和社区提供专业社会服务,预防和解决社会问题,恢复和发展社会功能的一种职业服务活动。

2006年10月中共中央十六届六中全会作出《中共中央关于构建社会主义和谐社会若干重大问题的决定》(以下简称《决定》),《决定》指出要"建设宏大的社会工作人才队伍。造就一支结构合理、素质优良的社会工作人才队伍,是构建社会主义和谐社会的迫切需要。建立健全以培养、评价、使用、激励为主要内容的政策措施和制度保障,确定职业规范和从业标准,加强专业培训,提高社会工作人员职业素质和专业水平。制定人才培养规划,加快高等院校社会工作人才培养体系建设,抓紧培养大批社会工作急需的各类专门人才。充实公共服务和社会管理部门,配备社会工作专门人员,完善社会工作岗位设置,通过多种渠道吸纳社会工作人才,提高专业化社会服务水平"。

根据中共中央《决定》的精神,结合国外社会工作的成功经验,社会工作应是在遵循专业知识技术规范基础上,坚持"助人自助"宗旨,在社会服务、管理领域,整合运用社会资源,综合运用专业知识、技能和方法,帮助有需要的个人、家庭、群体、组织和社区,预防和解决社会问题,恢复和发展社会功能,促进社会和谐的职业活动。

由此可见,社会工作的范围主要包括社会救助、社会福利服务、就业服务、慈善事业、社区管理与服务、人口计生、家庭婚姻服务、残障康复服务、社会行为矫正、犯罪预防、禁毒戒毒、心理道德辅导、纠纷调解、应急处置等领域。[①]

二、社会工作特点及主要对象

专业社会工作20世纪50年代以前就已传入中国。2004年6月,劳动和社会保障部颁发了《国家职业标准——社会工作者(试行)》,该标准成为中国社会工作专业化的重要象征,标志着中国社会工作经过近20年的发展,已从教育领域逐步发展到实务领域,并在国家层面和全国范围开始推广。

---

① http://baike.baidu.com/link?url=cIv0S837JwkmtL9TTIoeywlmlOcMmcSNUp.

2006年7月20日,人事部、民政部联合发布了《社会工作职业水平评价暂行规定》和《助理社会工作师、社会工作师职业水平考试实施办法》(国人部发〔2006〕71号)。

2006年10月11日,十六届六中全会作出《中共中央关于构建社会主义和谐社会若干重大问题的决定》,指出"建设宏大的社会工作人才队伍"是构建社会主义和谐社会的迫切需要。

2007年10月,民政部确定75个地区和90个民政事业单位为民政部社会工作人才队伍建设试点单位。

2008年6月,进行了首次全国社会工作者职业水平考试。截至2014年年底,全国持证上岗的社会工作(助理社会工作师和社会工作师)已达15.9万人,各方面社会工作专业人才数量突破40万人。

党的十六届六中全会作出建设宏大社会工作人才队伍的决策部署以来,尤其是党的十七大之后,我国社会工作专业人才制度建设稳步推进,实践探索不断深入,发展了一支近20万人的社会工作专业人才队伍。他们在提供专业服务、解决群众困难、化解社会矛盾、推进公平正义、促进社会和谐方面作用逐步显现。[①]

1. 社会工作特点

(1) 职业性。社会工作以帮助社会上极度困难和比较困难的群体为主要对象的专业的、职业性的助人活动。随着市场经济的快速发展、各种社会矛盾的凸现,如贫富差距、失业、人口老龄化、吸毒贩毒、未成年犯罪等,均需要大量具有专业理论知识功底、懂技术的人员,利用规范化的服务,为弱势群体提供帮助,化解矛盾与纠纷,从事专业的职业工作。

(2) 专业性。社会工作专业人才是具有一定社会工作专业知识和技能,在社会福利、社会救助、扶贫济困、慈善事业、社区建设、婚姻家庭、精神卫生、残障康复、教育辅导、就业援助、职工帮扶、犯罪预防、禁毒戒毒、矫治帮扶、人口计生、应急处置、群众文化等领域直接提供社会服务的专门人员。[②]

随着社会分工的细化,从事社会工作的人员,必须经过社会工作的专业训练、采用专业方法开展规范性活动。这种专业性的社会工作,需要建立专业化的人才队伍。2008年6月,进行了首次全国社会工作者职业水平考试,13.3万名考生参加了考试,20 086人取得助理社会工作师职业水平证书,4105人取得社会工作师职业水平证书。截至2014年年底,全国持证上岗的社会工作师(助理社会工作师和社会工作师)已达15.9万人,各方面社会工作专业人才数量突破40万人。

(3) 实践性。社会工作服务的对象是各种不同的人群,主要是帮助社会上的贫困者、老弱者、身心残障者和其他不幸者,以预防和解决社会矛盾与纠纷问题。其扮演的是服务者、教育者、倾听者、调控者等多种角色。所以,社会工作者在具备扎实的专业理论知识的同时,必须具有很强的实践能力。如面对个案的技术能力,是社会工作者在临床实践中运用具体技术知识的灵活程度,是理论知识在具体工作实践中的提炼(包括人际沟通能力、语

---

①② 社会工作专业人才队伍建设中长期规划(2011—2020年)(中组发〔2012〕7号).

言驾驭能力、解决问题的方法和模式的选择及操作能力等)。通过复杂的实践活动,训练有素科学方法的运用,根据纷繁复杂的个案,不断改变工作方法与技巧,从而达到有效助人的目的。

2. 社会工作主要对象

(1) 儿童社会工作。《中华人民共和国未成年人保护法》第二条规定,未成年人是指未满18周岁的公民。在我国的社会工作实践中,儿童的年龄界定为0～14周岁。儿童社会工作主要是根据儿童的生理、心理特点和成长发展的需要,把社会工作的专业知识、理念、方法和技巧,应用到儿童及其家庭的保护、教育中。儿童社会工作,常运用于普通全日制学校(幼儿园、小学、初中)、特殊教育学校(幼儿园、小学、初中)、社区儿童教育机构、社会儿童福利院、社会救助管理站等机构。

(2) 青少年社会工作。青少年是指14～18岁的未成年人。青少年社会工作,主要是根据青少年的心理特点、兴趣特长、家庭背景等,有针对性地把社会工作的专业知识、理念、方法和技巧,应用于青少年个案或小组活动中,帮助青少年进行思想道德、心理认知、生涯发展、求学就业辅导、行为偏差及犯罪青少年矫正等服务,促其健康成长。青少年社会工作,常运用于普通全日制学校(初中、高中)、特殊教育学校(初中、高中)、社会救助管理站、社区及家庭等。

(3) 老年社会工作。在我国,老年通常是指60岁或65岁以上的成年人。截至2014年年底,我国60岁以上老年人口已经达到2.12亿,占总人口的15.5%。一是老年人口增长快,规模大。二是高龄、失能老人增长快,社会负担重。据相关统计,80岁以上高龄老人以每年100万人的速度递增,而且失去自理能力的老人继续增加,预计到2016年,我国部分失能和完全失能老年人将达4000万人。三是农村老龄化问题突出,农村留守老年人中的高龄、失能和患病老年人的照料、护理问题亟待解决。四是老年人家庭空巢化、独居化加速,空巢老人2013年已突破1亿人。五是未富先老矛盾凸显,截至2014年年底,贫困、低收入、失能、半失能老年人数量约有3500万人。人口的老龄化,带来的如养老金、医疗保险、社会救助、福利服务、消费、储蓄、资源分配等老年问题日益凸显。

老年社会工作,主要是把社会老年学的专业理论知识,科学地运用到社会工作的理念、方法中,通过各项法律法规和涉老福利政策的推行,为老人提供生活、娱乐、康复、护理、权益维护等社会福利服务,以实现老年人需求、提高其生活质量的实践服务活动。老年社会工作,常运用于社会养老机构、社区托老助老机构、老年人家庭等。

(4) 家庭社会工作。家庭是指婚姻关系、血缘关系或收养关系基础上产生的,亲属之间所构成的社会生活单位。

家庭社会工作是指运用社会工作的方法或理论,以家庭为中心、以家庭问题作为服务内容,采用临床式服务与具体式服务,帮助求助的家庭发展,增强家庭日常功能,改善家庭关系和解决家庭问题的社会活动。

(5) 残疾人社会工作。《中华人民共和国残疾人保障法》第二条:"残疾人是指在心理、生理、人体结构上,某种组织、功能丧失或者不正常,全部或者部分丧失以正常方式从事某种活动能力的人。残疾人包括视力残疾、听力残疾、言语残疾、肢体残疾、智力残疾、精神残疾、多重残疾和其他残疾的人。"

在我国，残疾人社会工作，主要是把社会工作的理念、方法和技巧运用到残疾人工作中，利用专业化的知识和能力，为各类残障人士及其家庭提供预防、救助、康复、教育、就业、社会支持等社会福利服务，提高残疾人的职业技能，促使残疾人平等参与社会事务、共享社会资源。残疾人社会工作，通常运用于社会福利院、社会康复机构、社区及家庭等。

(6) 学校社会工作。在我国，学校社会工作服务对象包括在校儿童青少年、教师与家长。学校社会工作主要是指运用社会工作的理念、方法和技巧，通过教育工作者的配合与协助，以学校的全体学生为服务对象，以个案、小组等方法，实现学校、家庭、社区共同育人的目的。为在校学生、教师和家长提供在校学生辅导、师生关系辅导、家长教育辅导、教育环境改善等社会福利服务。学校社会工作，通常运用于中小学校、特殊教育学校等机构。

(7) 救助社会工作。在我国，救助对象主要包括由于种种原因而陷入生活困境的特殊人群。社会救助是指国家和其他社会主体对于遭受自然灾害、失去劳动能力或者其他低收入公民给予物质帮助或精神救助，以维持其基本生活需求，保障其最低生活水平的各种措施。

救助社会工作主要是指运用社会工作的理念、方法和技巧，根据社会救助工作的性质与特点，为陷入生活困境的特殊人群及其家庭提供维权、救助、就业等专业社会服务。救助社会工作，常运用于社会福利院、社会救助管理站、社区及家庭等。

(8) 矫正社会工作。在我国，矫正对象包括吸毒人员、犯罪服刑人员、刑满释放人员、社区服刑人员、边缘青少年等。矫正社会工作，主要是指专业社会工作者，运用社会工作理论、知识和方法，为矫正对象及其家庭提供思想教育、心理辅导、行为纠正、信息咨询、就业培训、生活照顾以及社会环境改善等社会福利服务，从而使矫正对象消除不良心理结构、修正行为模式、适应社会生活的一种福利服务。

(9) 医院社会工作。在我国，医院社会工作服务对象包括患者及其家庭、医生与医院。医院社会工作主要是以病患为中心，运用社会工作的理念、方法和技巧，通过协助患者与家属解决与疾病有关的问题，为患者与家庭、患者与医院、医生与医院提供患者权益维护、医疗康复支持、医患矛盾处理等社会福利服务。其目的是调节病人心理，对患者进行心理社会评估和干预，配合医院治疗；疏导患者和家属的情绪，改善医患关系，减少医疗纠纷，创造医患沟通的良好环境等。[1]

(10) 社区社会工作。在我国，社区社会工作对象包括生活在社区中的各种居民群体。

社区社会工作是以社区和社区的居民为案主，通过发动和组织社区居民参与集体活动，有计划、有步骤地解决或预防社会问题，减少社会冲突，为社区居民及其家庭提供社区公共服务、社区救助、社区卫生、社区治安、社区教育等社会福利服务，加强社区团结力、凝聚力，培养社区居民的民主参与意识，提高社区的社会服务能力与水平，促进社区的和谐发展。

(11) 企业社会工作。在我国，企业社会工作服务对象包括企业员工、管理者与企业。

企业社会工作是运用社会工作的理念、方法和技巧，以企业员工和企业自身为服务对象，为预防和解决企业员工和企业组织存在的纠纷，促进员工职业全面发展和企业科学管

---

[1] 姚尚满. 当前我国医院社会工作探析[J]. 山西高等学校社会科学学报,2009(10).

理、完成企业目标所开展的各类专业服务。

三、社会工作常见纠纷及相关法律体系的构成

1. 社会工作常见纠纷

社会工作涉及的范围较广。社会工作者服务的对象主要是弱势群体，受助人的困境可谓千差万别。在对受助人提供的帮助中，因纠纷的未及时化解引发社会问题的案例屡见不鲜。

本教材主要列举了与社会工作密切相关的常见纠纷的几种类型。

(1) 相邻关系纠纷。相邻关系纠纷又称不动产相邻关系纠纷，是相邻近的不动产所有权人或使用权人之间因行使权利所发生的冲突。因流水、用水、排水、使用邻地、通道、道路、采光、通风、安全防范等，与相邻人产生纠纷。

(2) 监护纠纷。监护权纠纷是指因行使监护权而发生的民事争议，主要是监护权人认为其依法行使的监护权被他人侵害时所引发的纠纷。监护是指民法上规定的对无民事行为能力人和限制民事行为能力人的人身权益和财产权益进行监督保护的法律制度。主要发生在未成年子女的父母离异、一方或双方死亡或丧失监护能力的前提下，以及无民事行为能力或者限制民事行为能力的精神病人无人监护、监护人放弃监护等。

(3) 婚姻家庭纠纷。婚姻家庭纠纷是目前社区工作中较为普遍的社会问题。其原因主要有：婚外遇，父母过多干涉引发冲突，夫妻感情不和，一方有不良习惯，家庭暴力等。婚姻家庭矛盾纠纷，影响正常的生活秩序，危及家庭和谐稳定，甚至引发不良案件的发生。

(4) 抚养、扶养、赡养纠纷。抚养纠纷，随着近年来离婚案件数量的上升，未成年人抚养费纠纷案件数量也不断增加。往往是因为当事人工作收入、自身环境状况等发生变化，不与子女共同生活而不支付抚养费，有的则是对法定义务不甚了解等以导致纠纷产生。

扶养纠纷，多发生在夫妻之间一方未依法对另一方履行经济供养和生活扶助的义务，以及有负担能力的兄、姐对于父母已经死亡或父母无力抚养的未成年的弟、妹，未履行法定的扶养的义务。

赡养纠纷，社会工作实践中，因子女不赡养老年人而引发的纠纷较多，往往与家庭财产分配不均、赡养人的赡养法律意识薄弱等原因密切相关。

(5) 继承纠纷。继承纠纷主要发生在被继承人死亡后，继承人之间因继承权的确认及遗产分配等问题发生争议。分为非侵权纠纷（如继承人对继承人的范围和顺序等问题认识不一致而产生的纠纷）和侵权纠纷（即因发生侵害继承权、受遗赠权的行为而导致的纠纷）。

(6) 刑事自诉法律问题。刑事自诉案件，是公民个人有证据证明的轻微刑事案件，被告人侵犯自己人身、财产权利的行为应当依法追究刑事责任，而公安机关或者人民检察院不予追究刑事责任的案件。权利人可以直接向人民法院起诉，要求人民法院依法追究被告人的刑事责任，人民法院可以直接立案、审理的案件。

刑事自诉案件包括：轻伤害案、侮辱他人诽谤他人案、暴力干涉婚姻自由案、重婚案、破坏现役军人婚姻案、虐待家庭成员案、遗弃案等。

(7) 特殊群体纠纷。特殊群体纠纷主要因智力、感知或者运动损害，导致在参与社会生活中，给他人造成的人身或财产上的损害引起的矛盾和纠纷。特殊群体是在生理上存在

弱势的群体,是那些由于生理性的原因而在生活的某些方面有所依赖、在社会竞争中处于弱势和容易被伤害的人群。

(8) 劳动与社会保障法律问题。劳动关系的日趋多样化、复杂化,企业用工制度不规范,片面追逐利润,劳动者的权益遭受侵害又不能适时合理解决,劳动关系双方法律意识淡薄引发劳动争议(纠纷)或演变为极端事件或发展成群体性事件频频见诸媒体。劳动者的弱势地位是其合法权益受侵害的主要原因。

(9) 侵权纠纷。侵权纠纷发生的群体和领域较大,产生的原因较多。本书只列举在社区工作中常见、易发的典型侵权纠纷类型。

(10) 社区服务与管理纠纷。社区是构建和谐社会的最基本单位。社区服务与管理是包括治安、人口、消防安全、交通、物业、卫生、社区矛盾纠纷的预防和化解等综合的公共服务机构,是维护社区整体利益的社会组织。社区服务与管理纠纷主要是指在履行职责中,与服务对象所发生的纠纷。

2. 社会工作相关法律体系的构成

根据《决定》,我国已经构成了相对完善的与社会工作相关的法律体系。

(1) 中华人民共和国宪法。宪法是国家的根本大法,规定了国家的各项基本制度和根本任务,规定了国家机关的组织与活动的基本原则,是保障公民基本权利的国家根本大法,具有最高法律效力。社会工作者必须理解宪法精神和实质内容,在为受助对象服务时,切实贯彻宪法原则。

(2) 中华人民共和国民法通则。这是我国公民、法人和其他社会组织在民事活动中对一定范围的财产关系及一定范围的人身关系进行调整的法律规范。社会工作者在解决个案纠纷时,必须理解并熟练运用民法通则的相关规定,依法化解矛盾。

(3) 物权法律制度。主要由《物权法》构成,是规范民事财产关系的基本法律,在法律体系中起基础作用。该法律涉及广大人民群众最关注的问题,如征收补偿、拆迁规范、房屋买卖中的预告登记、物业管理中的权利义务关系、农村土地承包经营权与宅基地使用权明确地规定为物权等,为保护平等主体的合法财产权利提供了最直接的法律依据,为构建和谐社会提供了法律保障。

(4) 婚姻家庭法律制度。主要包括《婚姻法》《继承法》《收养法》以及相关的司法解释等。既调整因婚姻而引起的人身关系,又调整由此而产生的夫妻财产关系,又有关于父母子女和其他家族成员间权利义务的规定。社会工作者应很好地理解和运用婚姻法、继承法、收养法的原理及相关的司法解释,做好婚姻纠纷的调解工作。让更多的家庭成员在维持婚姻的同时,更加懂得婚姻家庭中的义务和责任,构建和谐家庭和社区。

(5) 劳动与社会保障法律制度。主要由《劳动法》《劳动合同法》《劳动争议调解仲裁法》《社会保险法》以及相关的行政法规构成,涉及公民劳动权利与义务、养老保险、健康保障、失业保障、工伤保障、住房保障、最低生活保障等内容的法律制度。

(6) 特殊群体法律制度。主要由《妇女权益保护法》《老年人权益保障法》《未成年人保护法》《残疾人保障法》《母婴保健法》《收养法》《继承法》《义务教育法》《艾滋病防治条例》等法律法规构成。其宗旨是特殊群体获得公平的法律保障和救济,创造可行的维护特殊群体合法权益的社会秩序。

（7）侵权责任法律制度。主要由《侵权责任法》构成。社会工作者面对发生在被救助主体身边的种种侵权行为，如高空坠物致人损害，幼儿、儿童在校园受到人身损害，饲养的动物造成他人损害，医疗损害，网络侵权等，该如何维权，谁来担责等。社会工作者应深刻领会其法律的内容，更好地维护被救助人的人身财产权益，防止或减少民事纠纷的激化，促进社会和谐稳定。

四、社会工作常见纠纷的解决途径

解决社会工作中的常见纠纷，应当根据我国法律法规的相关原则，应遵循公平合理、互谅互让的原则。

缓解和消除民事纠纷的方法，主要有以下几种途经。

1. 相互协商

社会工作中的纠纷，对发生的权利主体双方来说通常比较熟识，所以发生纠纷后，双方进行协商是首选办法，若协商成功，既可以节省其他社会资源，又防止矛盾激化，有利于社会秩序稳定。

2. 社区调解

如若双方协商不成，还可以通过所在社区或其他组织进行调解，这样可以避免双方直接发生冲突，社区组织在充分了解双方的需求后，可以进行调解，调解成功，既可以满足双方的需求，还可以节省诉讼资源。

3. 诉讼

如果双方既没有协商一致，又没有接受调解结果，可以根据法律的规定直接起诉到法院，经过法院审判，解决双方纠纷。给主体的一方造成妨碍或者损失的，应当停止侵害，排除妨碍，赔偿损失。

任务1 相邻关系纠纷及解决

学习目标

1. 掌握相邻关系的类型及处理相邻关系的原则。
2. 理解我国《物权法》《民法通则》中有关相邻关系的法律规定。
3. 能够分析和解决社区居民之间的用水纠纷。
4. 能够分析和判断因通风、采光和日照产生的相邻权纠纷。
5. 能够分析和判断因建造、修缮建筑物以及铺设管线产生的相邻权纠纷。
6. 能够为相邻权纠纷提供法律咨询和法律帮助。

1.1 法律原理

相邻关系是一种古老的法律制度。虽然相邻关系在民法中的地位比较特殊,但相邻关系在实际生活中却发挥着很重要的作用。随着我国城市化进程的不断加快、城市人口的不断膨胀、住房制度的不断改进以及群众维权意识的不断增强,相邻关系越来越成为影响城市发展和社会和谐的重要环节。

相邻一方行使其不动产权利时要求相邻他方容忍甚至提供必要的便利的权利,叫作相邻权。《物权法》没有采取将相邻关系和地役权合一的观点,而是将相邻关系和地役权分别作出规定。

1.1.1 相邻关系的含义

1. 什么是相邻关系

相邻关系又称不动产相邻关系,是指相互毗邻或邻近的不动产所有权人或使用权人之间在行使所有权或使用权时,因相互间依法应当给予必要的便利或者接受必要限制而发生的权利义务关系。对于相邻关系的含义,可以从以下几个方面把握。

(1) 相邻关系源于不动产的毗邻关系及其法律调整。此处的不动产,包括土地,也包括建筑物及其附属设施。所谓毗邻,是指地理位置相邻,包括数个不动产之间相互连接(直接毗邻),及数个不动产之间相互邻近(间接毗邻)。毗邻关系的实质是,相邻一方的不动产权利在行使时需要扩张至相邻他方的不动产之上,相邻一方的不动产物权的支配力与相邻他方的不动产物权的排他力发生了相互冲突,为了物尽其用,取得理想的效益,法律特别规定,相邻他方应当容忍相邻一方不动产权利在行使方面的扩张,甚至需要提供便利。为了

"人类共同生活以及组织化群体之需要"而对不动产权利予以限制。①

（2）相邻关系的主体是两个或以上相邻不动产的权利人，主要包括土地所有权人、建筑物的所有权人、建设用地使用权人、宅基地使用权人、土地承包经营权人，但不包括租赁权人和借用权人。

（3）相邻关系的客体是行使所有权或使用权时涉及的与邻人有关的经济利益或其他利益。相邻关系解决的是相邻不动产所有人或使用人在行使不动产权利时所发生的利益冲突问题，而不是解决相邻不动产所有权或者使用权的归属问题。也就是说，相邻方权利行使所及的对象不是不动产本身，而是行使不动产权利所体现的利益。不动产权利人在享有并行使权利时，既要实现自己的利益，又须为相邻他方行使不动产权利提供便利，因而相邻关系指向的对象并非不动产本身，而是行使不动产权利所引起的与相邻各方有关的利益。这种利益可能是经济利益，如将肥料通过他人之地运入自己承包的农田，也可能是非经济利益，如相邻他方只容忍低于法定限度的噪声、空气污染等。②

（4）相邻关系的内容复杂，不同种类的相邻关系具有不同的内容。相邻关系的基本内容是，相邻一方有要求他方为自己在行使不动产所有权或使用权时提供必要的便利的权利，他方负有给予必要便利的义务。这里所说的必要便利，是指非从相邻他方获得这种便利，就不能正常行使不动产所有权和使用权。在实践中，相邻方要求他方提供的便利是多种多样的。有的为生产利用而要求他方提供便利，如土地所有人或使用人为了能正常利用土地而要求他方提供其通行的便利。有的为生活目的而要求他方提供便利，如采光权。有的为精神利益而要求他方提供便利，如要求他人不能在自己房屋旁开设赌场等不良娱乐场所等。相邻一方权利的行使，不是权利的滥用，如滥用权利，相邻他方有权拒绝。

（5）相邻关系基于法律的直接规定而存在，只能根据不动产相邻的事实进行判断，不能以法律行为发生变动，不登记也能对抗第三人。相邻关系的这个特点也把相邻关系与地役权区别开来。

2. 相邻权及其特征

基于相邻关系产生的权利义务关系从权利角度讲，称为相邻权，即一方财产所有人或使用人财产权利的延伸，同时又是对他方所有人或使用人财产权利的限制，是保障所有权和与之相联系的财产权的正常行使的客观需要。这种相邻权是法定权。相邻权实质上是对所有权的限制和延伸。

相邻权是从属于相邻土地的一种权利，相邻权以不动产使用者为主体，所有不动产使用者都自然是相邻关系的主体，包括土地使用权人、典权人、租赁人等。相邻权的特征表现为以下方面。

（1）相邻关系的主体所有或占有的不动产相毗邻，即地理位置相邻。它支配的不是具体的物，而是一种相邻权益。

（2）相邻关系的主体是两个或两个以上不动产所有人或占有人（使用人）。是不动产使用人之间平等享有的权利。

---

①② http://wenku.baidu.com/link? url=bo6KUYE(相邻关系).

(3) 相邻关系的客体并不是不动产本身,而是相邻不动产所有人或占有人行使其财产所有权或占有权所体现的利益。

(4) 相邻权的行使须以必要、便利为限度,不得以此损害他方的合法权益。

1.1.2 相邻关系的类型

1. 相邻通行关系

(1) 相邻通行关系含义。所谓相邻通行关系,是指在相邻权利人因通行而必须利用相邻他方的不动产的情况下,该相邻他方应当容忍其通行的权利义务关系。《物权法》第八十七条规定:"不动产权利人对相邻权利人因通行等必须利用其土地的,应当提供必要的便利。"

(2) 相邻通行关系的特征。主要体现为以下几个方面。

① 相邻通行关系的客体并非不动产本身,而是毗邻各方在行使通行权利时发生的权利义务关系。

② 相邻关系中通行权的主体是两个或者两个以上相邻不动产的权利人,包括所有权人和使用权人。

③ 相邻不动产通行权利人必须通行于相邻他方的不动产时,相邻他方应当提供必要的便利,即在满足通行所必须的条件方面提供便利。在他人不动产上通行,应当选择造成损失最小的路线,对于造成的损失,应当予以赔偿。

2. 用水、排水的相邻关系

《物权法》规定,不动产权利人应当为相邻各权利人用水、排水提供必要的便利。

(1) 相邻用水关系。所谓相邻用水关系,是指相邻权利人(相邻用水人)用水过程中,无论是地表水还是地下水,水源所有人或使用人均有权按习惯(习惯应该是不违背公序良俗,能够被大多数人认同的约定俗成的办法)合理使用水源,或按法律规定自由使用水源,任何一方不得垄断对水的使用及由此产生的权利义务。

(2) 相邻排水关系。所谓相邻排水关系,是指相邻不动产权利人(相邻排水人)自然排水和人工排水过程中排水,需要利用相邻他方的不动产时,相邻他方负有容忍义务甚至提供必要便利而形成的相邻关系。《物权法》第八十五条关于"法律、法规没有规定的,可以按照当地习惯"的规定,相邻排水人正当地排水,必须利用相邻他方的不动产时,相邻他方必须允许。《物权法》第八十六条第二款规定,对自然流水的排放,应当尊重自然流向。所谓自然排放,是指自然流水按照自然规律由高地向低地排放;而人工排放,是指自然流水借助人工设施排放水流。

3. 因建造、修缮建筑物以及铺设管线所形成的相邻关系

《物权法》第八十八条规定:"不动产权利人因建造、修缮建筑物以及铺设电线、电缆、水管、暖气和煤气等管线必须利用相邻土地、建筑物的,该土地、建筑物的权利人应当提供必要的便利。"它规定了两类相邻关系,一是因建造、修缮建筑物而临时使用相邻他方的不动产所形成的相邻关系;二是铺设电线、电缆、水管、暖气和煤气等管线必须使用相邻土地、建筑物而形成的相邻关系。

不动产权利人铺设电线、电缆、水管、暖气和煤气等管线必须利用相邻土地、建筑物的，相邻他方应当提供必要的便利，由此形成一种相邻关系。例如，自来水公司为了向A小区内的24栋建筑物输送自来水，必须通过乙公司建设用地的地下铺设管道，乙应当提供必要的便利。在这里，所谓必须利用相邻土地、建筑物，是指非经过他人的土地、建筑物不能安设管线，或虽能安设但所需费用过高。

4. 因通风、采光和日照产生的相邻关系

《物权法》第八十九条规定："建造建筑物，不得违反国家有关工程建设标准，妨碍相邻建筑物的通风、采光和日照。"不动产权利人建造建筑物时，不得妨碍相邻建筑物的通风、采光和日照。在法律手续齐全的前提下，不动产权利人有权于其建设用地或宅基地上建造建筑物；同时，也有义务遵守相关的工程建设标准，不妨碍相邻建筑物的通风、采光和日照。建造建筑物妨碍了相邻建筑物的通风、采光和日照，相邻他方有权请求停止侵害，有损失时还可以请求损害赔偿。

建设部于2001年7月31日颁布的《建筑采光设计标准》，2002年3月1日发布《城市居住区规划设计规范》，2002年8月30日专门就房屋建筑发布《工程建设标准强制性条文》等。这些法律文件对住宅的日照、天然通风、自然采光等问题都有明确要求，例如，旧区改造住宅日照标准按照大寒日的日照不低于1小时执行。

建造建筑物违反了国家有关工程建设标准，妨碍了相邻建筑的通风、采光和日照，相邻他方有权请求停止侵害、恢复原状，已经遭受损害的，还有权请求相邻建造建筑物者承担损害赔偿责任。

5. 越界的相邻关系

我国《民法通则》和《物权法》对此均未作规定，实践中纠纷时有发生。在社会生活中，如果一方超越疆界进行建筑，或者培植的竹木逾越了疆界，或者果实落于邻地，也会发生相邻关系，成为越界的相邻关系。一般而言，越界的相邻关系包括以下几种情形。

（1）越界建筑的相邻关系。关于越界建筑的相邻关系，一般认为，相邻一方在自己地界一侧修建建筑物时，应与地界线保持一定的距离，不得越界侵占相邻他方的土地，否则，受侵占方有权请求排除妨害，或者将越界部分的土地出卖于侵占方，并可请求赔偿损失。

（2）越界竹木的相邻关系。相邻各方在自己地界的一侧培植竹木时，应与疆界保持一定的距离，以防竹木根枝越界侵入他人土地，如果邻地竹木越界侵入相邻人的土地而影响其使用的，相邻人可以请求竹木所有人在适当期间内将其剪除。竹木所有人逾期不予剪除的，相邻人可以自行剪除越界的根枝。

（3）果实越界的相邻关系。果实越界的相邻关系，即因越界竹木上的果实自落于邻地而产生的相邻关系。从越界的枝杈上自行坠落的果实，视为邻地的果实。但果实尚未坠落的，果树所有人可以进入邻地采集。邻人取得所有权的，必须是自落的果实，如果邻人自己摇落，甚至摘取，则不能取得所有权，更应负赔偿责任。另外，如果果实自落于公用地的，则仍属于果树所有权人所有，他人不得径行摘取，否则构成侵权。[①]

[①] http://china.findlaw.cn/info/minshang/minfa/gm/zs/1051170.html（相邻越界关系处理原则）.

6. 相邻不动产损害之避免

《物权法》第九十一条对危险性设施以及危险性挖掘行为进行了规范,即不动产权利人挖掘土地、建造建筑物、铺设管线以及安装设备等,不得危及相邻不动产的正常使用和安全。其规范的立足点在于不动产权利人的权利,并且以预防性的消除危险和排除妨害为主要手段。

不动产权利人因用水、排水、通行、铺设管线等利用相邻不动产的,应当尽量避免对相邻的不动产权利人造成损害(《物权法》第九十二条)。所谓"尽量避免对相邻不动产权利人造成损害",是指在利用相邻不动产的过程中,一般是在用水、排水、通行、铺设管线、施工等情况下,如果能不造成损害的,应当采取不造成损害的方式,如果必须造成损害的,应当采取造成损害较小的方式。

7. 相邻关系的处理

相邻权是相邻各方对各自所有的或使用的不动产行使所有权或使用权时,基于法律规定而派生地享有在他人不动产上的权利。民法通则第八十三条规定了处理相邻关系的总的原则:"不动产的相邻各方,应当按照有利生产、方便生活、团结互助、公平合理的精神,正确处理截水、排水、通行、通风、采光等方面的相邻关系。给相邻方造成妨碍或者损失的,应当停止侵害,排除妨碍,赔偿损失。"

《物权法》第八十四条规定相邻关系各方在行使不动产所有权、使用权与相邻权时,要尊重邻人的权利,兼顾邻人的利益,要互谅互让,采取协商的办法,公平合理地解决。

在处理相邻关系时,应遵循以下四项原则。

(1) 有利生产、方便生活的原则。相邻关系是相邻各方在日常的生产、生活中,因行使不动产的各项权利而发生的权利义务关系,它与人们的生产和生活直接相关。因此,在处理相邻关系时,应当从有利生产、方便生活的原则出发,妥善解决问题。

(2) 团结互助、友好协商、兼顾各方利益的原则。社会生产和生活体现的是人与人之间的一种相互协作关系,这源于社会成员彼此间存在着共同经济利益,相邻关系更是如此。因此,有必要以团结互助作为处理相邻关系的原则。该原则要求相邻各方在行使所有权或使用权时,要互相协作,兼顾各方的利益,最大限度地减少对方的损失。除此之外,团结互助原则还要求相邻各方在发生争议时,应本着互谅互让、有利团结的精神协商解决。

(3) 公平合理的原则。相邻关系是法律对于一方所有人或使用人财产权利的限制。在处理相邻关系时,一方权力的延伸和另一方权利的限制都必须保持在合理、必要的限度内,此即公平合理原则的基本要求。公平合理原则还要求各方在享受权利的同时,也应承担一定的义务。例如,根据我国《物权法》的规定,相邻一方因用水、排水、通行、铺设管线等利用相邻不动产的,该不动产所有人应当予以准许,但是,使用方应当尽量避免对相邻的不动产权利人造成损害,否则,应当给予赔偿。无论是民间调解组织、有关行政机关,还是仲裁和审判机关,在处理和解决相邻权利冲突和纠纷时,都必须做到公平合理,只有公平合理,才能真正实现平息争诉促进相邻关系的和谐解决。

(4) 尊重历史和习惯的原则。《物权法》第八十五条规定:"法律、法规对处理相邻关系有规定的,依照其规定;法律、法规没有规定的,可以按照当地习惯。"不动产相邻关系是有其历史沿革和当地习惯因素的。因此,在处理相邻关系时就必须尊重历史和当地习惯。当地习惯,包括历史形成的惯例。例如,房屋滴水檐的设置、两栋房屋之间的间距、房前屋后的流水等有当地的习惯,应当遵从。建筑物范围内历史形成的通道,一方不得堵塞而妨碍他人的通行。按照当地习惯处理相邻关系,更易为当事人接受和得到其他人的支持,会做到法律效果与社会效果的统一。[①]

1.1.3 相邻关系的主要法律规定

1.《中华人民共和国民法通则》

第八十三条 不动产的相邻各方,应当按照有利生产、方便生活、团结互助、公平合理的精神,正确处理截水、排水、通行、通风、采光等方面的相邻关系,给邻方造成妨碍或损失的,应当停止侵害,排除妨碍,赔偿损失。

2.《中华人民共和国物权法》

第八十四条 不动产的相邻权利人应当按照有利生产、方便生活、团结互助、公平合理的原则,正确处理相邻关系。

第八十五条 法律、法规对处理相邻关系有规定的,依照其规定;法律、法规没有规定的,可以按照当地习惯。

第八十六条 不动产权利人应当为相邻权利人用水、排水提供必要的便利。

对自然流水的利用,应当在不动产的相邻权利人之间合理分配。对自然流水的排放,应当尊重自然流向。

第八十七条 不动产权利人对相邻权利人因通行等必须利用其土地的,应当提供必要的便利。

第八十八条 不动产权利人因建造、修缮建筑物以及铺设电线、电缆、水管、暖气和燃气管线等必须利用相邻土地、建筑物的,该土地、建筑物的权利人应当提供必要的便利。

第八十九条 建造建筑物,不得违反国家有关工程建设标准,妨碍相邻建筑物的通风、采光和日照。

第九十条 不动产权利人不得违反国家规定弃置固体废物,排放大气污染物、水污染物、噪声、光、电磁波辐射等有害物质。

第九十一条 不动产权利人挖掘土地、建造建筑物、铺设管线以及安装设备等,不得危及相邻不动产的安全。

第九十二条 不动产权利人因用水、排水、通行、铺设管线等利用相邻不动产的,应当尽量避免对相邻的不动产权利人造成损害;造成损害的,应当给予赔偿。

---

① http://www.66law.cn/laws/93298.aspx(处理相邻关系的基本原则).

1.2 案例研究

1.2.1 案例介绍

案例1　噪声扰民

陈洪森等27位原告与被告邱哲明开设酒店的房屋同在本市交通路"交通花园"小区。27位原告系该区三栋坐北朝南住宅楼（均为六层）的部分住户，被告在该区开办了恒丰大酒店，从事餐饮业（未办理工商登记）。该酒店所处的裙楼为二层楼房，坐东朝西，位于2号住宅楼和1号、3号住宅楼（1号楼在东、3号楼在西，两楼相连）之间，与住宅楼垂直连成一体。被告开设的酒店的灶间（在二楼）上方为原告宋在文的住房，灶间引风机的声音对周围的住户形成噪声污染。被告又将酒店二楼东边的墙打通，开一门通向位于灶间北侧的平台（原为四周封闭）。灶间的烟囱向北平行穿越该平台后顺3号住宅楼楼梯间的墙壁往上延伸，达住宅楼第4层的高度。该平台下面系一楼的一间房屋，与被告饭店一楼相连，但不归被告所有。被告在此间房屋临交通花园小区的东墙上开出一门，装上防盗门，现已用角钢将门焊上。被告饭店的工作人员在平台上洗菜、洗碗，以致污水流至小区内。27位原告以被告开设的饭店产生的噪声、排烟等侵害相邻权为由，起诉到法院。[①]

问题：请分析法院应作出怎样的裁决，法律依据是什么？

案例2　宠物之争

2014年6月17日，山东省济南市棋盘二区5号楼的居民向记者反映，由于该幢楼的楼顶有户居民买了房子不住人，而是放养了成群成群的鸽子，致使楼下的居民不敢开窗透风，否则就是满地鸽子毛和一股臭味，让居民无法正常生活。18日上午，记者来到居民反映的棋盘二区5号楼。站在楼前抬头一看，顶楼一家住户的阳台上、楼顶上蹲着几十只鸽子，还不停地发出"咕咕"的叫声。沿着楼梯爬到顶楼，敲这家住户的门，始终没有人应，只听到屋子里传出"咕咕"的叫声，还有扇动翅膀发出的"沙沙"声。通过顶楼楼道的窗户，记者看到这家住户阳台上都用钢筋封了，一群群鸽子从钢筋之间飞出屋外，或者从外边钻进屋里。鸽子的腿上都缠着不同颜色的胶带，看上去像是信鸽。

楼下的一位住户说，六七年前，顶楼一户邻居搬走了，有人买下这套房子，但一直没住人，养了几百只鸽子。"有一次我敲开门进去过，里面啥家具都没有，就是一些木架子，上面都是鸽子，少说得有两三百只。"5号楼的一位住户说。

每到换毛季节，鸽子身上脱落的绒毛到处都是。"都不敢开门，一开门一屋子都是，这些绒毛轻飘飘的，扫都扫不干净。"20日和22日，记者两次来到5号楼时，发现"鸽子屋"所在的单元楼道里的确有不少绒毛，风一吹到处飞。"禽流感流行那会儿，可把我们吓坏了，这是居民区，这么多孩子，有人感染上那可不是闹着玩儿的。"一位居民说。还有居民反映，养鸽子的住户每次往外运垃圾时，都是用蛇皮袋子沿楼梯拖着走，楼梯上到处都是漏下的

[①] http://www.pkulaw.cn/Case/pfnl_117519232.html? match=Exact.

鸽子粪,也没有人打扫。楼下的居民不敢往外晾衣服,要不了五分钟上面就落一层鸽粪,楼下有住户受不了搬走了。①

问题:请用民法通则、物权法的相关规定分析上述纠纷。

案例 3　用水之争

张某与李某共用一条小河的水来灌溉自家的农田,张某的承包农田在李某的承包农田的上游。农忙季节到了,降水量小,小河水位下降,为了确保自己家的承包农田的灌溉有充分的水源,张某在小河中修建了一条水坝,水坝修好后,改变了水的流量,使得下游的水量减少了三分之二,致使李某家的承包农田的作物得不到充分的灌溉。张某、李某因此发生冲突,双方协商不成,起诉到法院。

问题:请用相邻用水关系的法律规定分析上述纠纷。

1.2.2　案例分析

在案例 1 中,原、被告各方相邻,应以有利于生产、方便生活来处理相邻关系。被告邱哲明在没有取得工商营业执照的情况下,开设酒店,产生的噪声和排放的油烟造成周围环境污染,干扰了 27 位原告正常的生活,其应承担民事责任。灶间北侧的平台系公用平台,被告擅自占用并在此排放洗物之污水,污染了小区环境应当退出平台,并将打开的墙壁恢复原状。被告的酒店虽竖立烟囱排烟,但高度欠妥,已影响了周围居民的生活环境。从有利于生产、方便生活的相邻原则考虑,被告应对烟囱进行重做,高度应高于住宅楼的最高点为宜。被告在临小区的一楼不归自己所有的房屋的墙上擅自开门,侵害了原告的相邻权,其虽已将此门封上,但并未将破坏的墙体复原,被告应将该处开通的门砌上,恢复原状。

在案例 2 中,根据《民法通则》第八十三条规定的原则和《物权法》《环境保护法》等法律法规的精神,相邻人不得制造噪音、喧嚣、震动、恶气、异味等,妨碍相邻他方的正常生产、生活、损害他人身心健康。本案中顶楼的居民由于将本应正常居住使用的房屋改造成了养鸽舍,由此产生的噪音、异味以及羽毛、鸟粪等污物势必给相邻的居住者产生影响,侵犯了相邻人正常居住生活、保持身心健康的合法权利。对此同住的居民可以与侵权人进行协商,也可以请求所在小区的物业服务公司或者居民委员会出面协调,必要时也可以通过诉讼途径要求对方停止侵权,排除妨害。

在案例 3 中,张某和李某因用水而发生相邻关系。双方应当按照有利生产、方便生活、团结互助、公平合理的原则,合理地分配用水。但张某在水源上私自设置水坝,改变了水的流量,违反了处理相邻关系的基本原则。因此,李某可请求张某拆除水坝,也可以要求张某对自己的损害予以赔偿。张某应该根据李某的请求拆除水坝。同时张某也可以向李某支付适当赔偿,不拆除水坝。双方共同协商、合理分配用水。

---

① http://www.66law.cn/topic2010/xlqjfal/?_t=t.

1.2.3 相关文书拟定

1. 相邻关系纠纷人民调解协议书（相邻居民之间纠纷适用）

（　　）人调字　号

申请人姓名_____性别____出生年月日_____民族_____职业_____住址_____身份证号码_____联系方式_____。

被申请人姓名_____性别____出生年月日_____民族____职业_____住址_____身份证号码_____联系方式_____。

纠纷的主要事实和争议事项：申请人_____的_____位于_____，与被申请人_____的_____相邻。被申请人影响申请人的_____，造成了申请人的_____。历史上，_____。

现申请人要求被申请人_____。

本案各方当事人自愿将_____纠纷申请人民调解委员会调解，经审查，本案符合人民调解委员会受理条件，在人民调解员_____主持调解下，各方当事人自愿达成如下协议：

1. 被申请人_____于本协议签订后的____日内_____。

2. 被申请人_____赔偿给申请人经济损失人民币_____元。于_____付清。

本协议具有民事合同书性质，受法律保护。各方当事人应当按照协议自觉和及时履行自己的义务，不得擅自变更或者解除本协议，否则将承担法律责任。

双方自愿于本协议签订后 30 日内向_____人民法院申请司法确认，一经司法确认，本协议即具有法律效力，一方拒绝履行或者未全部履行的，对方可以向作出确认决定的人民法院申请强制执行。

本协议一式____份，由双方当事人、调解组织各执一份，具有同等效力。

申请人（签名）_____　　被申请人（签名）_____
____年__月__日　　　　　____年__月__日
调解员（签名）_____　　记录人（签名）_____
人民调解委员会（盖章）
____年__月__日

2. 相邻关系纠纷调解协议（开发商与业主之间纠纷适用）

房屋开发商（下称甲方）：_____。
法定代表人：____身份证号码：_____。
相邻住户（下称乙方）：_____身份证号码：_____。

甲、乙双方就甲方开发的"_____"楼盘引起相邻纠纷，经双方多次磋商，本着互谅互让、公平合理的原则，根据《中华人民共和国民法通则》等相关法律规定，达成以下协议，由双方共同遵守执行。

1. 甲方开发位于贵州省____市____号的"_____"楼盘，乙方反映其房屋一楼地板出现一条类似"头发丝"裂纹,墙上出现多条裂纹。

2. 为搞好相邻关系,甲方同意对乙方进行适当的经济补偿,补偿金额人民币_____元。补偿金额分两次支付,甲方于本协议签字生效之日支付补偿金额的50%,待"_____"楼盘全部完工后,再将剩余50%补偿金支付给乙方。

3. 本协议签订后,乙方不得再以任何借口和任何方式对甲方"___"楼盘的开发进行干涉阻挠,不得再以房屋受损害影响及其他理由要求甲方赔偿或补偿,否则,视为乙方违约,对此,乙方除须向甲方承担违约金人民币____元外,甲方不再支付剩余50%的补偿金。

4. 甲方履行补偿义务后,就此事处理即告终结,甲乙双方之间不再有任何权利、义务。以后因此事衍生的结果亦由乙方自行承担,甲方对此不再承担任何责任。

5. 本协议为双方平等、自愿协商之结果,是双方真实意思表示,且公平、合理。

6. 本协议内容甲乙双方已经全文阅读并理解无误,甲乙双方明白本协议所涉及后果,甲乙双方对此协议处理结果完全满意。

7. 本协议一式两份,由甲、乙双方各执壹份,具有同等效力。协议经双方签字(盖章)后即生效。

8. 本协议为一次性终结处理协议。

甲方:_____ 乙方:_____
协议签订时间:____年__月__日
协议签订地点:_____

3. 相邻关系纠纷调解协议书格式说明

(1) 关于相邻权纠纷的双方当事人。相邻权纠纷的双方当事人即相邻关系的主体必须是两个或两个以上特定的公民或法人。一个人不可能构成相邻。相邻关系可以发生在公民之间,也可以发生在法人之间,或是发生在公民与法人之间。同时,相邻关系的权利主体和义务主体都是特定的当事人,即相邻权的效力只对相邻的不动产所有人或占有人发生,不及于不特定的一般人。关于相邻关系纠纷案件当事人,申请人方面并无太多限制,可以是财产所有人,也可以是财产使用权人,但对通风采光请求赔偿,如房屋所有权或使用权人取得赔偿后,其他后取得房屋所有权或使用权人不能重复主张。被申请人方面则情况复杂一些,如邻方妨碍建房或影响通行,受妨碍或受影响一方是将邻方房屋所有权人,还是将邻方房屋使用权人,或者实际侵权人列为被告,实际处理不一。对这类不易确定被申请人的情况,可将房屋所有权、使用权人和实际侵权人均列为被申请人比较妥当,待查明事实后,再确定责任承担。

(2) 关于相邻权纠纷的主要事实。相邻权纠纷的主要事实应包括以下四点。

① 写明相邻关系。要明确相邻权纠纷类型,相邻关系应根据双方争议标的及焦点确定,如:相邻用水、排水纠纷;相邻通行纠纷;相邻土地、建筑物利用关系纠纷;相邻通风纠纷;相邻采光、日照纠纷;相邻污染侵害纠纷;相邻损害防免关系等。可以表述:"申请人×××住宅位于××××,被申请人的住宅位于××××,与申请人的住宅相邻,相距仅5米。"

② 写明侵权的事实。被申请人的争议标的是否影响和侵害了申请人的权利。可这样

表述:"被申请人于×年×月×日在两住宅之间,砌了一堵高三米的砖墙,影响申请人住宅的采光和通风,造成了申请人的生活的不便。"

③ 写明历史上的相邻关系。从历史上的习惯或原来的路线、建筑物等,印证现在是否具有侵权的事实。可以这样表述:"历史上这条路就作为申请人的行走通道,并且除此路已无其他路可走。"

④ 写明申请人的要求。即要求被申请人承担什么方式的侵权责任,如停止侵害、排除妨碍、恢复原状、赔偿损失等。如:"申请人要求被申请人排除妨碍,把砌在道路中间的砖墙拆除。"

(3) 关于相邻权责任纠纷协议内容。相邻权责任纠纷协议应体现相邻关系纠纷类型,侵权责任承担方式,如停止侵害、排除妨碍、恢复原状、赔偿损失,以及具体落实的时间,赔偿损失的支付数额、方式等。

1.3 拓展阅读

1.3.1 相邻权与地役权的联系与区别

相邻权又称不动产相邻关系,是指相互毗邻的不动产所有人或使用人之间在行使所有权或使用权时,因行使权利的延伸或限制而发生的权利义务关系。地役权是指因通行、取水、排水、铺设管线等需要,利用他人的不动产或者限制他人不动产的利用,以提高自己的不动产的便利与效益的权利。其实质是一种为增加自己土地的利用价值而支配他人土地的他物权。其中因使用他人土地而获便利的土地称为需役地,为他人土地的便利而被使用的土地称为供役地。两者的共性表现在它们都是一种以他人的不动产供自己不动产便宜之用的权利。

1. 相邻权与地役权的联系

相邻权是不动产的所有人或使用人在处理相邻关系时所享有的权利。具体来说,在相互毗邻的不动产的所有人或者使用人之间,任何一方为了合理行使其所有权或使用权,享有要求其他相邻方提供便利或是接受一定限制的权利。相邻权实质上是对所有权的限制和延伸。

相邻不动产的所有人或使用人在行使自己的所有权或使用权时,应当以不损害其他相邻人的合法权益为原则。如果因权利的行使,给相邻人的人身或财产造成危害的,相邻人有权要求停止侵害、消除危险和赔偿损失。在处理相邻关系时,相邻各方应该本着有利生产、方便生活、团结互助、公平合理的原则,互谅互让,协商解决。协商不成,可以请求人民法院依法解决。

地役权是指为了自己的使用方便或经营利益而使用别人的土地的权利。一般来讲,地役权的发生必须有两个不同归属的土地存在,为他人利用而提供便利的土地叫供役地,接受便利而得以使用或经营的叫需役地。所以,地役权是存在于他人土地之上的物权,它具有从属性和不可分性。相邻关系是指不动产的相邻各方因行使所有权或使用权而发生的权利义务关系,它不是一种单独的物权,而是相邻方所有权的延伸和扩展,是所有权权能的体现。

2. 相邻权与地役权的区别

相邻权和地役权的区别如下:

(1) 两者受到损害后的救济请求权不同。相邻关系受到侵害后,不能直接以相邻关系为基础提起损害赔偿诉讼,而应该提起所有权的行使受到妨害之诉。地役权受到损害之后,受害人可以直接提起地役权受损害的请求之诉。

(2) 两者提供便利的内容不同。相邻关系的规定是为了调和不同所有权人之间的权利,对他们的各自权利给予一定的限制,从本质上看并不是一种独立的权利,它只是两个不动产之间的关系而已,使得大家共同方便使用。地役权的设立是为了所有权人的权利得到更好地行使,地役权本质上是基于当事人自由约定而产生的一种特殊的用益物权。

(3) 两者性质不同。相邻权的取得只能由法律直接规定,是法定权利。而地役权的取得则主要是依据法律行为,一般是基于当事人的合同约定取得,或因遗嘱、继承或时效等原因取得。

(4) 两者存在条件不同。相邻权的存在条件是权利主体的不动产必须相互毗邻,相邻权反映的相邻关系既适用于土地相邻,也适用于房屋等建筑物相邻。而地役权只发生在土地所有人或使用人之间,所反映的相邻关系只适用于土地相邻,但不受土地是否毗邻的限制。相邻权必须以相互毗邻的不动产为前提,地役权并不一定以需役地与供役地相互毗邻为限度,有时即使两地并不相连,但只要有事实上的利用需要就可以设定地役权。

(5) 权利义务主体是否特定不同。相邻权的权利义务主体都是特定的,是基于土地毗邻关系,权利义务主体特定。而地役权是对世权,其义务主体是对不特定的人。

(6) 相邻关系通常都发生在相互毗邻的不动产之上,而地役权则不要求相互毗邻,甚至相隔很远的土地之间都可以通过协议来得到更有效的利用和经营。

(7) 相邻关系的产生一般都是无偿的,相邻权的行使一般是无偿要求相邻方履行义务,并且权利的存续期间是法定的。而地役权的设立一般都是有偿的,权利的存续期间,可由当事人约定,并可设定永久地役权。

1.3.2 《物权法》与《民法通则》的相邻关系

《民法通则》第八十三条规定:"不动产的相邻各方,应当按照有利生产、方便生活、团结互助、公平合理的精神,正确处理截水、排水、通行、通风、采光等方面的相邻关系,给邻方造成妨碍或损失的,应当停止侵害,排除妨碍,赔偿损失。"《物权法》第七章第八十四条至第九十二条,对相邻关系处理原则,相邻权利人用水、排水,通行,建造、修缮建筑物以及铺设电线、电缆、水管、暖气和燃气管线,建筑物的通风、采光和日照,弃置固体废物,排放大气污染物、水污染物、噪声、光、电磁波辐射等有害物质等,均作出了具体规定。

1. 《物权法》是对《民法通则》的继承

《物权法》第八十四条继承了《民法通则》第八十三条规定的要求,以有利生产、方便生活、团结互助、公平合理为处理相邻关系的原则。

在相邻关系的种类上,《物权法》继承了《最高人民法院关于贯彻〈民法通则〉若干问题的意见》中规定的种类,具体包括:因土地、山岭、森林、草原等自然资源的使用或所有而产生的相邻关系;因宅基地的使用而产生的相邻关系;因用水、排水产生的相邻关系;因修建施工、防险发生的相邻关系。

2.《物权法》对《民法通则》的发展

(1)《物权法》第八十五条规定:"法律、法规对处理相邻关系有规定的,依照其规定,法律、法规没有规定的,可以按照当地习惯。"本条规定了两类相邻关系的法律渊源:制定法和习惯。制定法包含法律和法规,涉及相邻关系的法律如《水污染防治法》制定了污水排放标准。法规包括行政法规和地方性法规,①例如,2009年10月1日施行的《大连市实施〈物业管理条例〉办法》第四十一条规定:业主、物业使用人使用物业时,应当遵守法律、法规、规章和管理规约的规定,在供水、排水、通风、采光、通行、维修、装饰装修、环境卫生、环境保护等方面,按照有利于物业安全使用,外观整洁以及公平合理、不损害公共利益和他人合法权益的原则,处理好相邻关系。第四十二条规定:在物业管理区域内不得有下列行为:第一,擅自拆改房屋承重结构;第二,侵占、损坏公共场地、共用部位、共用设施设备;第三,擅自改变物业规划用途;第四,违反规定饲养家禽、宠物;第五,违反规定摆摊设点、占道经营;第六,违反规定倾倒垃圾、污水和抛掷杂物;第七,在建筑物、构筑物上违章搭建、涂写、刻画或者违反规定悬挂、张贴宣传品;第八,堆放易燃、易爆、剧毒或者含有放射性物质的物品,排放有毒、有害物质或者超过规定标准的噪音;第九,违反规定从事妨碍业主正常生活的经营活动;第十,法律、法规、规章和管理规约禁止的其他行为。地方法规均以公平合理、不损害公共利益和他人利益的原则,处理相邻关系。如果损害相邻不动产权利人,该权利人同样可以基于相邻关系主张采取相关措施停止侵害、排除妨害和赔偿损失等。习惯是指不动产所在地的习惯。不动产所在地的习惯作为法律渊源,其前提是制定法对于相关法律问题没有明确规定。例如,农村的滴水檐、历史上形成的甬路等,在法律没有明确规定的情况下,可参照各地习惯处理。

(2)通风、采光和日照相邻关系。《物权法》第八十九条规定:"不得违反国家有关工程建设标准,妨碍相邻建筑物的通风、采光和日照。该条的通风,是指天然通风,不包括空气交换机等设施进行的通风。采光是指自然采光,不包括人工采光。日照,是指太阳照射。"《物权法》对相邻建筑物的通风、采光和日照作出明确规定,为公民维护"阳光权"提供了法律依据。

(3)排污相邻关系。《物权法》中做了诸多有利于环境保护的规定。第九十条规定:"不得违反国家规定弃置固体废物,排放大气污染物、水污染物、噪声、光、电磁波辐射等有害物质。"该条是关于有害物质的规定,所谓有害物质就是固体废弃物、污染物以及不可量物。固体废弃物、污染物以及不可量物的排放,关系公共环境,其排放应当符合国家规定。环境污染的最直接的后果是人类生存环境的质量下降,影响人类的生活质量、身体健康和生产活动。因此,正确处理相邻关系,有利于制止对自然环境的污染和破坏,保障人民群众

---

① http://baike.baidu.com/link?url=aGQhV_3JOaYgLbMfkCxUW9da9uewQw92.

的身体健康。

　　总之,《物权法》中相邻关系的提出和保护,既是相邻关系制度适应时代要求的产物,又是实现公民权的一个重要的法律途径,同时还是规范和谐稳定的社会生活的重要法律保障。

课后练习

1. 相邻关系的含义和内容有哪些?
2. 我国处理相邻关系的基本原则是什么?
3. 观看(http://www.tudou.com/programs/view/chkgzbdGPoc/)视频"楼下建冷库",讨论该案的相邻权纠纷如何解决。
4. 上网查阅有关资料,选择一个有关相邻关系纠纷的实例,谈一谈自己的看法。

任务 2　监护纠纷及解决

学习目标

1. 掌握监护的类型及设立监护制度的意义。
2. 了解法定监护人的范围及监护顺序。
3. 能够正确分析、判断未成年人的法定监护人。
4. 能够正确分析、判断限制行为能力人的法定监护人。
5. 能够正确分析、判断因监护引发的各类纠纷。
6. 能够为不能独立地进行民事活动的主体提供法律咨询和法律帮助。

2.1　法律原理

监护作为一项古老的法律制度，几经演变，在现代民法上仍有独特的功能和存在的价值。

2.1.1　监护的含义

监护是指依照法律规定，对无民事行为能力人和限制民事行为能力人的人身权益、财产权益及其他合法权益进行监督、保护的一项法律制度。

设立监护制度主要是为了保护无行为能力人和限制行为能力人的合法权益，从而维护社会秩序的稳定。监护从其本质上讲就是对缺乏行为能力人的监督和照顾制度。法律设立监护制度，一是对被监护人的行为能力予以弥补，不具有完全民事行为能力的自然人，不能进行或不能独立地进行民事活动，这就难以满足其物质和精神生活的需要，通过监护制度，由监护人代为或协助其进行民事活动和其他活动，能够有效保护其合法权益。二是通过监护人的设立可以对其财产和人身等合法利益予以保护、照顾。三是对被监护人进行监督和管束，防止其实施违法行为，对他人和社会造成损害。

1. 监护的特征

监护的特征主要有以下三点。

（1）监护法律关系的内容具有法定性。监护法律关系的内容即监护人对被监护人进行监督、保护的权利与义务以及监护人的职责由法律直接规定，不允许当事人约定或变更法律规定的监护内容。

（2）设立监护制度具有明确的目的性。我国《民法通则》设立的监护制度，是为了达到保护无民事行为能力或者限制民事行为能力人的人身和财产权利的目的。这类主体因其民事行为能力方面的缺陷,虽然具有与其他民事主体平等的民事权利能力,除难以自行实现其人身和财产方面的民事权利外,当其合法权益受到侵害时也难以自行寻求法律救济。因此,法律设定监护人制度,以便维护相关民事主体的合法民事权益。

(3)监护法律关系的主体具有特定性。具体表现为:被监护人特定,只有未成年人和无民事行为能力、限制民事行为能力的成年精神病人才能成为被监护人。监护人特定,表现为作为监护人的特定公民或社会组织,上述公民或组织或者是基于法律的直接规定,或者通过遗嘱或由有指定权的社会组织在符合法定条件的人中指定。①

2. 监护的功能

我国《民法通则》第十六条将监护规定于民事主体制度,是指对一切未成年人和无民事行为能力、限制民事行为能力的成年人的人身和财产权益进行监督和保护的法律规范的总和。我国的监护制度,功能主要表现为:对相关民事主体的被监护人人身监护和财产监护两个方面。对未成年人的人身监护,以教养、保护为目的。对被宣告为无行为能力人的监护,以保障其本人及社会的安全,并促其恢复健康为目的。至于财产监护,监护人应依法管理被监护人的财产,代理监护人的法律行为。根据《中华人民共和国婚姻法》规定:"在未成年子女对国家、集体或他人造成损害时,父母有赔偿经济损失的义务。"监护人在行使财产管理权时,可以为被监护人的利益而使用或处分财产,但对不动产的处分,法律是加以禁止或严加限制的。

监护关系在实体法上和程序法上都具有法律后果。监护人往往是被监护人的法定代理人。被监护人完全无行为能力的,由监护人代其进行民事活动。被监护人行为能力受限制的,进行民事活动亦应由其监护人代理或者征得监护人的同意。在民事案件中,监护人是被监护人的诉讼代理人。

2.1.2 监护的类型

监护是为了保护被监护人利益而设立的,监护人的职责主要有:保护被监护人的人身、财产及其他合法权益、管理被监护人的财产、代理被监护人参加各类民事活动、教育和照顾被监护人、在被监护人的权利受到侵害或发生争议时,作为法定代理人代被监护人进行诉讼。

根据监护产生的原因不同,可以将监护分为三类,即法定监护、指定监护和遗嘱监护。

根据我国《民法通则》的规定,以产生监护关系的途径和方法为标准,可将监护分为法定监护和指定监护,根据被监护人的年龄状态,将监护人分为未成年人的监护和成年人的监护。不同的监护,其设立情形和法律要求不同。

1. 未成年人的法定监护

在我国,未满18周岁的公民为未成年人。《民法通则》第十六条规定:"未成年人的父母是未成年人的监护人。""未成年人的父母已经死亡或者没有监护能力的,由下列人员中有监护能力的人担任监护人:(一)祖父母、外祖父母;(二)兄、姐;(三)关系密切的其他亲

---

① http://3y.uu456.com/bp-e749690976c66137ee0619c5-4.html(亲属与继承法).

属、朋友愿意承担监护责任,经未成年人的父、母的所在单位或者未成年人住所地的居民委员会、村民委员会同意的。""没有第一款、第二款规定的监护人的,由未成年人的父、母的所在单位或者未成年人住所地的居民委员会、村民委员会或者民政部门担任监护人。"据此,未成年人法定监护的设立,应遵循如下三个方面的规定。

(1) 未成年人的父、母是第一顺位的法定监护人。我国法律有关父母作为未成年人的第一顺位的法定监护人的相关规定如下：

① 父母作为未成年子女的法定监护人,以子女出生这一法律事实为发生原因,一直延续到子女年满18周岁。亲子血缘关系和子女未成年状态是这一监护关系设立和存在的自然基础。根据我国法律规定,公民自出生开始,即与父母形成法定的监护关系,父母作为未成年子女的第一顺位法定监护人,应履行基本的法定义务和责任。

② 父母对未成年子女的监护,即集保护、教育、抚养于一体的监护。在我国现行法律上,父母与未成年子女是亲权化的监护关系,也是监护化的亲权关系,因而作为监护人、亲权人的双重主体身份更为浓厚,父母比其他监护人享有更多的权利,也承担着更多的义务和责任。[①]《婚姻法》第二十一条规定："父母对子女有抚养教育的义务；子女对父母有赡养扶助的义务。父母不履行抚养义务时,未成年的或不能独立生活的子女,有要求父母付给抚养费的权利。子女不履行赡养义务时,无劳动能力的或生活困难的父母,有要求子女付给赡养费的权利。禁止溺婴、弃婴和其他残害婴儿的行为。"第二十三条规定："父母有保护和教育未成年子女的权利和义务。在未成年子女对国家、集体或他人造成损害时,父母有承担民事责任的义务。"

③ 父母对未成年子女的监护资格是由法律直接赋予的,具有强制性、排他性,无须再经过其他任何程序设立,非法定特殊事由不得剥夺,父母本人更不得抛弃和转让。

④ 作为未成年人的法定监护人的父母,包括婚生子女的生父母、非婚生子女的生父母、养父母、形成了事实上抚养教育关系的继父母。当未成年人依法被他人收养、养父母取得监护人资格时,该未成年人的生父母的监护权消灭。

⑤ 父母对未成年子女的法定监护人的资格,不因父母的离婚而丧失。父母离婚后,子女无论是同父方或是母方生活,仍是父母双方的子女,父亲和母亲仍是未成年子女的法定监护人。《婚姻法》第三十六条规定："父母与子女间的关系,不因父母离婚而消除。离婚后,子女无论由父或母直接抚养,仍是父母双方的子女。离婚后,父母对于子女仍有抚养和教育的权利和义务。"最高人民法院《关于贯彻执行〈民法通则〉若干问题的意见(试行)》第二十一条指出："夫妻离婚后,与子女共同生活的一方无权取消对方对该子女的监护权；但是,未与该子女共同生活的一方,对该子女有犯罪行为、虐待行为或者对该子女明显不利的,人民法院认为可以取消的除外。"

(2) 未成年人的父母之外的其他自然人,是第二顺位的法定监护人,其设立要求如下：

① 作为未成年人第二顺位的法定监护人,一是除未成年人父母之外的近亲属,包括祖父母、外祖父母和兄、姐。二是关系密切的其他亲属、朋友。根据《婚姻法》第二十八和第二十九条的规定："有负担能力的祖父母、外祖父母,对于父母已经死亡或者父母无力抚养的未成年的

---

① http://wenku.baidu.com/link?url(亲权与监护权的比较).

孙子女、外孙子女,有抚养的义务。""有负担能力的兄、姐,对于父母已经死亡或父母无力抚养的未成年的弟、妹,有抚养的义务。"可见,祖父母、外祖父母对未成年孙子女、外孙子女的监护,兄、姐对未成年弟、妹的监护,是一种有法定抚养义务的近亲属监护。

② 作为未成年人的第二顺位的法定监护人,《民法通则》第十六条规定的上述人员之间无顺序和先后之分,即应列为同一顺位的法定监护人。但当其内部就是否实际担任监护人发生争议,需要从中选择指定时,则应按"(一)祖父母、外祖父母;(二)兄、姐;(三)关系密切的其他亲属、朋友"的顺序来把握。

上述人员担任未成年人的法定监护人,必须符合法定条件。第一,未成年人的父母已经死亡,或者没有监护能力。第二,第二顺位的法定监护人(未成年人的祖父母、外祖父母、兄、姐和关系密切又愿意担任监护人的其他亲属、朋友)在客观上具有监护能力。根据最高人民法院《关于贯彻执行〈民法通则〉若干问题的意见(试行)》第十一条的解释,认定监护人的监护能力,应当根据监护人的身体健康状况、经济条件,以及与被监护人在生活上的联系状况等因素确定。第三,关系密切的其他亲属、朋友,不仅应该自己愿意担任监护人,而且还必须经过未成年人父母的所在单位或者未成年人所在地的居民委员会、村民委员会同意。第四,在这些第二顺位的监护人之中,不存在担任监护人的争议。如果有争议,则需从中进行选定,从而法定监护转变为指定监护。①

(3) 有关单位或组织是未成年人的第三顺位的法定监护人。现实生活纷繁复杂,因天灾人祸等原因难免会发生有些未成年人成为既无父母监护又无其他亲友监护的孤儿或"弃儿",从而第一顺位、第二顺位的法定监护人均出现空缺,需要在法律上设置第三顺位的法定监护人。在此情形下,有关单位或社会公益组织担负着不可推卸的社会义务和道义责任。所以《民法通则》明确规定,没有第一顺位、第二顺位的监护人时,"由未成年人的父母所在单位或者未成年人住所地的居民委员会、村民委员会或者民政部门担任监护人"。

2. 未成年人的指定监护

未成年人的指定监护是指当未成年人没有第一顺位的法定监护人,而第二顺位的法定监护人为多人且对担任监护人发生争议时,由法定机构依法从第二顺位的监护人中指定具体承担监护职责的人。《民法通则》第十六条第三款规定:"对担任监护人有争议的,由未成年人的父母所在单位或者未成年人住所地的居民委员会、村民委员会在近亲属中指定。对指定不服提起诉讼的,由人民法院裁决。"在实际操作中,对未成年人指定监护的设立,应注意把握以下几点。

(1) 我国法律上及实践中所说的指定监护,即在第二顺位的监护人中选择确定监护人,属于法定监护的具体指定,而并非在法定监护人之外指定监护。

(2) 发生指定监护的前提条件有两个。第一,未成年人的父母死亡或者没有监护能力,需要由第二顺位的法定监护人监护。第二,未成年人的第二顺位的法定监护人对担任监护人存在争议。表现为:数个第二顺位的法定监护人争当监护人,数个第二顺位的法定监护人均不愿担任监护人,需要从中指定。

---

① http://www.yledu.net.cn/minors/czzl/fzfy/201210/44328.html(未成年人的法定监护人范围).

（3）指定监护人的范围和顺序，根据《民法通则》第十六条第三款的规定，指定监护人只限于未成年人第二顺位法定监护人中的近亲属。所谓近亲属，依最高人民法院《关于贯彻执行〈民法通则〉若干问题的意见（试行）》第十二条的解释，包括配偶、父母、子女、兄弟姐妹、祖父母、外祖父母、孙子女、外孙子女。可见，作为未成年人的指定监护人的近亲属，其中只有祖父母、外祖父母和成年兄、姐。最高人民法院《关于贯彻执行〈民法通则〉若干问题的意见（试行）》第十四条进一步规定："人民法院指定监护人时，可以将《民法通则》第十六条第二款中的（一）、（二）、（三）项规定视为指定监护人的顺序。前一顺序有监护资格的人无监护能力或者对被监护人明显不利的，人民法院可以根据对被监护人有利的原则，从后一顺序有监护资格的人中择优确定。被监护人有识别能力的，应视情况征求被监护人的意见。"

（4）依法有权为未成年人指定监护人的机关，只限于三个，第一，未成年人的父母所在单位。第二，未成年人住所地的居民委员会或者村民委员会。第三，人民法院。

3. 成年精神病人的法定监护

在法律意义上，成年精神病人是指年满18周岁，因精神或智力障碍、残损而不能辨认自己的行为或不能完全辨认自己的行为，经法定程序被宣告为无民事行为能力或限制民事行为能力的精神病人。

由于成年精神病人处于无民事行为能力或者限制民事行为能力状态，所以必须通过监护制度，设立监护人对其人身和财产权益加以监督和保护。未成年的精神病人，则应完全是适用未成年人的监护规则。

关于成年精神病人的法定监护，我国《民法通则》第十七条第一款规定："无民事行为能力或者限制民事行为能力的精神病人，由下列人员担任监护人：①配偶；②父母；③成年子女；④其他近亲属；⑤关系密切的其他亲属、朋友愿意承担监护责任，经精神病人的所在单位或者住所地的居民委员会、村民委员会同意的。""没有第一款规定的监护人的，由精神病人的所在单位或者住所地的居民委员会、村民委员会或者民政部门担任监护人。"对此，在理解上应注意把握三个方面。

（1）成年人的法定监护关系的设立，以成年人患有精神病被宣告为无民事行为能力人或者限制民事行为能力人为发生之法律事实。

（2）成年精神病人的法定监护人范围分别是，第一顺位为成年精神病人的配偶、父母、成年子女，其他近亲属即祖父母、外祖父母、兄弟姐妹、孙子女、外孙子女，关系密切的其他亲属、朋友。第二顺位为成年精神病人的所在单位或者住所地的居民委员会、村民委员会或者民政部门。只要有第一顺位的法定监护人，则第二顺位的法定监护无从发生。当第一顺位的法定监护人内部发生担任监护人的争议时，则应按配偶、父母、成年子女、其他近亲属的先后顺序指定选任，所以《民法通则》第十七条第一款的规定既是成年精神病人的法定监护人的范围，也是其指定监护人的范围和顺序。

（3）不同的法定监护人，其实际担任监护人的条件有所不同。就配偶、父母、成年子女、祖父母、外祖父母、兄弟姐妹、孙子女、外孙子女来说，他们与成年精神病人属于近亲属，既有密切的身份关系和共同生活关系，依照《婚姻法》的规定又存在强制性的扶养、赡养、抚养关系，担任监护人应属于法定的责任和义务。只要有监护能力，即应实际担任监护人。此乃亲属性监护或扶养性监护。对于关系密切的其他亲属和朋友来说，他们在法律上没有类同于近亲属的相应义务和责任，所以担任监护人须遵守三个条件。第一，本人愿意承担监护责任，不得强制。第二，本人确有监护能力，不能危及被监护人的利益。第三，应经精神病人的所在单位或者住所地的居民委员会、村民委员会同意。

至于精神病人的所在单位或者住所地的居民委员会、村民委员会或者民政部门作为第二顺位担任监护人，则以精神病人没有近亲属或关系密切的其他亲属、朋友担任监护人为条件，既是一种社会责任，也是一种公力救济和社会福利保障手段。

4. 成年精神病人的指定监护

《民法通则》第十七条第二款规定："对担任监护人有争议的，由精神病人的所在单位或者住所地的居民委员会、村民委员会在近亲属中指定，对指定不服提起诉讼的，由人民法院裁决。"

5. 对老年人的监护

随着我国人口老龄化问题的加剧，家庭养老功能的弱化，我国也开始重视老年监护制度。老年监护制度，是指为因年老而不能完全处理自身事务的人设置监护人，对其进行照护和管理的一项民事法律制度。从民法的发展趋势来看，充分尊重老年人的人格尊严和自主决定权，尊重老年人的自主自愿，以充分保护老年人的合法权益。

2.1.3 监护的主要法律规定

1.《中华人民共和国民法通则》

第十二条 十周岁以上的未成年人是限制民事行为能力人，可以进行与他的年龄、智力相适应的民事活动，其他民事活动由他的法定代理人代理，或者征得他的法定代理人的同意。满十周岁的未成年人是无民事行为能力人，由他的法定代理人代理民事活动。

第十三条 不能辨认自己行为的精神病人是无民事行为能力人，由他的法定代理人代理民事活动。不能完全辨认自己行为的精神病人是限制民事行为能力人，可以进行与他的精神健康状况相适应的民事活动；其他民事活动由他的法定代理人代理，或者征得他的法定代理人的同意。

第十四条 无民事行为能力人、限制民事行为能力人的监护人是他的法定代理人。

第十六条 未成年人的父母是未成年人的监护人。

未成年人的父母已经死亡或者没有监护能力的，由下列人员中有监护能力的人担任监护人：

（一）祖父母、外祖父母；

（二）兄、姐；

（三）关系密切的其他亲属、朋友愿意承担监护责任，经未成年人的父、母的所在单位或者未成年人住所地的居民委员会、村民委员会同意的。

对担任监护人有争议的，由未成年人的父、母的所在单位或者未成年人住所地的居民委员会、村民委员会在近亲属中指定。对指定不服提起诉讼的，由人民法院裁决。

没有第一款、第二款规定的监护人的，由未成年人的父、母的所在单位或者未成年人住所地的居民委员会、村民委员会或者民政部门担任监护人。

第十七条　无民事行为能力或者限制民事行为能力的精神病人,由下列人员担任监护人:

(一)配偶;

(二)父母;

(三)成年子女;

(四)其他近亲属;

(五)关系密切的其他亲属、朋友愿意承担监护责任,经精神病人的所在单位或者住所地的居民委员会、村民委员会同意的。

对担任监护人有争议的,由精神病人的所在单位或者住所地的居民委员会、村民委员会在近亲属中指定。对指定不服提起诉讼的,由人民法院裁决。

没有第一款规定的监护人的,由精神病人的所在单位或者住所地的居民委员会、村民委员会或者民政部门担任监护人。

第十八条　监护人应当履行监护职责,保护被监护人的人身、财产及其他合法权益,除为被监护人的利益外,不得处理被监护人的财产。

监护人依法履行监护的权利,受法律保护。

监护人不履行监护职责或者侵害被监护人的合法权益的,应当承担责任;给被监护人造成财产损失的,应当赔偿损失。人民法院可以根据有关人员或者有关单位的申请,撤销监护人的资格。

第十九条　精神病人的利害关系人,可以向人民法院申请宣告精神病人为无民事行为能力人或者限制民事行为能力人。

被人民法院宣告为无民事行为能力人或者限制民事行为能力人的,根据他健康恢复的状况,经本人或者利害关系人申请,人民法院可以宣告他为限制民事行为能力人或者完全民事行为能力人。

2.《中华人民共和国未成年人保护法》

第十条　父母或者其他监护人应当创造良好、和睦的家庭环境,依法履行对未成年人的监护职责和抚养义务。禁止对未成年人实施家庭暴力,禁止虐待、遗弃未成年人,禁止溺婴和其他残害婴儿的行为,不得歧视女性未成年人或者残疾的未成年人。

第十一条　父母或者其他监护人应当关注未成年人的生理、心理状况和行为习惯,以健康的思想、良好的品行和适当的方法教育和影响未成年人,引导未成年人进行有益身心健康的活动,预防和制止未成年人吸烟、酗酒、流浪、沉迷网络以及赌博、吸毒、卖淫等行为。

第十三条　父母或者其他监护人应当尊重未成年人受教育的权利,必须使适龄未成年人依法入学接受并完成义务教育,不得使接受义务教育的未成年人辍学。

第十五条　父母或者其他监护人不得允许或者迫使未成年人结婚,不得为未成年人订立婚约。

3.《中华人民共和国义务教育法》

第四条　凡具有中华人民共和国国籍的适龄儿童、少年,不分性别、民族、种族、家庭财产状况、宗教信仰等,依法享有平等接受义务教育的权利,并履行接受义务教育的义务。

第十一条　凡年满六周岁的儿童,其父母或者其他法定监护人应当送其入学接受并完成义务教育;条件不具备的地区的儿童,可以推迟到七周岁。

适龄儿童、少年因身体状况需要延缓入学或者休学的,其父母或者其他法定监护人应当提出申请,由当地乡镇人民政府或者县级人民政府教育行政部门批准。

第五十八条　适龄儿童、少年的父母或者其他法定监护人无正当理由未依照本法规定送适龄儿童、少年入学接受义务教育的,由当地乡镇人民政府或者县级人民政府教育行政部门给予批评教育,责令限期改正。

第五十九条　有下列情形之一的,依照有关法律、行政法规的规定予以处罚:

(一)胁迫或者诱骗应当接受义务教育的适龄儿童、少年失学、辍学的;

(二)非法招用应当接受义务教育的适龄儿童、少年的;

(三)出版未经依法审定的教科书的。

4.《中华人民共和国预防未成年人犯罪法》

第十条　未成年人的父母或者其他监护人对未成年人的法制教育负有直接责任。学校在对学生进行预防犯罪教育时。应当将教育计划告知未成年人的父母或者其他监护人,未成年人的父母或者其他监护人应当结合学校的计划,针对具体情况进行教育。

第十四条　未成年人的父母或者其他监护人和学校应当教育未成年人不得有下列不良行为……

第十五条　未成年人的父母或者其他监护人和学校应当教育未成年人不得吸烟、酗酒。任何经营场所不得向未成年人出售烟酒。

第十六条第二款规定:"未成年人擅自外出夜不归宿的,其父母或者其他监护人、其所在的寄宿制学校应当及时查找,或者向公安机关请求帮助。"

第十七条　未成年人的父母或者其他监护人和学校发现未成年人组织或者参加实施不良行为的团伙的,应当及时予以制止……

第二十一条　未成年人的父母离异的,离异双方对子女都有教育的义务,任何一方都不得因离异而不履行教育子女的义务。

第三十八条　未成年人因不满16周岁不予刑事处罚的,责令他的父母或者其他监护人严加管教;在必要的时候,也可以由政府依法收容教养。

5.《中华人民共和国婚姻法》

第二十一条　父母对子女有抚养教育的义务……父母不履行抚养义务时,未成年的或不能独立生活的子女,有要求父母付给抚养费的权利……

第二十三条　父母有保护和教育未成年子女的权利和义务。在未成年子女对国家、集体或他人造成损害时,父母有承担民事责任的义务。

6.《中华人民共和国侵权责任法》

第九条第二款　教唆、帮助无民事行为能力人、限制民事行为能力人实施侵权行为的,应当承担侵权责任;该无民事行为能力人、限制民事行为能力人的监护人未尽到监护责任的,应当承担相应的责任。

第三十二条　无民事行为能力人、限制民事行为能力人造成他人损害的,由监护人承担侵权责任。监护人尽到监护责任的,可以减轻其侵权责任。有财产的无民事行为能力人、限制民事行为能力人造成他人损害的,从本人财产中支付赔偿费用。不足部分,由监护人赔偿。

第三十八条　无民事行为能力人在幼儿园、学校或者其他教育机构学习、生活期间受到人身损害的,幼儿园、学校或者其他教育机构应当承担责任,但能够证明尽到教育、管理职责的,不承担责任。

第三十九条　限制民事行为能力人在学校或者其他教育机构学习、生活期间受到人身损害,学校或者其他教育机构未尽到教育、管理职责的,应当承担责任。

第四十条　无民事行为能力人或者限制民事行为能力人在幼儿园、学校或者其他教育机构学习、生活期间,受到幼儿园、学校或者其他教育机构以外的人员人身损害的,由侵权人承担侵权责任;幼儿园、学校或者其他教育机构未尽到管理职责的,承担相应的补充责任。

2.2　案例研究

2.2.1　案例介绍

案例1　儿童监护纠纷

2000年9月的某一天,对9岁的敏敏(化名)来说是最痛苦、最刻骨铭心的一天。就在这一天,一场车祸永远夺去了她的父爱。父亲死后,敏敏和母亲李红(化名)相依为命。2002年4月份,出于生计,李红出外打工,将敏敏交给敏敏的祖父母于海(化名)、方云(化名)照顾。李红外出打工期间结识了王刚(化名)并同居生子。敏敏的祖父母因此不再让李红接触敏敏。李红只好经常到敏敏的学校探望敏敏,并给其购买衣物。李红与于海、方云就敏敏的监护问题发生纠纷,虽经有关部门协调都始终达不成协议。2003年1月19日,敏敏住所地的某村民委员会指定于海、方云为敏敏的监护人,并制作送达了指定书。2003年2月11日,于海、方云以原告人的身份起诉被告李红,要求人民法院依法撤销李红的监护人资格。敏敏以第三人的身份参加了诉讼。

法院公开开庭审理了本案。法院审理认为,公民的合法权益应受法律保护,未成年人的父母均是未成年人的法定监护人,其对未成年子女享有法定的监护权,任何人不得加以非法剥夺和限制。本案的被告李红之夫死亡后,李红仍是本案第三人的法定监护人,且一直积极履行监护责任,李红外出打工与他人同居生子,并不是丧失监护人资格的法定理由,村委会指定本案二原告为本案第三人的监护人的指定行为无法律依据,不具有法律效力,二原告要求人民法院撤销被告李红的监护人资格的理由不能成立,本院不予支持。依照《中华人民共和国民法通则》第十六条第一款规定,判决驳回了二原告于海、方云的诉讼请求,第三人敏敏由本案被告担任监护人并履行监护职责。

问题:本案是关于未成年人的监护人资格变更之诉。焦点:第三人敏敏的母亲李红

(也就是本案的被告)是否存在监护权资格丧失的法定情形？是否失去了监护人的资格？①

案例 2　老年人监护纠纷

李甲与李乙是兄弟，老李是他们的父亲。老李与妻吴某共生有六个子女，吴某于 2007 年 5 月去世。2007 年 9 月，李乙向法院申请宣告老李为无民事行为能力人，经法院委托相关机构进行司法鉴定，结论为老李患血管性痴呆，为无民事行为能力人。于是，法院于 2007 年 12 月作出判决，宣告老李为无民事行为能力人。之后，老李工作单位上海某公司出具情况说明，指定李乙为老李的监护人。李甲于 2008 年 1 月诉至法院，要求依法确认自己是父亲的监护人。李甲诉称，母亲去世以来，其一直履行对父亲的监护职责，照顾父亲的日常生活，处理父亲的日常事务，并代表父亲修缮房屋，缴纳一切费用。父亲的工作单位上海某公司受李乙蒙蔽，不顾老李为其所照顾的事实，指定李乙为父亲的监护人不妥当，其实际上已经是老李的监护人，依法应对父亲享有监护权。李乙之所以要争夺老父的监护权，实际是觊觎老父名下一套房屋的动迁款。李乙辩称，老李已经丧失行为能力，自己被父亲的工作单位指定为监护人，该指定合法有效。②

问题：请作为社会工作者分析法院对该案应作出怎样的裁决。

案例 3　学校监护纠纷

某小学学前班学生刘某(六岁)、黄某(六岁)，二年级学生朱某(九岁)、姚某、吴某等几位学生在学校操场上玩"过江"游戏，当时黄某"过江"时不小心被石头绊倒在刘某身旁，然后由刘某撞到朱某，朱某再倒在姚某身上，最后朱某倒地跌伤左眼，眼睛当场出血。老师知道后，将原告朱某护送到乡医院治疗。次日，朱某辗转外地多家医院治疗。经医院诊断，朱某为左眼球破裂伤，左眼外伤性白内障。为治疗眼伤，朱某总共用去医疗费用 14 159.23 元。后经鉴定，朱某伤情构成伤残七级。朱某父母因赔偿事宜与刘某、某小学多次协商未果，故原告诉至法院，要求判令被告赔偿医疗费、残疾赔偿金、护理费、精神损害抚慰金等合计人民币 11.47 万余元。③

本案在审理过程中，对刘某承担责任不持异议，但对学校应否承担责任存在三种不同意见。

第一种意见认为，学校与学生之间是一种监护与被监护的关系，只要学生进入学校，监护权就由家长转移到学校。学校不管在造成朱某受伤致残中有没有过错，都应承担监护责任。

第二种意见认为，朱某与刘某在上课前相互嬉闹，造成朱某摔伤眼睛致残，作为学校是无法预料的，也非因违反教育、管理和保护义务，学校对朱某的伤残没有过错，故不应承担责任。

第三种意见认为，未成年学生在校学习期间，学校对他们有保护、教育和负责其安全的义务，对无民事行为能力人在校期间造成的损害，负有因未尽到教育和管理职责的责任。学校承担责任适用过错责任原则，朱某与刘某上课前相互嬉闹，造成朱某摔伤眼睛致残，学校没有履行教育和管理的职责，学校对朱某的伤残具有过错，因此，学校应当承担一定的民

---

① http://www.lawyermr.com/zt/33242.html.
② http://m.tianya.cn/bbs/art.jsp?item=law&id=556761.
③ http://www.chinacourt.org/article/detail/2011/09/id/463322.shtml.

事赔偿责任。

问题：请你作为一名社会工作者，对本案提供法律意见。

案例4　养老院监护纠纷

70岁的刘某因智力障碍痴呆，缺乏判断是非和自我保护能力。子女为使其生活更有保障、更有规律，于2010年1月，将其送至一家养老院托养。合同约定的服务范围包括照料其饮食起居等日常生活。

次月9日中午，刘某需到屋外30米处上厕所，看电视正在兴头上的护理人员陆某让刘某自己去而未陪同搀扶。期间，刘某在上台阶时不慎摔倒，造成腰椎一椎体粉碎性骨折，构成九级伤残，用去医疗费用38 000余元。后因养老院以刘某摔倒是其自身行为所致为由拒绝赔偿而成讼。

问题：请分析该案的责任主体是谁。

2.2.2　案例分析

在案例1中，第一，被告李红针对第三人敏敏有法定监护权。李红作为第三人的亲生母亲享有当然的法定监护权，这是不容置疑的。《民法通则》第十六条第一款规定，未成年人的法定监护人首先是父母。

第二，被告李红的法定监护权并未丧失。根据《民法通则》的规定，丧失监护权资格的法定条件有：①死亡；②丧失监护能力；③存在对子女有犯罪行为、虐待行为或者担任监护人对该子女明显不利人民法院认为可以取消其监护权的情形。作为第三人母亲的本案被告李红，一没有死亡，二没有丧失监护能力，三没有对第三人有犯罪行为、虐待行为，也没有担任监护人对第三人明显不利人民法院认为可以取消其监护权的情形发生。第三人的父亲死亡后，其母亲李红和第三人相依为命共同生活，并担负着抚养教育，保护第三人人身财产合法权益不受侵犯的义务。后为了生活出外打工，让第三人与本案二原告（于海、方云）共同生活，应视为监护权的委托，并且为了生计外出打工是监护权委托他人行使的正当理由。受委托人代理监护人履行监护职责，李红作为监护人的地位并不改变。李红外出打工与他人同居生子，是不是对担任第三人监护明显不利。根据《民法通则》关于监护人的有关法律规定，明显不利的情形有以下几种：一是对被监护人有犯罪行为；二是有虐待行为；三是不正当履行监护职责；四是存在不利于被监护人身心健康的其他明显情形。且以上这些情形必须由人民法院确定是否作为取消原监护人监护权的理由。可见，本案被告李红外出打工与他人同居生子，并不存在对第三人担任监护人的明显不利的情形，且在本案原告阻挠其履行监护职责时，积极主动地到第三人所在学校探望第三人，并给其购买衣物。李红一直在积极正当地履行监护职责，也没有明确表示放弃监护权，并且父母对未成年人的监护权也是法律所不允许放弃的。《婚姻法》第二十三条规定，父母有保护和教育未成年子女的权利和义务。第四十四、四十六条规定，禁止遗弃家庭成员，对遗弃家庭成员，受害人提出请求的，人民法院可以判决其支付扶养费、抚养费、赡养费，要求损害赔偿，构成犯罪的还要依法追究刑事法律责任，《刑法》规定了遗弃罪。李红没有放弃对第三人的监护权，也不能自行放弃监护权，李红的监护权并没有丧失，李红仍是本案第三人的合法监护人。

第三，村委会指定本案两名原告作为第三人的监护人，其指定行为无效。①村委会有没有指定监护人的权利？有。《民法通则》第十六条规定，对担任未成年人的监护人有争议的，由未成年人父母的所在单位或者未成年人住所地的居民委员会、村民委员会在近亲属中指定。村民委员会有指定监护人的权利。②该案指定监护人的指定行为有没有效力？没有。根据《民法通则》第十六条规定，未成年人监护人指定行为产生的法定条件是：未成年人的父母死亡（指父母均已死亡）或丧失监护能力，其他法定监护人对担任未成年人的监护人有争议。争议的主体不包括未成年人的父母。只有在未成年人的父母死亡或丧失监护能力或对该子女有犯罪行为、虐待行为或者担任监护人对该子女明显不利并经人民法院依法取消了监护人资格，未成年人的其他法定监护人对担任监护人有争议或者没有法定监护人时，才能由未成年人父母所在单位或者未成年人住所地的居民委员会、村民委员会在近亲属中指定。

本案第三人的母亲李红没有死亡，没有丧失监护能力，也没有被人民法院依法取消监护人资格，李红仍是第三人的合法监护人。村委会指定监护人的法定条件并没有发生。故本案某村委会指定本案二原告作为第三人的监护人的指定行为无法律效力。

第四，驳回两名原告的诉讼请求是正确的。本案被告李红作为本案第三人的母亲外出打工与他人同居生子不是李红丧失监护人资格的法定理由，某村委会指定本案二原告担任本案第三人的监护人的指定行为无效。人民法院依法驳回原告的诉讼请求无疑是正确的。①

在案例2中，法院首先查明：事实上李乙是否照顾老李。多年来，李乙一直没有工作，本身没有供养父亲的经济能力，实际上也没有和父亲共同生活。李甲则与父亲共同生活近20年，住房和经济能力都比较宽裕，适合与老李共同生活。

法院应根据《民法通则》规定，在监护人的顺序上，成年子女都有监护的权利与义务。对担任监护人有争议的，由被监护人所在单位或者住所地的居民委员会、村民委员会在近亲属中指定，对指定不服的，由人民法院判决。李乙虽由被监护人单位指定为监护人，但其自身条件并不适合担任老李的监护人。李甲的诉讼请求符合法律规定。据此，法院判决李甲为老李的监护人。

在案例3中，该案系一起校园伤害事故。所谓校园伤害事故，它是指在学校实施的教育活动或学校组织的校外活动中，以及在学校负有管理责任的校舍、场地、其他教学设施、生活设施内所发生的造成在校生人身权受到损害，导致其受伤、残疾或死亡的人身伤害事故。根据《中华人民共和国教育法》《中华人民共和国未成年人保护法》的规定，学校对未成年学生负有教育、管理和保护的义务，而且该安全义务是法律、法规规定的，学校在教育、教学活动和管理过程中应当加以预见和注意的方面。如果学校违反了该义务，都应当根据其过错程度承担相应的赔偿责任。

就本案而言，学校虽然不是学生在校学习期间的监护人，但学校作为教育管理者，应当履行教育和管理职责，对在校学生的生命健康负有管理保护的责任。由于本案致害者和受害者均是未成年的无民事行为能力的在校学生，我国《侵权责任法》规定，对无民事行为能力人在幼儿园、学校或者其他教育机构学习、生活期间受到人身损害的，适用过错推定原

---

① http://www.lawyermr.com/zt/33242.html.

则;对限制民事行为能力人在学校或者其他教育机构学习、生活期间受到人身损害的,则适用过错原则。

在案例4中,养老院应当承担全部赔偿责任。一方面,《最高人民法院关于贯彻执行〈民法通则〉若干问题的意见(试行)》第五条规定:"精神病人(包括痴呆症人)如果没有判断能力和自我保护能力,不知其行为后果的,可以认定为不能辨认自己行为的人。"刘某由于智力障碍痴呆,缺乏判断和自我保护能力而当属"不能辨认自己行为的人",因而需人监护。另一方面,上述《意见》第二十二条还规定:"监护人可以将监护职责部分或者全部委托给他人。"刘某子女将刘某交养老院托养,是监护责任转移即委托监护,养老院因而成为刘某在养老院期间的监护人。《民法通则》第十八条规定:"监护人应当履行监护职责,保护被监护人的人身、财产及其他合法权益……监护人不履行监护职责或者侵害被监护人的合法权益的,应当承担责任。"护理人员明知刘某状况,也明知自身提供服务的性质,却让刘某自行上厕所,而没有陪同,不仅违约且存在过错,属不履行监护职责。另一方面,由于护理人员的失职是一种职务行为,故必须由养老院承担责任,但养老院可以向护理人员追偿。

2.2.3 相关文书拟定

1. 监护纠纷起诉状的拟定

监护案件依据不同的诉讼请求存在不同的纠纷,起诉至法院的诉讼请求不同,所书写的起诉状亦不相同。下面就变更监护人纠纷起诉书进行展示。

变更监护人起诉书

原告:×××,女,19××年××月××日生,汉族,××市人,住××市××区××路××号××小区×单元×号。

被告:×××,男,19××年××月××日生,汉族,××市人,××公司职工,住××市××区××路××号××小区×单元×号。

诉讼请求:

1. 判令原被告婚生女儿×××由原告抚养、监护。
2. 被告每月支付小孩抚养费2000元。

事实与理由:

20××年6月××日,原、被告因感情不和,经××××人民法院判决离婚。婚生女儿×××由被告抚养、监护。

由于小孩系女孩,且被告一直未再婚。随着小孩慢慢地长大,×××亦感觉到与被告共同生活不便。而被告一直忙于自己事业的发展,无暇顾及小孩的生活与学习不说,甚至有酗酒恶习,每每回到家便对女儿进行打骂,对小孩的健康成长非常不利。

为使小孩有一个健康、稳定的生活环境,特请求变更小孩由原告监护权,被告每月支付小孩2000元生活费。变更监护人后,原告能够保证被告的正常探望。

此致

××××人民法院

具状人:×××
20××年××月××日

(附：证据×页)

2. 养老服务合同的拟定（机构养老适用）

养老服务合同是为满足老年人安度晚年的实际需要，实现"老有所养、老有所乐、老有所医、老有所学"，人人共享社会进步的成果，切实保护老年人的合法权益，为老人营造温馨、舒适的生活环境，充分体现党和政府对老年人的关怀，体现全社会对老年人的关心，各方遵循《民法通则》《老年人权益保障法》《老年福利机构基本规范》《××市养老机构管理办法》及国家其他法律法规，经平等协商而签订的合同。旨在维护老年人的合法权益，保障其晚年生活幸福。

甲方（养老服务机构）：＿＿＿＿＿＿＿＿＿
法定代表人：＿＿＿＿＿地址：＿＿＿＿＿＿＿＿电话：＿＿＿＿＿＿＿＿
邮编：＿＿＿＿＿＿＿＿＿
乙方（入住老人）姓名：＿＿＿＿性别：＿＿＿出生年月：＿＿＿＿
身份证号：＿＿＿＿＿＿＿＿＿＿＿＿＿＿＿
家庭住址：＿＿＿＿＿＿＿＿＿＿＿＿＿
丙方（付款义务人，包括但不仅限于乙方法定赡养义务人、监护人、其他亲属、原工作单位或其他自愿负担乙方入住费用的单位或个人）

丙方为个人的，填写以下内容：
姓名：＿＿＿＿＿＿ 性别：＿＿＿身份证号：＿＿＿＿＿＿＿＿＿＿
与乙方关系：＿＿＿＿＿住址：＿＿＿＿＿＿＿＿＿工作单位：＿＿＿＿＿＿＿＿
办公地址：＿＿＿＿＿＿＿邮政编码：＿＿＿＿＿通信地址：＿＿＿＿＿＿＿＿
办公电话：＿＿＿＿＿＿＿家庭电话：＿＿＿＿＿＿手机号：＿＿＿＿＿＿＿

鉴于：

1. 甲方是依法成立的养老服务机构，能够提供居住、生活照料、膳食、心理/精神支持服务等一系列养老服务。

2. 乙方、丙方经实地考察，自愿决定乙方入住甲方开办的＿＿＿＿＿＿＿＿（养老服务机构名称），接受甲方提供的专业养老服务并愿意向甲方支付相应费用。

3. 乙方指定丙方在紧急情况下为自己的代理人，代理处理乙方在本合同项下的相关事务，丙方对此表示同意。

4. 丙方自愿与乙方共同负担乙方在入住期间的一切相关费用。

为营造温馨、舒适、安全的生活环境，满足老年人"老有所养、老有所乐"的需要，切实保障老年人的合法权益，明确各自的权利义务，依据《中华人民共和国老年人权益保障法》《中华人民共和国合同法》《北京市老年人权益保障条例》等法律规定，以及行业及地方规范，本着诚实信用的原则，经过友好协商，就养老服务事宜，自愿达成以下协议条款，供各方遵照履行。

第一条 甲方接收乙方入住的条件及程序

1. 接收条件：乙方无精神病、无传染性疾病。
2. 入住程序：

(1) 乙方向甲方提供乙方及丙方共同签字的《健康状况陈述书》作为本合同附件。该陈述书应包括乙方既往病史情况、目前是否患有疾病、心理和精神状况、自理能力等内容,作为本合同附件3。

(2) 乙方应向甲方提供乙方在本合同签署前一个月内在本市二级甲等以上医院进行体检的《体检报告》。(体检项目包括:精神健康状况、传染性疾病等。)

该体检报告作为本合同附件4,由甲方作为乙方入院的健康档案进行保管。

(3) 自理能力测评。

甲方根据乙方提供的《健康状况陈述书》《体检报告》及对乙方的身体状况进行综合测评,确定乙方为____(在以下三种情况中选择一种)。

①生活自理的老人   ②生活半自理的老人   ③生活完全不能自理的老人

乙方、丙方对甲方所做的自理能力测评结果表示认可。

(4) 符合上述情况的,乙方填写《入住登记表》(作为本合同附件5)。

第二条　服务地点及服务设施

1. 甲方提供养老服务的地点为:北京市_____(明确到养老院的具体门牌号)。

2. 乙方选择的房间类型为_____(在以下几种情况中选择一种)。

①单间　②双人间　③三人间　④多人间(四人以上,含四人)

3. 乙方选择的具体房间为:____。

乙方基于正当理由要求调整房间的,不涉及房间类型变化的,甲方在条件许可的范围内应尽量满足。涉及房间类别变化,由此增加费用负担的,还应由乙方、丙方书面确认是否调整。

4. 甲方提供的服务设施包括房间内设施及公共设施,具体明细作为本合同附件6、附件7。

第三条　服务项目及质量标准

1. 甲方按照民政部和北京市的规范要求,可以提供个人生活照料、膳食、心理/精神支持、安全保护、环境卫生等服务。具体服务范围作为本合同附件8。

2. 根据乙方实际情况,三方同意乙方选择的服务项目作为本合同附件9。

3. 乙方如选择其他服务项目,或因乙方的情况发生变化需要变更服务项目,由三方另行协商并签署补充合同确定。

4. 甲方向乙方提供服务的质量标准应符合国家或北京市的要求,在本合同履行期间国家或地方规范有强制要求的,按照强制标准执行。本合同另有符合国家和地方规定的服务质量标准约定的,按照合同约定执行。

第四条　体检

甲方每年组织乙方进行____次体检,并将体检结果告知乙方。体检费用由乙方、丙方共同负担。如果经体检,医生建议乙方做特殊检查的,甲方应及时通知乙方,征得乙方同意后,安排针对乙方的特殊检查,相关费用由乙方、丙方共同承担。乙方应配合甲方安排的体检。

第五条　收费

1. 养老服务费用

2. 押金(包括入住押金和医疗备用金)(如甲方无要求,则无须填写)

第六条 甲方的权利、义务

1. 甲方的权利(内容略)

2. 甲方的义务

(1) 按合同约定向乙方提供符合服务质量标准的养老服务。

(2) 按合同约定提供各项服务设施,确保养老服务场所、设施符合行业标准规定和正常运行。

(3) 按照规定配备符合比例要求的有资质的各类服务人员提供养老服务。

(4) 在提供服务的过程中,尊重乙方,保障乙方的人格尊严和人身、财产安全。

(5) 在条件许可的情况下尽量满足乙方调整居住房间的要求。

(6) 当乙方发生紧急情况时应及时通知丙方或其他约定的联系人。

(7) 为乙方建立个人档案,将包括乙方的入住登记表、体检报告等健康资料以及日常经费开支情况等个人信息归入其中,完整保存。除向乙方、丙方和其他有关部门(公安局、检察院、法院、养老服务行业主管机关因办案、监督、检查需要)提供查询和复制外,不得对外透露。

(8) 允许丙方及经乙方许可的亲属和其他人员探视乙方并提供方便。

(9) 在乙方、丙方无力支付养老服务费用时,依法妥善安置乙方。

(10) 接受乙方和丙方对甲方的合理建议和监督。

第七条 乙方的权利、义务

1. 乙方的权利(内容略)

2. 乙方的义务

(1) 入住前要如实向甲方反映本人的情况,如脾气秉性、家庭成员、既往病史等。

(2) 入住后要自觉遵守养老机构的规章制度,接受管理,爱护甲方提供的各项服务设施。

(3) 与其他入住老人和谐相处。

(4) 在接受甲方提供的养老服务期间,因疾病出现诊疗情形,应在治疗期间遵守医嘱,配合治疗。

(5) 按照约定的时间和金额支付养老服务费。对偶发性费用如治疗、急救费用等应随时结清。

第八条 丙方的权利、义务

1. 丙方的权利(内容略)

2. 丙方的义务

(1) 入住前要如实向甲方陈述其所知悉的乙方的脾气秉性、家庭成员、既往病史等可能影响甲方服务的情况。

(2) 应经常与乙方进行沟通,保持联络,尽量满足乙方的精神需求。至少每月探视乙方____次,因故长期不能来探视的,应及时通知甲方。

(3) 家庭及单位地址、联系方式变更时,应及时通知甲方。

(4) 丙方应及时协助甲方处理乙方出现的紧急情况。

(5) 与乙方共同支付乙方在甲方期间发生的全部费用。

第九条 特别约定

1. 出现疾病或事故等紧急事件的处理(内容略)
2. 乙方去世的善后服务及相关费用的承担(内容略)
3. 甲方与丙方联系中断(内容略)
4. 特殊情形责任的负担(内容略)
5. 本合同关于乙丙方权利义务的约定,并不免除对乙方有法定赡养义务的其他人员的法定责任。

第十条 合同的变更和解除

1. 合同的变更(内容略)
2. 合同的解除(内容略)

第十一条 违约责任(内容略)

第十二条 免责条款

第十三条 合同期限

经协商,确定本合同期限为____年(月),从____年__月__日至____年__月__日止。

第十四条 合同期满的处理(内容略)

第十五条 通知(内容略)

第十六条 纠纷的解决方式及管辖(内容略)

第十七条 合同附件(内容略)

第十八条 未尽事宜

本合同如有未尽事宜,各方应另行协商签订补充协议,该补充协议将作为本合同附件。

第十九条 生效

本合同一式三份,甲、乙、丙各一份,具有同等法律效力,自各方签字或盖章后生效。[①]

2.3 拓展阅读

2.3.1 监护制度的沿革

作为古代宗族制和家长制基础上萌生的监护制度,在其历史演变发展的过程中,大致经历了四个阶段。第一阶段,按照原始社会父系氏族向奴隶制阶级社会的转型规律,监护制度在很大程度上是为了家庭利益而设立的代行家长权的具有家长辅佐人、代表人性质的一项民事制度。第二阶段,既有日耳曼法的源头,又有罗马法的轨迹,是随着宗族制和家长制的逐步瓦解、亲权和夫权逐渐独立于家长权之外而相应形成的监护制度。监护和保佐逐渐演变为一种社会的"公职",对不在亲权之下的未成年人及不在夫权之下的妻子也开始设置监护人。监护人往往是家庭内的成员,与近代的亲权有类似之处。罗马法中既有对未成

[①] http://www.bjmzj.gov.cn/templet/mzj/ShowArticle.jsp?id=101007(筛选)。

年人的监护,也有对妇女的监护规定,此时监护制度仍带有浓重的父权家族法性质。第三阶段,第二次世界大战以前的近现代监护制度,随着资产阶级革命胜利和近代工业化的发展及商品经济日益发达而逐步健全完善起来。一方面,为适应生产关系、社会机构和思想观念变化的需要,世界上很多国家逐步摒弃了实质性家长制度,监护的身份性渐趋淡化,监护制度的私法性能得以确立;另一方面,随着监护人与被监护人财产的相对独立,监护制度"社会公职"的性质开始凸显,未成年人的法律地位有所提高,男女不平等状况走向缓和。第四阶段,从第二次世界大战之后至今,监护制度进一步现代化,呈现出四个走向:第一,战争留下了大量的孤儿,以未成年人的保护为重心的监护理念形成,推动了监护立法的改革。第二,在监护人的确定和监护权的配置上,更接近于男女平等,提出了形式上对妇女的歧视和对监护权的排斥。第三,基于家庭结构的缩小、缺损家庭的增多和亲属观念的淡漠,以及社会福利水平的提高,在对成年精神病人的监护设计中,强化了社会性、公益性、专门性监护机制,弱化了亲属或家庭的监护责任,监护的社会化趋势强劲。第四,监护的性质发生转变,即已从单纯的监护人的监护权转变为权利与义务整合同构而以义务或责任为中心内容的一种社会职责。

监护制度上述历史轨迹是一般的概括性总结。由于监护制度并不是孤立的规则体系,而是深嵌于社会生活之中,与各国、各民族、各地区的经济、文化、传统、习俗等密切相关,由此决定了监护制度的差异性和独特性。

2.3.2 中国监护制度的源流

中国古代宗法思想厚重,家庭统属于家长。一家之内,子必从父,弟必从兄,妻必从夫,家属必从于家长,即所谓"家无二主,天无二日,国无二君,家无二尊",严格的纵横一体化的尊卑等级身份关系及其社会控制、管理模式,从内部吸纳了监护的功能,也排斥了监护的独立存在;而以地缘、亲缘、血缘为基石的小农经济的乡土社会浓缩了一个人、一个家庭的空间和交际范围,私法上的监护制度缺乏生成的社会驱动力。换言之,在小农经济强劲、家长制极为发达的社会背景下,家族中若有未成年人或无民事行为能力人、限制民事行为能力人时,也无须设置所谓专职监护人,一切事务可委诸家长于家族内解决到位,监护制度自无存在的价值。仅就其亲子关系而言,我国台湾学者戴炎辉先生曾言:"我国固有法上的亲子法与现代法比较时,有四点特色:①固有亲子法,以奉伺父母、家及宗族等为其根本(子之一方的义务),而现代法则以父母保护教育子女为其核心(强调父母的义务)。②亲子关系以男子为中心,女子则不大重要,与现代法男女并重不同。③亲子关系以教令及惩戒为其重要的内容,换句话说,子女应孝顺父母,听从其教令;惩戒子女非致死,则勿论。④亲子关系,因再受尊长权的限制,而形成阶层,上层的亲子关系优越于下层的亲子关系。若祖父母还在,则父母对子女行使教令权时,应听祖父母的指挥。反之,现代法的亲权本于亲子关系,亲权的行使不受任何第三人的干涉。"

在实际生活中,基于嫡长子继承制的要求,当发生家长本人年幼或者其他原因无法操持家务、管理家政时,则多以"管家""顾命""托孤"等形式委托他人对幼主或者未成年家长进行保护和辅佐。这虽有监护的意思,但并没有形成严格的法律制度,也没有完整规范的权利义务,充其量只能谓为中国古代监护制度的前身或萌芽。

至清末改制，立法变革，学仿德国、日本等国法系的民事立法形体，于1911年完成了《大清民律草案》。其中第四编亲属部分内列监护条款，规定"未成年人无行亲权人或行亲权人不得行其亲权时，须设监护人"；"受准禁治产宣告者，须置保佐人"；"成年人受禁治产之宣告时，须置监护人"；并规定以亲属会议对监护人、保佐人的监护行为进行协助和监督。《大清民律草案》虽然有浓厚的封建性而且随清王朝的迅速灭亡而未真正实施，但在制度构建上接受西方法学思潮，以德日等民事立法体系为蓝本，将亲权、监护、保佐作为对未成年人及其他无民事行为能力人、限制民事行为能力人进行保护的民事法律制度，既是我国监护立法之发端，也是对固有法传统的一大创新，并为后来中国监护制度的发展创设了基础。

1930年旧中国国民政府制定《中华民国民法》，在亲属编中专设监护制度，并将监护分为不在亲权下的未成年人的监护和禁治产人（即无民事行为能力或限制民事行为能力的成年人）的监护；规定"未成年人无父母或者父母均不能行使、负担对于其未成年子女之权利义务时，应置监护人"，"禁治产人应置监护人"，从而使监护与亲权分设独立；未采用保佐制度。1949年新中国成立后，该法在台湾地区经过数次修改，沿用至今。1950年和1980年两部《婚姻法》虽然在有关亲子关系和亲属扶养关系中涉及监护方面的实体内容，但并未形成明晰的监护制度架构。直至1986年作为民事活动基本准则的《民法通则》的颁布，才在民事主体"公民"一章中对监护做了原则性的规定，从而为监护制度的研究和操作使用提供了基本的规范性依据。

2.3.3 监护人劳动报酬的取得

国外关于监护人的报酬问题主要有三种立法例：①采取无偿原则，即把监护作为一种社会义务，监护人不得索取报酬，或者只是对有特别贡献的监护人给予一定的奖励。如《俄罗斯联邦家庭法典》（1995年）第150条规定，监护和保护义务，应由监护人无偿履行。②采取有偿原则，即把监护作为一种有代价的民事法律行为，给予监护人适当的报酬。如《日本民法典》第862条规定："家庭法院可根据监护人及被监护人的资力及其他情事，从被监护人的财产中，给予监护人以相当报酬。"③采取补偿原则，即原则上是无偿的，但监护当局可以根据监护人的要求，给予其一定的补偿。如《德国民法典》第1836条。我国法律对监护人的报酬问题未作明确规定。

2.3.4 监护的变更

所谓监护的变更，应指监护人因某种事由不再或不能继续担任监护人，而由新的监护人继任。这种变更，只是监护人更换，而被监护人仍需得到监护。监护变更的前提条件是被监护人尚需继续被监护。

按照《关于贯彻〈民法通则〉若干问题的意见》第十六条规定："有关组织依照民法通则规定指定监护人，以书面或者口头通知了被指定人的，应当认定指定成立。被指定人不服的，应当在接到通知的次日起三十日内向人民法院起诉。逾期起诉的，按变更监护关系处理。"

1. 监护人死亡

监护人死亡包括自然死亡和被宣告死亡，监护权主体在客观上不复存在，应迅速变更监护人。

2. 监护人丧失监护能力

监护人因疾病、伤残、经济极度贫困等不能实际履行监护职责,或因犯罪被处剥夺自由的刑罚,或被宣告为无民事行为能力人或者限制民事行为能力人的,均属于监护人丧失监护能力,为切实保护被监护人的人身和财产权益,应变更监护人。

3. 监护人被撤销

《民法通则》第十八条第三款规定:"监护人不履行监护职责或者侵害被监护人的合法权益的,应当承担责任;给被监护人造成财产损失的,应当赔偿损失。人民法院可以根据有关人员或者有关单位的申请,撤销监护人的资格。"《未成年人保护法》第五十三条规定:"父母或者其他监护人不履行监护职责或者侵害被监护的未成年人的合法权益,经教育不改的,人民法院可以根据有关人员或者有关单位的申请,撤销其监护人资格,依法另行指定监护人。被撤销监护资格的父母应当依法继续负担抚养费用。"提出撤销申请的人,可以是其他有监护资格的人,可以是前述有关单位或居民委员会、村民委员会,还可以是被监护人。作出撤销决定的,只能是人民法院。原监护人被撤销后,应当按法定监护人范围和顺序继任新的监护人,或者指定新的监护人,监护关系由此发生变更。

最高人民法院《关于贯彻执行〈民法通则〉若干问题的意见(试行)》第十五条规定:"有监护资格的人之间协议确定监护人的,应当由协议确定的监护人对被监护人承担监护责任。"如果有监护资格的人之间达成新的协议,确定由新的监护人代替原监护人。

《婚姻法解释(三)》第八条规定:"无民事行为能力人的配偶有虐待、遗弃等严重损害无民事行为能力一方的人身权利或者财产权益行为,其他有监护资格的人可以依照特别程序要求变更监护关系;变更后的监护人代理无民事行为能力一方提起离婚诉讼的,人民法院应予受理。"

2.3.5 监护关系中的民事责任

1. 监护人对被监护人的侵权责任

《民法通则》第十八条第三款规定:"监护人不履行监护职责或者侵害被监护人的合法权益的,应当承担责任;给被监护人造成财产损失的,应当赔偿损失……"

2. 被监护人侵权产生的民事责任

《民法通则》第一百三十三条规定:"无民事行为能力人、限制民事行为能力人造成他人损害的,由监护人承担民事责任。监护人尽了监护责任的,可以适当减轻他的民事责任。有财产的无民事行为能力人、限制民事行为能力人造成他人损害的,从本人财产中支付赔偿费用,不足部分,由监护人适当赔偿,但单位担任监护人的除外。"最高人民法院《关于贯彻执行〈民法通则〉的若干问题的意见(试行)》第一百五十八至第一百六十条进一步说明:"夫妻离婚后,未成年子女侵害他人权益的,同该子女共同生活的一方应当承担民事责任;如果独立承担民事责任确有困难的,可以责令未与该子女共同生活的一方共同承担民事责任。""被监护人造成他人损害的,有明确的监护人时,由监护人承担民事责任;监护人不明确的,由顺序在前的有监护能力的人承担民事责任。""在幼儿园、学校生活、学习的无民事行为能力人或者在精神病院治疗的精神病人,受到伤害或者给他人造成损害的,单位有过错的,可以责令这些单位适当给予赔偿。"

《侵权责任法》第三十二条规定:"无民事行为能力人、限制民事行为能力人造成他人损害的,由监护人承担侵权责任。监护人尽到监护责任的,可以减轻其侵权责任。有财产的无民事行为能力人、限制民事行为能力人造成他人损害的,从本人财产中支付赔偿费用。不足部分,由监护人赔偿。"第九条第二款规定:"教唆、帮助无民事行为能力人、限制民事行为能力人实施侵权行为的,应当承担侵权责任;该无民事行为能力人、限制民事行为能力人的监护人未尽到监护责任的,应当承担相应的责任。"第三十八条规定:"无民事行为能力人在幼儿园、学校或者其他教育机构学习、生活期间受到人身损害的,幼儿园、学校或者其他教育机构应当承担责任,但能够证明尽到教育、管理职责的,不承担责任。"第三十九条规定:"限制民事行为能力人在学校或者其他教育机构学习、生活期间受到人身损害,学校或者其他教育机构未尽到教育、管理职责的,应当承担责任。"第四十条规定:"无民事行为能力人或者限制民事行为能力人在幼儿园、学校或者其他教育机构学习、生活期间,受到幼儿园、学校或者其他教育机构以外的人员人身损害的,由侵权人承担侵权责任;幼儿园、学校或者其他教育机构未尽到管理职责的,承担相应的补充责任。"

3. 第三人损害监护关系的民事责任

根据《侵权责任法》第二、十五、二十一、二十二条的规定,监护权被明确列举为一种民事权益;第三人侵害监护权,损害监护关系,应依法承担侵权责任;被侵权人可以请求侵权人承担停止侵害、排除妨碍、消除危险、恢复原状、赔偿损失等侵权责任,造成严重精神损害的,被侵权人可以请求精神损害赔偿。最高人民法院《关于确定民事侵权精神损害赔偿若干问题的解释》第二条规定:"非法使被监护人脱离监护,导致亲子关系或者近亲属间的亲属关系遭受严重损害,监护人向人民法院起诉请求赔偿精神损害的,人民法院应当依法予以受理。"

课后练习

1. 观看《今日说法》视频"你我能否一刀两断"(http://tv.cntv.cn/video/C10328/8ee17647aae54be1759e86958481316c),讨论"毫毫"的监护人如何确定。

要求:从监护人职责角度以及法定监护人、委托监护人、遗嘱监护人、指定监护人范围进行分析。

2. 观看《今日说法》视频"我要看女儿"(http://tv.cntv.cn/video/C10328/511cf88a992345360e9f27b2c773d26b),从监护人的范围、顺序、职责等方面分析监护权的归属。

3. 案例分析

(1)当事人申某,男,14岁。申某的父亲和母亲蔡某于1993年结婚,同年申某出生。2005年,申某父母离婚,申某由父亲抚养。2007年3月,申某的父亲因病去世,蔡某拒不履行抚养申某的法定义务,不支付任何抚养费用且长期在外地居住,致使申某无人抚养,因申某无其他亲属,所以处境甚是凄凉。于是,作为长期抚养申某的长辛店镇村委会起诉蔡某,请求法院撤销蔡某作为申某法定监护人的资格,并依法另行指定监护人。

问题:请分析法院应作出怎样的裁决。

(2)当事人刘某,女,12岁。刘某的父亲和母亲逯某于2000年7月7日经法院调解离婚,确认双方婚生女刘某由父亲抚养。2001年刘某的父亲因病去世,刘某一直由在京居住的祖父母抚养。此外,早在刘某出生5个月后,母亲逯某即经常离家出走,下落不明,对刘某从未履行任何监护责任与抚养义务。刘某自幼便一直跟随祖父母共同生活,由祖父母实际监护、负责照料。因逯某系黑龙江人,其不作为的行为致使其女刘某至今无法申报户口,给其生活、学习造成了难以克服的障碍。于是,刘某的祖父母起诉逯某,请求法院撤销逯某作为刘某法定监护人的资格,并判令祖父母取得对刘某的监护权。①

问题:请分析法院能否支持刘某祖父母的请求,并指出法律依据是什么。

---

① http://china.findlaw.cn/info/minshang/minfa/jianhu/jhzy/106816.html.

任务 3　婚姻家庭纠纷及解决

学习目标

1. 理解和掌握婚姻的法律要件。
2. 掌握无效婚姻和可撤销婚姻的法定情形。
3. 掌握事实婚姻、非法同居、重婚的法律后果。
4. 能够正确地区分夫妻婚前财产、婚后财产。
5. 能够协助处理夫妻离婚时的财产纠纷。
6. 能够为父母子女间的权利义务纠纷提供法律咨询和法律帮助。

3.1　法律原理

3.1.1　婚姻家庭的含义

1. 婚姻家庭的一般概念

婚姻是为当时的社会制度所确认的男女两性互为配偶的结合。家庭是以婚姻、血缘和共同经济为纽带组成的亲属团体生活单位。

2. 婚姻家庭的法律概念

婚姻是男女双方以永久共同生活为目的,以夫妻权利和义务为内容的合法结合。家庭是共同生活的、其成员间互享法定权利、互尽法定义务的亲属团体。

3. 结婚的条件

结婚是指男女双方依照法律规定的条件和程序,确立夫妻关系的民事法律行为。结婚的条件包括积极条件和消极条件。

(1) 积极条件。根据我国法律的规定,结婚的积极条件也称为必备条件,具体包括以下三点。

① 必须男女双方完全自愿。《婚姻法》第五条规定:"结婚必须男女双方完全自愿,不许任何一方对他方加以强迫或者任何第三者加以干涉。"法律并不排除父母或第三人出于关心,对当事人提出意见和建议。但是结婚最终应由当事人自己决定。

② 必须达到法定的结婚年龄。法定婚龄是法律规定准予结婚的最低年龄。《婚姻法》第六条规定:"结婚年龄,男性不得早于 22 周岁,女性不得早于 20 周岁。"法定婚龄从男女双方过完周岁生日的第二天起算,以户口本或身份证上登记的出生年月日为准。根据《婚

姻法》第五十条规定,民族自治地方的人民代表大会基于本民族、宗教、风俗习惯等实际情况,可以对法定婚龄作变通性规定。如内蒙古自治区执行《中华人民共和国婚姻法》的补充规定(2003年修正本)第二条:"本规定适用于居住在内蒙古自治区的蒙古族和其他少数民族。"第三条:"结婚年龄,男不得早于二十周岁,女不得早于十八周岁。汉族男女同蒙古族和其他少数民族男女结婚的,汉族一方年龄按《中华人民共和国婚姻法》的规定执行。"

③ 必须符合一夫一妻制规定。这是指一男一女结为夫妻,任何人不得同时拥有两个或两个以上的配偶的婚姻制度。其含义是,婚姻是一男一女的结合,一夫一妻制的特征在于婚姻关系在一男一女之间产生,任何人不能同时有两个或两个以上的配偶,禁止同性结婚。已经结婚者在配偶死亡前或者离婚前不能再行结婚,法律禁止重婚和有配偶者与他人同居。一切公开的、隐蔽的一夫多妻或一妻多夫的两性关系都是非法的,是法律禁止和取缔的,对违反一夫一妻制的行为应当视具体情况予以民事制裁或刑事制裁。① 这是对我国婚姻关系的保护。

(2) 消极条件。结婚的消极条件也称为结婚的禁止条件,具体包括以下两点。

① 禁止一定范围内的血亲结婚。《婚姻法》第七条规定:"直系血亲和三代以内的旁系血亲禁止结婚。"直系血亲包括父母子女之间,祖父母、外祖父母与孙子女、外孙子女之间;三代以内的旁系血亲包括同源于父母的兄弟姐妹(含同父异母、同母异父的兄弟姐妹),不同辈的叔、伯、姑、舅、姨与侄(女)、甥(女)。这样规定是基于社会伦理道德、优生优育等因素的考虑。

② 男女一方或双方患有医学上认为不应当结婚或暂缓结婚的疾病时,禁止或暂缓结婚。《婚姻法》第七条规定:"患有医学上认为不应当结婚的疾病禁止结婚。"我国婚姻法对禁止结婚的疾病没有作具体的列举性规定,而是以"医学上认为不应当结婚的疾病"进行了概括性的规定。一般来讲,禁止结婚的疾病主要分为两类:一类是精神方面的疾病,包括精神病、重症智力低下者等。患有这一类疾病的人通常是无民事行为能力人或者限制民事行为能力人,不具有承担夫妻间权利和义务的能力,并有将精神上的疾病遗传给后代的可能。另一类是身体方面的疾病,主要是指那些足以危害到对方和下一代健康的重大不治的传染性疾病或遗传性疾病。目前我国正在推行婚前健康检查制度,是为了达到检查结婚当事人是否患有医学上认为不应当结婚的疾病的目的,这是减少出生缺陷,提高人口健康素质的一项重要措施。

4. 结婚的程序

在我国,结婚的程序指的是男女成为夫妻必须履行的法定程序,即结婚登记是我国公民结婚的法定形式要件,是确立夫妻关系的法定程序。《婚姻法》第八条规定:"要求结婚的男女必须亲自到婚姻登记机关进行结婚登记。符合法定实质条件的,予以登记,发给结婚证;取得结婚证,即确立夫妻关系。"而是否举行结婚仪式,与婚姻成立无关。

(1) 结婚登记的机关。内地居民办理结婚登记的机关是县级人民政府民政部门或者乡(镇)人民政府,省、自治区、直辖市人民政府可以按照便民原则确定农村居民办理婚姻登

---

① http://www.66law.cn/laws/86756.aspx(我国一夫一妻制的法律规定).

记的具体机关。户口不在同一地区的结婚双方当事人可以到任何一方户口所在地的婚姻登记机关办理结婚登记。

(2) 结婚登记的程序。结婚登记程序分为申请、审查和登记。

① 申请。自愿结婚的男女,必须亲自到一方户口所在地的婚姻登记管理机关申请结婚登记,填写结婚申请书。结婚申请必须双方当事人亲自到场,不能由一方单独申请,也不能委托他人代理申请。申请时应当持下列证件和证明:户口证明、居民身份证、婚姻状况证明。

② 审查。婚姻登记管理机关应当依法对当事人的结婚申请和相关证件进行全面审查核实。同时要审查当事人双方是否都符合结婚的法定实质要件。

③ 登记。婚姻登记管理机关对当事人结婚申请进行审查后,对符合结婚条件的,应当予以登记,发给结婚证。对不予登记的,应当以书面形式说明不予登记的理由。

结婚当事人认为符合婚姻登记条件而婚姻管理机关不予登记的,可以依据行政复议法的规定申请复议;对复议决定不服的,可依行政诉讼法的规定提起行政诉讼。当事人也可直接提起行政诉讼。

复婚登记适用结婚登记的程序,当事人应按结婚要求提出复婚申请,由婚姻登记机关依法进行审查,符合结婚条件的,予以登记,发给结婚证,同时收回原离婚证。

5. 结婚登记的效力

结婚登记是婚姻合法有效的程序,是一种重要的法律行为。凡办理结婚登记,取得结婚证的,婚姻即告成立,具有法律效力,受法律保护。无论当事人是否同居,其夫妻关系已经存在,要解除这种关系,必须履行离婚手续。男女双方已经同居,尚未办理结婚登记的,不具有法律效力,也不存在 1994 年 2 月 1 日民政部《婚姻登记管理条例》所谓的事实婚姻,男女双方应当尽快补办结婚登记,以便得到法律的承认与保护。

6. 无效及可撤销婚姻

(1) 无效婚姻。无效婚姻是指不符合结婚的实质条件的男女两性结合,在法律上不具有合法效力的婚姻。《婚姻法》第十条规定:"有下列情形之一的,婚姻无效:重婚的;有禁止结婚的亲属关系的;婚前患有医学上认为不应当结婚的疾病,婚后尚未治愈的;未达到法定婚龄的。"

无效婚姻自始无效,在当事人之间不产生夫妻人身及财产方面的权利义务关系。同居期间所得的财产,除有证据证明为当事人一方所有的外,按共同共有处理。当事人所生的子女为非婚生子女,与婚生子女享有同等的权利。

无效婚姻不发生合法婚姻的效力,但要对双方当事人在同居期间的人身关系和财产关系进行处理,因而其认定须经法定程序。在我国无效婚姻通过司法或行政程序予以确认。人民法院审理宣告婚姻无效案件,对婚姻效力的审理不适用调解,应当依法作出判决。有关婚姻效力的判决一经作出,即发生法律效力,当事人不得上诉。对财产分割和子女抚养问题的判决不服的,当事人可以上诉。涉及财产分割和子女抚养的,可以调解。达成调解协议的,另行制作调解书。

(2) 可撤销婚姻。可撤销婚姻是指已成立的婚姻关系,因欠缺结婚的真实意思表示,受胁迫一方当事人可依法向婚姻登记机关或人民法院请求撤销的婚姻。最高人民法院的司法解释对此作了进一步解释,其中"胁迫"是指行为人以给另一方当事人或者其近亲属的生命、身体健康、名誉、财产等方面造成损害为要挟,迫使另一方当事人违背真实意愿结婚的情况。因胁迫而请求撤销婚姻的,只能是受胁迫一方的婚姻关系当事人本人。

《婚姻法》第十一条规定:"因胁迫结婚的,受胁迫的一方可以向婚姻登记机关或人民法院请求撤销该婚姻。受胁迫的一方撤销婚姻的请求,应当自结婚登记之日起一年内提出。被非法限制人身自由的当事人请求撤销婚姻的,应当自恢复人身自由之日起一年内提出。"若在法定期间内不行使权利,该权利则归于消灭。该法定期间的性质为除斥期间,即权利人应在规定的期限内请求撤销因胁迫、非法限制人身自由形成的婚姻,如果超过了法律规定的一年期限不行使,权利人即丧失了请求撤销婚姻的权利,其所缔结的婚姻确定为合法有效的婚姻。该项规定因而不适用诉讼时效中止、中断或延长的规定。仅有可撤销的事由而无撤销行为的,其婚姻效力并不消灭。

可撤销婚姻的法律后果与无效婚姻相同。

7. 事实婚姻

(1) 事实婚姻的概念。事实婚姻是指没有配偶的男女,未进行结婚登记,便以夫妻关系同居生活,群众也认为是夫妻关系的两性结合。事实婚姻的当事人必须是男女双方异性的结合,同性之间不能成立婚姻,只能是同居,这是由婚姻的自然属性所决定。事实婚姻是相对于合法登记的婚姻而言的,事实婚姻未经依法登记,本质上属于违法婚姻,但考虑到我国的现实国情,为了维持一定范围内的,特别是广大农村人口婚姻关系的稳定,国家对未办理结婚登记而以夫妻名义同居生活的男女双方之间的关系有条件地予以认可,这就产生了"事实婚姻"这一概念。

(2) 事实婚姻的构成要件。事实婚姻的构成要件有四个方面。

① 事实婚姻的男女应无配偶,有配偶则成为事实重婚。且男女双方的同居(即男女双方在一起持续、稳定的共同居住)行为始于1994年2月1日以前。

② 事实婚姻的当事人具有婚姻的目的和共同生活的形式。同居双方1994年2月1日以前同居时已经具备结婚的实质要件。

③ 事实婚姻的男女双方具有公开的夫妻身份。即以夫妻名义同居生活,又为周围的群众所公认。也就是说,不仅内在具有夫妻生活的全部内容,在外部形式上还应有为社会所承认的夫妻身份。

④ 事实婚姻的当事人未履行结婚登记手续。在我国,不论当事人是否举行过结婚仪式,凡未进行结婚登记的,均不是合法婚姻。

(3) 对事实婚姻的处理。我国《婚姻法》从国情出发,对未办理结婚登记的,没有规定为无效婚姻,而是在第八条规定:"未办理结婚登记的,应当补办登记。"对补办结婚登记的效力未做规定。在《最高人民法院关于〈中华人民共和国婚姻法〉若干问题解释(一)》中采取了区别对待的政策。

① 1994年2月1日民政部《婚姻登记管理条例》公布实施以前,男女双方已经符合结婚实质要件的按事实婚姻处理。

② 1994年2月1日民政部《婚姻登记管理条例》公布实施以后,男女双方符合结婚实质要件的,人民法院应当告知其在案件受理前补办结婚登记,未补办结婚登记的,按解除同

居关系处理。

③ 男女双方按照婚姻法第八条规定补办结婚登记的,婚姻关系的效力从双方均符合婚姻法规定的实质要件时起算。①

(4) 事实婚姻与非法同居的区分。事实婚姻与非法同居有时易于混淆。非法同居,是指有配偶者与婚外的异性不以夫妻名义,持续、稳定的共同居住的行为。事实婚姻与非法同居的区别在于:第一,事实婚姻的男女双方都具有终身共同生活的目的,而非法同居的男女双方不具有这种终身共同生活的目的。第二,事实婚姻的男女双方具备公开的夫妻身份,而非法同居的男女双方往往具有临时性,不具有公开性。第三,事实婚姻的男女双方均无配偶,有配偶的则为事实重婚,非法同居的范围要比事实婚姻宽。

8. 涉外婚姻

涉外婚姻是指一国公民同外国人(包括无国籍人)的婚姻,包括涉外结婚、复婚和涉外离婚。凡涉外婚姻当事人在我国境内结婚或离婚的,都必须按照我国法律的规定办理。

(1) 涉外婚姻的法律适用。涉外婚姻的法律适用包括以下四点。

① 结婚条件。结婚条件适用当事人共同居住地法律;没有共同居住地的,适用共同国籍地法律;没有共同国籍,在一方当事人经常居所地或者国籍国缔结婚姻的,适用婚姻缔结地法律。

② 结婚手续。结婚手续符合婚姻缔结地法律,一方当事人经常居所地法律或国籍国法律的均为有效。

③ 协议离婚。协议离婚的当事人可以协议选择适用一方当事人经常居所地法律或者国籍国法律。当事人没有选择的,适用共同经常居所地的法律;没有共同经常居所地的,适用共同国籍国的法律;没有共同国籍的,适用办理离婚手续机构所在地的法律。

④ 诉讼离婚。诉讼离婚的适用法院地法律。

(2) 涉外结婚。涉外结婚是指我国公民与外国人或者外国人与外国人在我国境内结婚的法律行为。

① 涉外结婚的条件。中国公民同外国人在中国境内结婚。按照涉外结婚适用婚姻缔结地法律的规定,中国公民同外国人在我国境内结婚的,应适用我国法律。包括婚姻法、婚姻登记管理条例以及中国公民同外国人办理结婚登记的几项规定等,这些法律规定的基本原则和结婚条件必须遵守。申请结婚的中国公民和外国人,港、澳、台同胞,华侨及出国人员,男年龄不得早于 22 周岁,女不得早于 20 周岁。

② 结婚主体的限制。我国法律规定的某些中国公民不准同外国人结婚。根据《中国公民同外国人办理结婚登记的几项规定》第四条规定,以下两类中国公民不准同外国人结婚:第一类是某些担任特定公职的人员。其范围是:第一,现役军人,是指正在中国人民解放军和人民武装警察部队中服现役,具有军籍的干部和战士。第二,外交人员,是指直接从事外交工作的人员,主要指外交部和我国驻外使、领馆的外交官员。第三,公安人员,是指在编的各级公安机关、国家安全机关的干警。第四,机要人员和其他掌握重大机密的人员,

---

① http://court.gmw.cn/html/article/201104/01/2871.shtml(事实婚姻的认定与处理).

是指在国家党政机关、科研机构和企事业单位从事机要工作,掌握党和国家重大秘密和科研尖端机密的人员。法律不准担任国家公职的人员同外国人结婚,是为了维护国家的安全和利益,这也是世界各国立法的通例。第二类是正在服刑的人。这类人员由于犯罪,正在接受法律制裁,被限制了人身自由,所以不准同外国人结婚。

③ 外国人同外国人在中国境内结婚。对于双方都是外国人,要求在我国办理结婚登记的,只要他们具备《中国人同外国人办理婚姻登记的几项规定》中所要求的证件,符合我国《婚姻法》规定的结婚条件,可予办理结婚登记。但为了保证我国婚姻登记的有效性,可让婚姻当事人提供其本国法律在外国办理结婚登记有效的条文。

(3) 涉外结婚的程序。涉外结婚的程序主要包括以下三点。

① 办理涉外结婚登记的机关。中国公民同外国人在中国境内自愿结婚的,男女双方当事人必须共同到中国公民一方户口所在地的省、自治区、直辖市人民政府指定的婚姻登记机关申请登记。

② 结婚当事人须持的证件。中国公民应持下列证件:本人的户籍证明;本人户口所在地的县级人民政府或工作单位的县级以上机关、学校、事业单位、企业单位出具的记有本人基本情况和与何人结婚的证明。外国人须持以下证件:本人护照或其他身份、国籍证件;公安机关签发的《外国人居留证》,或外事部门颁发的身份证件,或临时来华的入境、居留证件;经本国外交部和中国驻该国使、领馆认证的由本国公证机关出具的婚姻状况证明,或该国驻华使、领馆出具的婚姻状况证明。如外国人一方为在华侨民,须持下列证件:本人护照或代替护照的身份、国籍证件;公安机关签发的《外国人居留证》;本人户口所在地有关单位出具的证明,对证明的要求与上述中国公民一方须持的第二类证件相同。此外,申请结婚的男女当事人还须提交婚姻登记机关指定医院出具的婚前健康检查证明。

③ 申请、审查和登记。申请登记结婚的中国公民和外国人须持有关证件和本人照片,到婚姻登记管理机关提出申请。经婚姻登记管理机关审查,符合我国婚姻家庭法和民政部有关涉外结婚登记规定的,准予登记,并在一个月内办理登记手续,发给结婚证。依法不予登记的,应当告知当事人不予登记的理由。

(4) 涉外离婚。涉外离婚是指中国公民与外国人、外国人与外国人之间在我国境内按照我国法律办理离婚的法律行为。

① 涉外离婚的条件。在我国境内的涉外诉讼离婚,根据离婚适用法院所在地法律的规定,应适用我国婚姻法和其他有关法律、法规的规定,以夫妻感情确已破裂、调解无效作为准予离婚的法定条件。

② 涉外离婚的程序。中国公民和外国人在华要求离婚的,按《中华人民共和国民事诉讼法》有关规定,向人民法院提出离婚诉讼。华侨、港、澳台同胞以及出国人员与我国公民之间双方自愿离婚并已对子女抚养和财产作了妥善处理的,可共同到当地涉外婚姻登记处申请离婚登记。一方要求离婚或一方不能到婚姻登记机关申请离婚的,可直接向国内(大陆)一方户口所在地的人民法院提出离婚诉讼。

③ 涉外离婚的管辖。我国一般原则。有关涉外离婚案件应该以"原告就被告"作为地域管辖的一般原则:对公民提起的民事诉讼,由被告住所地人民法院管辖,被告住所地与经常居住地不一致的,由经常居住地人民法院管辖。对不在中华人民共和国国内居住的人

提起的有关身份关系的诉讼,由原告住所地人民法院管辖;原告住所地与经常居住地不一致的,由原告经常居住地人民法院管辖。

在国内结婚后,定居国外的华侨,如定居国法院以离婚诉讼需由婚姻缔结地法院所属国法院管辖为由不予受理,双方回国要求人民法院处理的,可由原结婚登记地或被告原户籍所在地人民法院受理。

在国外结婚,并定居国外的华侨,这类离婚案件人民法院原则上不予受理。如所在国以当事人的国籍所属为理由拒不受理,双方回国要求人民法院处理的,可由被告原户籍所在地人民法院受理。

中国公民一方居住在国外,一方居住在国内,不论哪一方向人民法院提起离婚诉讼,国内一方住所地的人民法院都有权管辖。如国外一方在居住国法院起诉,国内一方向人民法院起诉的,受诉人民法院有权管辖。

中国公民双方在国外但未定居,一方向人民法院起诉离婚的,应由原告或者被告原住所地的人民法院管辖。

涉港、澳、台地区的离婚案件的管辖,比照涉外案件处理。

(5)涉外复婚。中国公民和外国人离婚后,在我国境内双方自愿要求复婚的,按涉外结婚的有关规定办理。

3.1.2 家庭关系

家庭是由一定范围内的亲属构成的共同生活的单位或组织。家庭关系是家庭成员间在共同生活、生产、扶养过程中形成的权利和义务关系。家庭关系包括夫妻关系和父母子女关系。

1. 夫妻关系

夫妻关系是指夫妻双方在婚姻中的身份、地位、人格等多个方面的权利义务关系。夫妻是在存续中的婚姻关系中男女双方的称呼,又称为配偶。夫妻关系是家庭关系中最重要的关系。夫妻关系包括夫妻人身关系、夫妻财产关系、夫妻扶养关系和夫妻遗产继承权。

(1)夫妻人身关系。夫妻人身关系是指夫妻双方在婚姻中的身份、地位、人格等多方面的权利义务关系,是夫妻关系的主要内容,根据婚姻法的有关规定,夫妻人身关系主要有下列内容。

① 夫妻地位平等、独立。《婚姻法》第十三条规定:"夫妻在家庭中地位平等。"这是宪法中男女平等原则的体现。其核心是指男女双方在婚姻、家庭生活中的各个方面都平等地享有权利,负担义务,互不隶属、支配。夫妻双方地位平等贯穿于整个婚姻法。

② 夫妻双方都享有姓名权。《婚姻法》第十四条规定:"夫妻双方都有各用自己姓名的权利。"作为人身权的姓名权由夫妻双方完整、独立地享有,不受职业、收入、生活环境变化的影响,并排除他人的干涉。在婚姻家庭生活中,夫妻一方可合法、自愿地行使、处分其姓名权。这还体现在子女姓名的确定上,对子女姓名的决定权,由夫妻双方平等享有,即子女既可随父姓,也可随母姓,还可姓其他姓。

③ 夫妻双方的人身自由权。《婚姻法》第十五条规定:"夫妻双方都有参加生产、工作、学习和社会活动的自由,一方不得对他方加以限制或干涉。"这是夫妻双方各自充分、自由

发展的必要和先决条件。夫妻一方行使人身自由权以合法、合理为限,并应互相尊重,反对各种干涉行为。

④ 夫妻住所选定权。《婚姻法》第九条规定:"登记结婚后,根据男女双方的约定,女方可以成为男方家庭的成员,男方可以成为女方家庭的成员。"夫妻一方可以成为另一方家庭的成员,夫妻应有权协商决定家庭住所,可选择男方或女方原来住所或另外的住所。

⑤ 禁止家庭暴力、虐待、遗弃:禁止夫妻一方以殴打、捆绑、残害、强行限制人身自由或者其他手段给对方的身体或精神方面造成一定伤害后果的暴力行为;禁止构成虐待的持续性、经常性的家庭暴力;禁止有扶养义务的一方不尽扶养义务的违法行为。《婚姻法》第三条规定:"禁止家庭暴力。禁止家庭成员间的虐待和遗弃。"

⑥ 夫妻之间的忠实义务。《婚姻法》第三条第二款规定:"禁止重婚。禁止有配偶者与他人同居。"第四条规定:"夫妻应当相互忠实,互相尊重……"这是对夫妻双方所负的忠实义务的规定,忠实义务主要是指保守贞操的义务,专一的夫妻性生活义务,不为婚外性行为。包括不重婚,不与配偶以外的第三人非以夫妻名义持续、稳定地共同居住,不从事性交易等。违反忠实义务不仅伤害夫妻感情,还不利于一夫一妻制度的维护。法律对忠实义务的规定为追究各种侵犯婚姻的违法行为提供了法律依据。

⑦ 计划生育义务。《婚姻法》第十六条规定:"夫妻双方都有实行计划生育的义务。"实行计划生育,这是我国的一项基本国策,也是夫妻的法定义务。义务的主体是夫妻双方,而非仅仅指女方。《妇女权益保障法》第四十七条明确规定,妇女有按照国家有关规定孕育子女的权利,也有不生育的自由,即妇女有生育权。作为夫妻生活重大事项之一的生育应由夫妻双方协商,共同决定,同时还应符合国家法律的相关规定。

(2) 夫妻财产关系。夫妻财产关系是关于夫妻婚前财产和婚后财产的归属、管理、使用、收益和处分以及债务的清偿等方面的权利义务关系。男女双方因结婚产生了夫妻人身关系,也随之产生了夫妻财产关系。法律为确保夫妻地位平等和婚姻生活的圆满,并保障夫妻与第三人交易安全,维护社会秩序,设立夫妻财产制,调整夫妻财产关系。

我国婚姻法对夫妻财产制采取的是法定夫妻财产制与约定夫妻财产制相结合的模式,并做了详细的规定。

① 法定夫妻财产制。法定夫妻财产制是指夫妻双方在婚前、婚后都没有约定或约定无效时直接适用有关法律规定的夫妻财产制度。

《婚姻法》第十七条规定:"夫妻在婚姻关系存续期间所得的下列财产,归夫妻共同所有:(一)工资、奖金;(二)生产、经营的收益;(三)知识产权的收益;(四)继承或赠与所得的财产,但本法第十八条第三项规定的除外;(五)其他应当归共同所有的财产。夫妻对共同所有的财产,有平等的处理权。"其中"平等的处理权"应当理解为:(一)夫或妻在处理夫妻共同财产上的权力是平等的。因日常生活需要而处理夫妻共同财产的,任何一方均有决定权。(二)夫或妻非因日常生活需要对夫妻共同财产做重要处理决定,夫妻双方应当平等协商,取得一致意见。他人有理由相信其为夫妻双方共同意思表示的,另一方不得以不同意或不知道为由对抗善意第三人。夫妻的共同财产还包括一方以个人财产投资取得的收益和男女双方实际取得或者应当取得的住房补贴、住房公积金、养老保险金、破产安置补偿费。

《婚姻法》第十八条则明确了一方所有的财产范围,具体规定为:"有下列情形之一的,为夫妻一方的财产:(一)一方的婚前财产;(二)一方因身体受到伤害获得的医疗费、残疾人生活补助费等费用;(三)遗嘱或赠与合同中确定只归一方的财产;(四)一方专用的生活用品;(五)其他应当归一方的财产。"法律规定为夫妻一方所有的财产,不因婚姻关系的延续而转化为夫妻共同财产。当事人另有约定的除外。

夫妻财产除了包括积极财产外,还包括消极财产,即对外负担的债务。夫妻共同负担债务,由夫妻双方共同所有的财产清偿,夫妻一方所负的债务,由其个人所有的财产清偿。如果夫妻在婚姻关系存续期间所得的财产约定归各自所有,而第三人又不知道该约定的,则以夫妻在婚姻关系存续期间所得的财产清偿。

② 约定夫妻财产制。约定夫妻财产制是相对法定财产制而言的,是依据不同的发生原因作出的划分。它是指夫妻双方通过协商对婚前、婚后取得的财产的归属、处分以及在婚姻关系解除后的财产分割达成协议,并优先于法定夫妻财产制适用的夫妻财产制度,又称有契约财产制度,是意思自治原则在婚姻法中的贯彻和体现。即夫妻双方在不违反法律的强制规定下,按照自己的意志约定婚前婚后财产的归属,管理自己的事务,不受国家和他人的非法干涉。

《婚姻法》第十九条规定:"夫妻可以约定婚姻关系存续期间所得的财产以及婚前财产各自所有、共同所有或部分各自所有部分共同所有。约定应当采取书面形式。没有约定、约定不明的,适用本法第十七条、第十八条的规定。夫妻对婚姻关系存续期间所得财产以及婚前财产的约定对双方具有约束力。夫妻对婚姻关系存续期间所得财产归各自所有的,夫或妻一方对外所负的债务,第三人知道该约定的,以夫或妻一方所有的财产清偿。"由此可以看出约定的内容,夫妻财产所有形式可以是各自所有、共同所有或部分各自所有、部分共同所有。约定的财产范围,包括婚前和婚后取得的各种财产。约定的形式,法律明确要求采取书面形式。约定的生效条件首先必须具备民事法律行为的生效要件:合法、自愿、真实;其次,符合特别法上的要求,如男女双方平等,保护妇女,儿童和老人的合法权益。约定内容在第三人知晓时,其对外具有对抗的效力,否则,无对抗的效力;对内则对夫妻处理财产的行为产生约束力。

(3) 夫妻扶养关系。《婚姻法》第二十条第一款规定:"夫妻有互相扶养的义务。"这里的扶养,指夫妻相互之间在经济上供养,在精神上安慰,在日常生活中扶助,主要是指物质上的帮助和生活上的照顾。夫妻间的扶养关系是以夫妻身份的确立和存续为条件的。男女双方依法登记,取得结婚证后,夫妻关系形成,相互间的扶养义务也随之产生。在夫妻关系存续期间,这种扶养关系就一直存在,一旦婚姻关系终止,夫妻间的扶养义务也就随之消灭。同居、被宣告无效和被撤销的婚姻都不产生夫妻间的扶养义务。

《婚姻法》第二十条第二款规定:"一方不履行扶养义务时,需要扶养的一方,有要求对方给付扶养费的权利。"夫妻间发生扶养纠纷时,双方可以自行协商解决,还有权请求居民委员会、村民委员会以及所在单位调解。协商不成时,需要扶养的一方可以向人民法院提起追索扶养费的民事诉讼,由人民法院裁决是否应当给付扶养费、给付的数额和给付的方式。判决生效后,拒绝支付扶养费的,由人民法院依法强制执行。

夫妻一方无故拒不履行扶养义务情节恶劣,后果严重的,构成遗弃罪,应承担相应的刑事责任。受害人可以依照刑事诉讼法规定,向人民法院提起自诉。如果被害人没有相关证据予以证明,公安机关应当依法侦查,人民检察院应当依法提起公诉。行为人在承担刑事责任的同时仍应当继续履行扶养配偶的义务。

(4) 夫妻遗产继承权利。《婚姻法》第二十四条第一款规定:"夫妻有相互继承遗产的权利。"《继承法》和《妇女权益保障法》也对配偶继承权的实际应用给予了全面具体的规定。根据相关法律的规定,夫妻间的遗产继承权应包括以下四个方面的内容。

① 合法的配偶身份是夫妻遗产继承权的前提,夫妻间的遗产继承权以婚姻关系的存续为前提。男女双方只有具有合法的夫妻身份,彼此之间才能互享继承权。没有合法夫妻身份的通奸、姘居、重婚、无效婚姻的当事人之间均不能享有夫妻间的遗产继承权。

② 夫妻互为对方的第一顺位的法定继承人,享有同等的继承权。即使配偶一方死亡,另一方系无民事行为能力人或者限制民事行为能力人的,依然享有夫妻遗产继承权。《继承法》第十条将配偶、子女、父母同列为第一顺序的法定继承人,因此夫或妻是对方遗产第一顺位的法定继承人之一,继承开始后按照法律的规定继承遗产。

③ 夫妻继承权不受婚姻存续时间长短的影响,也不受生存一方是否再婚的妨碍。双方登记结婚后,不论双方同居的时间是长还是短,甚至是尚未同居,配偶一方死亡的,另一方都基于夫妻身份而享有遗产继承权。

④ 夫妻相互继承遗产时,应先行分割夫妻共同财产和家庭成员共有财产,确定遗产范围,当夫妻一方死亡时,必须先进行夫妻共同财产的认定和分割,保障生存一方的共有财产权,同时确定家庭成员共有财产,对于死者的个人遗产,生存配偶和其他同一顺序继承人同等享有继承权。《继承法》第十九条规定:"遗嘱应当对缺乏劳动能力又没有生活来源的继承人保留必要的遗产份额。"

2. 父母子女关系

父母子女关系是指父母、子女间在法律上的权利义务关系,又称为亲子关系。根据血亲形成的性质,可分为自然血亲和拟制血亲的父母子女关系。自然血亲的父母子女关系是基于子女出生的法律事实而在子女与父母亲之间形成的法律上的权利义务关系,自然血亲分为婚生和非婚生的亲子关系。拟制血亲的父母子女关系包括养父母子女关系和继父母子女关系。

(1) 婚生父母子女关系。婚生父母子女关系主要包括三个方面内容。

① 父母的权利义务。《婚姻法》第二十一条第一款规定:"父母对子女有抚养教育的义务。"在人身方面,一是抚养的权利义务;二是管理教育的权利和义务;三是法定代理义务。在财产方面,主要表现为对子女财产的管理。未成年人给他人造成的损失,父母须承担赔偿责任。

② 子女的权利义务。《婚姻法》第二十一条第二款规定:"父母不履行抚养义务时,未成年或不能独立生活的子女,有要求父母给付抚养费的权利。"其中不能独立生活的子女指尚在校接受高中及其以下学历教育或者丧失部分劳动能力并非主观原因而无法维持正常生活的成年子女。"抚养费"则包括子女的生活费、教育、医疗费等。同时,根据《婚姻法》第二十一条第一款、第三款规定,子女对父母有赡养扶助的义务,子女不履行赡养义务时,无劳动能力或生活困难的父母,有要求子女给付赡养费的权利。此外,子女给付赡养费的义

务,并且不因父母的婚姻关系变化而终止。《婚姻法》第三十条规定:"子女有义务尊重父母的婚姻权利,不得干涉父母再婚以及婚后的生活。"子女应该尊重父母婚姻自由的权利。

③ 父母子女间有相互继承遗产的权利。《婚姻法》第二十四条第二款规定:"父母和子女有相互继承遗产的权利。"

(2) 非婚生父母子女关系。非婚生子女,是指没有婚姻关系的男女所生的子女。未婚男女或者已婚男女与第三人发生性行为所生的子女,无效婚姻当事人所生的子女,妇女被强奸后所生的子女,都属于非婚生子女。

《婚姻法》第二十五条规定:"非婚生子女享有与婚生子女同等的权利,任何人不得加以危害和歧视。不直接抚养非婚生子女的生父或生母,应当负担子女的生活费和教育费,直至子女能独立生活为止。"在此,法律强调了对非婚生子女的保护,我国的非婚生子女与婚生子女的法律地位完全相同,法律有关父母子女间的权利和义务,同样适用于非婚生父母子女间。

(3) 继父母子女关系。所谓继子女,通常指配偶一方对他方与前配偶所生的子女,称为继子女。所谓继父母,是指子女对母亲或父亲的后婚配偶称为继父或继母。继父母与继子女关系产生的原因,一是由于父母一方死亡,他方再行结婚;二是由于父母离婚,父或母再行结婚。继父母子女关系是由于父或母再婚而形成的姻亲关系。

继父母子女关系受到我国法律的保护。《婚姻法》第二十七条规定:"继父母与继子女间,不得虐待或歧视。继父或继母和受其抚养教育的继子女间的权利和义务,适用本法对父母子女关系的有关规定。"此外,在遗产继承上,继子女继承了继父母的遗产,不影响其继承生父母的遗产。继父母继承了继子女的遗产,不影响其继承生子女的遗产。

(4) 养父母子女关系。养子女是指被非亲生父母收养的子女。养子女的法律地位与婚生子女、非婚生子女、有抚养教育关系的继子女相同,均享有父母子女之间的权利并承担相应的义务。养父母子女关系是一种独立的法律关系,必须符合法定的收养条件、程序才能形成并且可以依法解除。

我国《婚姻法》对此有所涉及,第二十六条规定:"国家保护合法的收养关系。养父母和养子女间的权利和义务,适用本法对父母子女关系的有关规定。养子女和生父母之间的权利和义务,因收养关系的成立而消除。"

3.1.3 婚姻家庭关系的主要法律规定

1.《中华人民共和国婚姻法》

第六条 结婚年龄,男不得早于22周岁,女不得早于20周岁。

第十条 有下列情形之一的,婚姻无效:

(一) 重婚的。

(二) 有禁止结婚的亲属关系的。

(三) 婚前患有医学上认为不应当结婚的疾病,婚后尚未治愈的。

(四) 未达到法定婚龄的。

第十七条 夫妻在婚姻关系存续期间所得的下列财产,归夫妻共同所有:

(一) 工资、奖金。

(二) 生产、经营的收益。

(三)知识产权的收益。
(四)继承或赠与所得的财产,但本法第十八条第三项规定的除外。
(五)其他应当归共同所有的财产。夫妻对共同所有的财产,有平等的处理权。

第十八条 有下列情形之一的,为夫妻一方财产:
(一)一方的婚前财产。
(二)一方因身体受到伤害获得的医疗费、残疾人生活补助费等费用。
(三)遗嘱或赠与合同中确定只归夫或妻一方的财产。
(四)一方专用的生活用品。
(五)其他应当归一方的财产。

2. 最高人民法院《关于适用〈中华人民共和国婚姻法〉若干问题的解释(一)》

第五条 未按婚姻法第八条规定办理结婚登记而以夫妻名义共同生活的男女,起诉到人民法院要求离婚的,应当区别对待:

1994年2月1日民政部《婚姻登记管理条例》公布实施以前,男女双方已经符合结婚实质要件的,按事实婚姻处理。

第八条 当事人依据婚姻法第十条规定向人民法院申请宣告婚姻无效的,申请时,法定的婚姻无效情形已经消失的,人民法院不予支持。

3. 最高人民法院《关于适用〈中华人民共和国婚姻法〉若干问题的解释(二)》

第一条 当事人起诉请求解除同居关系的,人民法院不予受理。但当事人请求解除的同居关系,属于婚姻法第三条、第三十二条、第四十六条规定的"有配偶者与他人同居"的,人民法院应当受理并依法予以解除。

当事人因同居期间财产分割或者子女抚养纠纷提起诉讼的,人民法院应当受理。

第八条 离婚协议中关于财产分割的条款或者当事人因离婚就财产分割达成的协议,对男女双方具有法律约束力。

第十一条 婚姻关系存续期间,下列财产属于婚姻法第十七条规定的"其他应当归共同所有的财产":
(一)一方以个人财产投资取得的收益。
(二)男女双方实际取得或者应当取得的住房补贴、住房公积金。
(三)男女双方实际取得或者应当取得的养老保险金、破产安置补偿费。

第十五条 夫妻双方分割共同财产中的股票、债券、投资基金份额等有价证券以及未上市股份有限公司股份时,协商不成或者按市价分配有困难的,人民法院可以根据数量按比例分配。

第十九条 由一方婚前承租、婚后用共同财产购买的房屋,房屋权属证书登记在一方名下的,应当认定为夫妻共同财产。

第二十条 双方对夫妻共同财产中的房屋价值及归属无法达成协议时,人民法院按以下情形分别处理:
(一)双方均主张房屋所有权并且同意竞价取得的,应当准许。
(二)一方主张房屋所有权的,由评估机构按市场价格对房屋作出评估,取得房屋所有权的一方应当给予另一方相应的补偿。

（三）双方均不主张房屋所有权的，根据当事人的申请拍卖房屋，就所得价款进行分割。

第二十二条　当事人结婚前，父母为双方购置房屋出资的，该出资应当认定为对自己子女的个人赠与，但父母明确表示赠与双方的除外。

当事人结婚后，父母为双方购置房屋出资的，该出资应当认定为对夫妻双方的赠与，但父母明确表示赠与一方的除外。

第二十三条　债权人就一方婚前所负个人债务向债务人的配偶主张权利的，人民法院不予支持。但债权人能够证明所负债务用于婚后家庭共同生活的除外。

第二十四条　债权人就婚姻关系存续期间夫妻一方以个人名义所负债务主张权利的，应当按夫妻共同债务处理。但夫妻一方能够证明债权人与债务人明确约定为个人债务，或者能够证明属于婚姻法第十九条第三款规定情形的除外。

4. 最高人民法院《关于适用〈中华人民共和国婚姻法〉若干问题的解释（三）》

第四条　婚姻关系存续期间，夫妻一方请求分割共同财产的，人民法定不予支持，但有下列重大理由且不损害债权人利益的除外：

（一）一方有隐藏、转移、变卖、毁损、挥霍夫妻共同财产或者伪造夫妻共同债务等严重损害夫妻共同财产利益行为的。

（二）一方负有法定扶养义务的人患有重大疾病需要医治，另一方不同意支付相关医疗费用的。

第五条　夫妻一方个人财产在婚后产生的收益，除孳息和自然增值外，应认定为夫妻共同财产。

第七条　婚后由一方父母出资为子女购买的不动产，产权登记在出资人子女名下的，可按照婚姻法第十八条第（三）项的规定，视为只对自己子女一方的赠与，该不动产应认定为夫妻一方的个人财产。

第十条　夫妻一方婚前签订不动产买卖合同，以个人财产支付首付款并在银行贷款，婚后用夫妻共同财产还贷，不动产登记于首付款支付方名下的，离婚时该不动产由双方协议处理。

5. 《中华人民共和国刑法》

第二百五十八条规定：有配偶而重婚的，或者明知他人有配偶而与之结婚的，处两年以下有期徒刑或拘役。

3.2　案例研究

3.2.1　案例介绍

案例1　无效婚姻纠纷

某村村民杨某（男）与王某（女）于1998年按农村习俗举行结婚仪式后即以夫妻名义共

同生活,因杨某未达法定婚龄而未办理结婚登记手续。同年7月23日,杨某欲外出到外企务工,双方分别到各自所在的村民委员会开具了婚姻状况证明,并到镇人民政府办理结婚登记手续,但杨某所填婚姻状况证明书将其出生日期由1976年8月8日更改为同年7月23日,即杨某在婚姻登记时实际年龄比法定婚龄差15天。婚姻登记机关除对双方原非法同居关系处以200元罚款外,未发现杨某虚填年龄一事,仍发给了结婚证。1999年2月2日,杨某务工时死亡,获死亡补偿费用人民币15万元,杨某另有遗产人民币4934元、美元1740.80元。王某要求分割夫妻共同财产和继承杨某遗产,遭杨某父母拒绝。镇人民政府以杨某结婚时未达婚龄为由,确认杨某与王某的婚姻关系无效,撤销双方办理的结婚证。王某不服,提起行政诉讼。

问题:思考分析法院对镇政府的处理决定应作出怎样的裁决。

案例2 夫妻未经约定的"私房钱"归属纠纷

刘莉和张先华结婚已有4年,结婚前,两人非常理性地对个人婚前财产进行了公证,并约定婚后的共有财产一人一半。从结婚那天起,张先华就非常自觉地将每月的工资、奖金如数上交给刘莉,由刘莉负责家庭开支和储蓄。张先华每月的零花钱,都由刘莉从他交来的工资里返给他。每月,刘莉都会用一个小本记下自己和张先华的所得,以及家庭开支情况和储蓄情况,给张先华过目。今年1月21日,刘莉在家里大扫除时,在丈夫的工具箱隔层里发现了一张存单,存款人为丈夫,金额是11万元。刘莉让张先华把钱拿出来,说这应算夫妻共有财产,张先华不干。他说他的工资和奖金都上缴了的,这笔钱是他私下炒股的收入,是他的私房钱,不应该算共有财产。①

问题:夫妻未经约定的"私房钱"属于什么性质的财产?其法律依据是什么?

案例3 "彩礼"归属纠纷

金世荣(男)与韩梅经人介绍认识,2004年3月6日定亲时,金世荣的父母给韩梅4600元彩礼钱,给韩梅父母600元,并给双方6000元用于选购结婚用品。2005年8月3日金世荣和韩梅两人领取了结婚证。次日,二人举行结婚仪式。婚礼结束后,二人发生激烈争吵,情急之下,金世荣挥手痛打新婚妻子韩梅。韩梅独自返回娘家居住。8月10日,妻子韩梅因为无法接受丈夫一改常态的粗鲁行径,向法院提起离婚诉讼。

金世荣称妻子不体谅自己为新家庭投入的经历和感情,因为琐事就提出离婚,现同意分手,但他要求韩梅退还全部彩礼11 200元。双方对退还彩礼数额分歧较大,未能达成协议。

问题:请分析法院应该怎么判决。

案例4 涉外婚姻纠纷

自诉人,袁红,女43岁,北京市某研究所的工作人员。

被告人,张志国,男,42岁,现为旅日华侨,在日本横滨某电器工程公司工作。

1984年,原告和被告相识并相爱。1987年,原告和被告同居,时年原告25岁,被告24岁。1990年10月,被告准备出国,因为怕被拒签,所以与原告仅仅办理了世俗的婚姻仪式,而没有办理法律的结婚登记。1992年8月,被告回国探亲,双方仍然保持同居关系,一

---

① http://www.4oa.com/bggw/sort02910/sort03087/sort03128/215469.html.

个月后被告再次出国日本继续学业。1992 年 10 月，原告欲想到日本探亲，遂开始比较频繁地与被告电话联系。一次偶然中，发现接听电话的人是女性，并声称是被告的妻子且已经怀孕，原告大吃一惊，遂通过中国外交部驻日本大使馆查询，获悉被告确实与一沈姓中国女公民于 1992 年 2 月在中国驻日本大使馆登记结婚。1993 年 11 月，原告向自己住所地法院提起刑事自诉，要求确认被告构成重婚，并要求撤销被告与沈姓中国女公民的非法婚姻关系。①

问题：
(1) 在本案中的自诉人和被告人是否构成了事实婚姻关系？
(2) 在本案中，被告人与第三人的婚姻关系能否成立？
(3) 人民法院应当如何处理本案？

3.2.2 案例分析

在案例 1 中，达到法定婚龄是男女双方结婚登记的必备要件，同时未达到法定婚龄又属于无效婚姻的一种情形。本案中杨某在未达到法定婚龄的情况下，通过修改婚姻状况证明书上的出生日期而与王某到婚姻登记机关领取结婚证，其实杨某在婚姻登记时实际年龄比法定婚龄差 15 天。因此本案属于《婚姻法》第十条第四项规定的婚姻无效的情形。但根据《婚姻法司法解释（一）》第八条的规定，杨某与王某未达法定结婚年龄的婚姻无效情形在 1992 年 2 月 2 日杨某死亡时早已消失，因此杨某和王某的婚姻应该是真实有效的。王某作为杨某的配偶可以依据《继承法》的规定继承杨某的遗产，包括杨某死亡补偿费用人民币 15 万元，以及遗产人民币 4934 元、美元 1740.80 元。

综上所述，杨某和王某的婚姻是合法婚姻，镇人民政府以杨某结婚时未达婚龄为由，确认杨某与王某的婚姻关系无效，撤销双方办理的结婚证的行为是违法的。王某以镇人民政府为被告提起的行政诉讼，人民法院应该判决撤销镇人民政府的违法行为。

在案例 2 中，张先华私下炒股的"私房钱"是在刘莉和张先华夫妻婚姻关系存续期间所得，并且没有约定财产的归属，所以应当依婚姻法的规定来确定"私房钱"的性质。

根据《婚姻法》第十八条的规定，张先华炒股的"私房钱"没有约定属于夫妻一方所有的财产，也不属于法定夫妻一方所有的财产，应归属于《婚姻法》第十七条规定的"其他应当归共同所有的财产"。所以本案中张先华炒股的收入是夫妻共同财产。

在案例 3 中，金世荣与韩梅 2005 年 8 月 3 日结婚，8 月 10 日，妻子韩梅即提出离婚。结婚仅仅一周即宣告结束，结婚当日夫妻间产生隔阂，韩梅回到娘家居住，显然夫妻两人没有共同生活在一起，符合《婚姻法司法解释（二）》第十条第一款第三项规定的情况，并且夫妻感情确已破裂，所以法院应当判决双方离婚，韩梅返还彩礼。

本案争议的另一个焦点是彩礼返还的数额问题。解决好彩礼返还范围，才能切实维护双方的合法利益。男女双方在恋爱中所赠物品是否均应返还，须视情况而定。本案中在以下两种情形下不应返还：第一，共同花费。婚姻是以共同生活为目的，一方收到彩礼钱后，往往拿出全部或部分用于购买家庭生活用品，如购置家具、电器、厨具，或用于置办婚礼，宴

---

① http://3y.uu456.com/bp-d018f97sf242336c1eb9se32-1.html（《婚姻家庭法》教学案例）.

请宾客等,此部分已经用于共同生活的花销不应再要求返还。第二,属于赠与性质的财物。恋爱中,男女双方为表达情意,通常会赠与对方信物、定情物等。类似物品都是一方当时自愿赠与另一方的,与结婚无关,对于该类财物,赠与方不得事后要求返还。本案中金世荣提出要求返还的全部彩礼 11 200 元,其中有 6000 元是双方共同花费用于结婚的,不能算在彩礼的返还范围之内;而 600 元是赠送给韩梅父母的;仅 4600 元是给付韩梅的彩礼钱,所以法院应该判决韩梅返还金世荣彩礼钱 4600 元。

在案例 4 中,(1) 事实婚姻是指没有配偶的男女,未经结婚登记,但是公开以夫妻名义共同生活或举行过世俗结婚仪式,被当地群众公认为已经形成夫妻关系的一种共同生活状态和行为所构成的共同生活关系。本案中,自诉人和被告人两人同居时,袁红 25 岁,张志国 24 岁,且双方均为未婚,因此他们的同居应视为符合法定结婚的实质要件,并且在 1994 年 2 月 1 日民政部《婚姻登记管理条例》公布实施以前。同时,我们可以看到袁红和张志国于 1984 年相识并相爱,1987 年同居在一起,1990 年,张志国因为出国怕被拒,双方才未到婚姻登记机关办理结婚登记,而仅仅办理了世俗的结婚仪式,1992 年张志国回国探亲时两人仍保持同居关系,因此可以认定袁红和张志国是以夫妻名义共同生活的男女。根据《婚姻法司法解释(一)》第五条的规定,可以认定本案中自诉人和被告人构成事实婚姻关系。

(2) 1992 年 2 月,被告张志国与沈某在中国驻日本大使馆登记结婚。对于他们此种结婚登记行为的认定,可以参照 1984 年 7 月 19 日民政部、教育部、外交部发布《民政部、教育部、外交部关于出国留学生办理婚姻登记的暂行规定》:当事人双方均为出国留学生要求在国外登记结婚的,如其出生年月、婚姻状况有档案可资证明,可以到我国驻外使、领馆办理结婚登记,根据这条规定张志国和沈某在我国驻日本大使馆登记结婚的行为应认定为合法婚姻,即本案中被告和第三人的婚姻关系成立。自诉人袁红和被告的事实婚姻在此之前,所以根据时间先后,对于袁红与张志国的事实婚姻应予保护,张志国在存在事实婚姻的情况下又与第三人结婚,构成重婚罪,因而认定其与沈某的婚姻关系无效。

(3) 人民法院可以根据《婚姻法司法解释(一)》的规定首先确认原告袁红与被告张志国构成事实婚姻,然后根据《刑法》中关于重婚罪的规定,判决被告张志国在明知自己有配偶的情况下,还与第三人沈某结婚,其行为构成重婚罪。同时,宣告被告张志国与第三人沈某的婚姻关系无效。

3.2.3 相关文书的拟定

1. 婚前财产协议

协议人(男方):_____ 身份证号:_____
协议人(女方):_____ 身份证号:_____

协议人为明确婚前婚后双方财产所有权、债权债务承担及其他与财产权益相关的法律事宜,经双方平等自愿协商,特作如下协议:

一、双方婚前各自名下的财产,不论双方在订立本协议后是否结婚,均归各自所有,另一方无论在任何条件下,均无权主张分割。

截止到协议签订时,男方名下已有的婚前财产包括但不限于以下财产。

(一) 不动产:_____

（二）动产：_____
截止到协议签订时，女方名下已有的婚前财产，包括但不限于以下财产。
（一）不动产：_____
（二）动产：_____

二、协议人双方婚后实行财产分别制，即婚后各自的财产收入、所得、购置的动产、不动产归各自所有，包括但不限于以下婚后取得的：

以上一方财产所得另一方无权以"夫妻共同财产"为由主张分割，完全由取得一方占有、使用、收益和处分，行使完全财产所有权。基于一方名义购得的财产所附权利义务完全由一方享有和承担，与另外一方无关。如在以一方名义购置不动产时，可由一方以自己名义签订买卖合同及贷款，该不动产所有权利义务以及产权完全由一方享有和承担，与另一方无关，若有必要，另一方有义务协助购买方办理抵押贷款手续。一方婚前婚后的房屋贷款还贷部分，另一方不得再作为共同财产予以分割。

三、婚前婚后，双方各自的债权债务由各自享有和承担。若在婚后借债，任何一方在形成债务时，有向债权人告知"夫妻婚内财产分别制"的义务，即明确告知债权人，所借财物还债责任仅由借款借物人一人承担，与配偶无关，配偶不承担连带责任，并保证债权人在知悉此事实前提下出借财物，否则，若由于保护善意第三人利益原因，致使非借款借物一方承担连带责任时，出借方应按另一方承担和履行连带义务的双倍向另一方支付补偿金。

四、为保证双方婚后共同生活所需经济支持，双方婚后可就夫妻共同财产的范围、用于存放共同财产的银行账户等事项进行书面约定，该书面约定作为本协议的附件，同本协议具有同等效力。

五、双方所生子女的开支由双方承担，具体承担的数额和比例可由双方在子女出生后另行书面约定。该书面约定作为本协议的附件，同本协议具有同等效力。

六、本协议虽名为"婚前财产约定协议"，但不影响协议中关于子女抚养、婚后财产处理等本协议约定相关事宜的效力。

七、在履行本协议的过程中若发生争议，双方应协商解决。协商不成，任何一方有权向本协议签订地的法院起诉。

八、本协议一式三份，双方各执一份，公证处存档一份。

九、该协议经公证后生效。

协议人（男方）：　　　　　　　　　　　　协议人（女方）：
　年　　月　　日　　　　　　　　　　　　　年　　月　　日

2. 离婚协议书

男方：姓名_____ 性别_____ 民族_____ 出生____年____月____日
住址_____ 身份证号码_____。
女方：姓名_____ 性别_____ 民族_____ 出生____年____月____日
住址_____ 身份证号码_____。
双方于____年____月相识，于____年____月____日在__登记结婚，婚后于____年____月____日生育一儿子（女儿），名_____。现夫妻感情已经完全破裂，

没有和好可能,经双方协商达成一致意见,订立离婚协议如下:

男女双方自愿离婚。

一、子女抚养、抚养费及探望权

儿子(女儿)____由女(男)方抚养,随同女(男)方生活,抚养费(含托养费、教育费、医疗费)由男(女)方全部负责,男(女)方应于____年__月__日前一次性支付_____元给女(男)方作为女儿的抚养费。

在不影响孩子学习、生活的情况下,男方可随时探望女方抚养的孩子。

二、夫妻共同财产的处理

(1)存款:双方名下现有银行存款共_____元,双方各分一半,为____元。分配方式:各自名下的存款保持不变,但男(女)应于____年__月__日前一次性支付_____元给女(男)方。

(2)房屋:夫妻共同所有的位于×××的房地产所有权归____方所有。

(3)其他财产:婚前双方各自的财产归各自所有,男女双方各自的私人生活用品及首饰归各自所有(附清单)。

三、债权与债务的处理

双方确认在婚姻关系存续期间没有发生任何共同债务,任何一方如对外负有债务的,由负债方自行承担。(____方于____年__月__日向×××所借债务由____方自行承担……)

一方隐瞒或转移夫妻共同财产的责任:

双方确认夫妻共同财产在上述第三条已经明确列明。除上述房屋、家具、家电及银行存款外,并无其他财产,任何一方应保证以上所列婚内全部共同财产的真实性。

四、经济帮助及精神赔偿

因女(男)方生活困难,男(女)方同意一次性支付补偿经济帮助金____元给女(男)方。鉴于男(女)方要求离婚的原因,男(女)方应一次性补偿女(男)方精神损害费____元。上述男(女)方应支付的款项,均应于____年__月__日前支付完毕。

本协议一式三份,男女双方各执一份,婚姻登记机关存档一份,自婚姻登记机关颁发《离婚证》之日起生效。

男方:(签名)   女方:(签名)

   年 月 日   年 月 日

3.离婚起诉书

原告:_____性别____年龄_____民族_____籍贯_____现住址_____

联系电话_____

被告:_____性别____年龄_____民族_____籍贯_____现住址_____

联系电话_____

诉讼请求:

1.判决原被告离婚。

2.儿子(女儿)_____由原告(或者被告)抚养,不直接抚养的一方每月支付抚养费

_____元。

3. 平均分割夫妻共同财产(详见财产清单)。

4. 案件受理费由双方承担(或由被告承担)。

事实与理由：

1. 原被告感情确已破裂。

婚姻状况。原告和被告经人介绍于____年____月相识(或自己相识恋爱)，于____年____月____日在____市____区登记结婚，____年____月____日在____生育一男(女)孩。

离婚理由。婚前基础怎样，婚后感情如何，为什么提出离婚请求，何时何地因何原因发生纠纷，是否经过法院、单位或其他组织调解、处理。如果有第三者应提出证据，说明感情破裂的程度，是否分居，分居的时间等。

2. 一方抚养小孩的理由与要求对方支付抚养费数额的理由。

3. 平均分割夫妻共同财产的要求。

此致

_____市_____区人民法院

具状人：(手写签名)

年 月 日

附件：1. 本状副本一份

2. 结婚证、身份证、房屋产权证(复印件)、公房租赁凭证(复印件)、财产清单

3.3 拓展阅读

3.3.1 婚姻家庭制度的历史发展

人类两性、血缘关系进步到社会制度范畴的婚姻家庭，是一个复杂、曲折、漫长的历史过程。作为社会制度组成部分的婚姻家庭制度，是以各种具体的历史形态存在于社会发展的一定阶段的。总的说来，婚姻家庭制度的历史类型和社会制度的历史类型是一致的。我们通常以经济基础的类型作为划分婚姻家庭制度的历史类型的基本依据。

原始社会早期经历过一个漫长的前婚姻时代，那时生产力十分低下，人们结成规模不大的群体共同劳动，共同生活。在群体内部，男女成员在两性方面是没有任何限制的。随着原始社会的缓慢发展，从最初的那种无限制的两性关系中逐渐演变出群婚制的各种形态。从广义的婚姻家庭的概念的意义上说，群婚制的出现标志着婚姻家庭制度的产生，可将婚姻家庭制度分为群婚制、对偶婚制和一夫一妻制三种历史形态。恩格斯在《家庭、私有制和国家的起源》中指出："群婚制是与蒙昧时代相适应的，对偶婚制是与野蛮时代相适应的，以通奸和卖淫为补充的一夫一妻制是与文明时代相适应的。"另外，恩格斯还对未来的婚姻家庭制度作了科学的预见，断言资本主义生产方式消灭后，必将出现与新的时代相适应的婚姻自由、男女平等的真正的一夫一妻制的婚姻家庭。

经历了群婚制、对偶婚制、一夫一妻制的发展过程。群婚制又分为：①血缘群婚。这是指原始群体内，同一行辈或年龄相近的男女互为夫妻的婚姻形式。②亚血缘群婚。这是指原始群体内同一辈分男女相互通婚，但已排除直系血亲之间以及血缘关系较近的兄弟姐妹之间的两性关系的婚姻形式。

对偶婚制是指一男一女在或长或短的时期内相对稳定地同居生活，但双方仍有与其他异性发生性关系自由的婚姻形式。

一夫一妻制是指一男一女结为夫妻的婚姻制度。

3.3.2 我国婚姻立法的历史变迁

我国婚姻立法是一个时代变迁和社会文化转型的晴雨表，从中也折射出新中国成立以来政治、经济、文化、社会等方面的巨变。

第一，《婚姻法》的历史演进反映了新旧中国政权的转换。1950年《婚姻法》是一部废除旧式封建婚姻制度、树立新民主主义和社会主义婚姻制度的宣言。从所用术语来看，"包办强迫""男尊女卑""重婚""纳妾""革命军人"等暗含了从"旧制度"变为"新制度"、从"革命"变为"建设"的巨大历史转换。后两部《婚姻法》开宗明义指出是"婚姻家庭关系的基本准则"，从内容来看，"计划生育""夫妻财产""感情破裂""家庭暴力""婚外恋"等富有时代气息的术语表明了与1950年《婚姻法》在立法主旨上的巨大差异，也表明后两部《婚姻法》出台时不同的时代背景。

第二，《婚姻法》的历史演进反映了中国改革开放的历史进程，反映了计划经济体制向市场经济体制的转轨。中国婚姻法治发展变迁最根本的动力是改革开放和经济发展，没有改革开放进程的日益加快和社会主义建设的不断推进，就没有婚姻法治的进步。在计划经济体制下，国家对社会的控制基本上是全方位的大包大揽，《婚姻法》的制定和颁布也不例外。而随着经济体制的转轨，政府对个人生活干预的方式发生变化，从计划经济下的大包大揽解决问题转变为赋予个人更多权利，这就使个人有了更多的活动空间，也必将促使婚姻家庭朝着更加有利于人的自由、平等的方向发展。从1950年《婚姻法》制定中的国家主导逐渐变为民众广泛参与，2001年《婚姻法》的制定可以明显地看出这一特点。

第三，《婚姻法》的历史演进也反映了人治与法治之争以及依法治国进程的不断加快。新中国成立60多年来，国家对婚姻的治理、人们对婚姻家庭的重视、社会法治观念的变化经历了一个曲折的发展过程。其间，有20世纪50年代中期要求加强"革命法制"的要求，也有60年代"要人治不要法治"的主张，有20世纪50年代"重视法制"的良好开端，也有60年代"砸破公检法"的狂热；有20世纪80年代"人治与法治"的争鸣，也有90年代"依法治国"思想的高度一致。在当代中国的政治框架和权力运行体制之下，党和政府在法治问题上的抉择对当代婚姻法制的嬗变至关重要，《婚姻法》的历史演进折射出国家治理方式的变迁和法制建设进程的加快。

第四，《婚姻法》的历史演进体现了国家不断走向富强和人民生活日渐富足的社会现实。从三部《婚姻法》法律文本的对比中，可以看出这一事实表现得十分明显，其中最典型的是关于"夫妻财产分割"的条款：1950年《婚姻法》中对此只是作了较为笼统和粗略的规定；1980年《婚姻法》在此方面的规定虽做了少量调整，但并没有明确规定整体的分割办法和相关细则；2001年《婚姻法》对离婚后夫妻财产的分割问题作出了较为全面、详细和明确的补充。这既是法律不断走向完善的表现，也反映出新中国成立60多年来百姓生活日益富裕的事实。此外，关于"感情破裂""计划生育""家庭暴力""婚外恋"等相关条款相继写入《婚姻法》，也表现了人们物质生活水平提高后对生活质量的追求以及维权意识的增强。

为正确审理婚姻家庭纠纷案件，根据《中华人民共和国婚姻法》(以下简称婚姻法)、《中华人民共和国民事诉讼法》等相关法律规定，最高人民法院分别于2001年、2004年、2011年先后对人民法院适用婚姻法的有关问题，出台了《关于适用〈中华人民共和国婚姻法〉若干问题的解释(一)(二)(三)》。

总之，作为新中国成立以来颁布的第一部重要法律，《婚姻法》的制定和修改经历了60多年的变革历程，从中我们可以明显地看到，中国民众的婚姻家庭生活在立法与现实之间不断进行调适和整合的过程中日渐表现出民主化、法治化、规范化的时代特征，体现了中国共产党以人为本、依法治国的艰难探索和取得的良好成效。但是，在立法与现实之间又时而存在一些社会冲突现象，这也表明，任何法治实践只有在与民众的日常生活变革紧密关联和平衡中才会更加完善起来，进而促进当代中国社会的和谐发展与良性运行。①

3.3.3 最高人民法院《关于适用〈中华人民共和国婚姻法〉若干问题的解释(一)(二)(三)》

2001年修订的婚姻法施行后，随着中国社会的飞速发展，《中华人民共和国婚姻法》中关于一些触及夫妻双方利益、家庭关系的条款已经不能够很好地适用司法实践中出现的矛盾和纠纷。针对审判实践中遇到的法律适用疑难问题，最高人民法院于2001年12月27日、2004年4月1日、2011年8月13日先后施行的《关于适用〈中华人民共和国婚姻法〉若干问题的解释(一)(二)(三)》，针对婚姻法修改后的一些程序性和审判实践中急需解决的问题作出解释，包括无效婚姻和可撤销婚姻的处理程序及法律后果，提出中止探望权的主体资格，子女抚养费，离婚损害赔偿彩礼应否返还，夫妻债务处理，住房公积金及知识产权收益等款项的认定，军人的复员费及自主择业费的处理，亲子关系确认，以个人财产支付首付款并在银行贷款，婚后用夫妻共同财产还贷，不动产登记于首付款支付方名下的等问题，提供了具有可操作性的裁判依据。

司法解释的亮点如下(列举《婚姻法》解释(三))。

1. **第一次明确提出以结婚登记程序不符合法律程序为由主张撤销结婚登记可以提起行政复议或行政诉讼**

《婚姻法解释(三)》第一条第二款作出规定："当事人以结婚登记程序存在瑕疵为由提起民事诉讼，主张撤销结婚登记的，告知其可以依法申请行政复议或者提起行政诉讼。"这就是说，根据我国现行的法律规定，男女双方结婚登记在性质上属于具体的行政行为，即行政确认行为。当事人对已经领取的结婚证效力如果提出异议，可以向民政部门申请解决或提起行政诉讼。

---

① http://www.iccs.cn/contents/300/14619.html(我国婚姻立法的历史变迁).

2. 明确规定了诉讼中亲子鉴定的重要性

有关亲子关系确认是诉讼中常见的纠纷。由于亲子关系涉及家庭人员身份、家庭美满和谐、传宗接代、继承等问题，近年来随着人们法律观念的不断增强，亲子鉴定逐步从台后走向台前。《婚姻法解释（三）》第二条作出规定："夫妻一方向人民法院起诉请求确认亲子关系不存在，并已提供必要证据予以证明，另一方没有相反证据又拒绝做亲子鉴定的，人民法院可以推定请求确认亲子关系不存在一方的主张成立。当事人一方起诉请求确认亲子关系，并提供必要证据予以证明，另一方没有相反证据又拒绝做亲子鉴定的，人民法院可以推定请求确认亲子关系一方的主张成立。"其结果是，一方当事人拒绝鉴定将导致法院推定另一方主张成立的法律后果。

3. 不动产房屋的权属更加明确

司法实践中有关按揭房屋的权利归属，一直是婚姻纠纷案件中争议较多的问题，也是法官在处理婚姻纠纷案件时比较棘手的问题。《婚姻法解释（三）》第十条规定，夫妻一方婚前签订不动产买卖合同，以个人财产支付首付款并在银行贷款，婚后用夫妻共同财产还贷，不动产登记于首付款支付方名下的，离婚时该不动产由双方协议处理。

依前款规定不能达成协议的，人民法院可以判决该不动产归产权登记一方，尚未归还的贷款为产权登记一方的个人债务。双方婚后共同还贷支付的款项及其相对应财产增值部分，离婚时应根据《婚姻法》第三十九条第一款规定的原则，由产权登记一方对另一方进行补偿。

第七条规定，婚后由一方父母出资为子女购买的不动产，产权登记在出资人子女名下的，可按照《婚姻法》第十八条第（三）项的规定，视为只对自己子女一方的赠与，该不动产应认定为夫妻一方的个人财产。

由双方父母出资购买的不动产，产权登记在一方子女名下的，该不动产可认定为双方按照各自父母的出资份额按份共有，但当事人另有约定的除外。这一解释为实际生活中的房屋纠纷案件解决提供了明确的法律依据。

明确夫妻一方个人财产婚后产生的孳息和自然增值不是共同财产。一般而言，夫妻一方财产在婚后的收益主要包括孳息、投资经营收益及自然增值。婚姻法规定了婚姻关系存续期间所得的生产、经营收益及知识产权收益归夫妻共同所有。《婚姻法解释（三）》第五条规定，夫妻一方个人财产在婚后产生的收益，除孳息和自然增值外，应认定为夫妻共同财产。明确了夫妻一方个人财产婚后产生的孳息和自然增值不是共同财产。

4. 侵犯生育权可作为夫妻感情破裂的理由

《婚姻法解释（三）》在某种意义上肯定了男方也享有生育权，女方同样不能强行剥夺男方的生育权。否则，男方可以请求人民法院以侵犯生育权导致夫妻感情破裂为由，判决离婚。第九条规定，夫以妻擅自中止妊娠侵犯其生育权为由请求损害赔偿的，人民法院不予支持；夫妻双方因是否生育发生纠纷，致使感情确已破裂，一方请求离婚的，人民法院经调解无效，应依照《婚姻法》第三十二条第三款第（五）项的规定处理。

5. 明确了婚内财产分割及婚内子女抚养费的承担

婚姻关系存续期间，原则上夫妻任何一方都不能请求分割共同财产，但《婚姻法解释

(三)》明确了在一定条件下夫妻一方可以请求分割共同财产,以保护婚姻中无过错一方的合法权益。该解释第四条规定,婚姻关系存续期间,夫妻一方请求分割共同财产的,人民法院不予支持,但有下列重大理由且不损害债权人利益的除外:一方有隐藏、转移、变卖、毁损、挥霍夫妻共同财产或者伪造夫妻共同债务等严重损害夫妻共同财产利益行为的;一方负有法定扶养义务的人患重大疾病需要医治,另一方不同意支付相关医疗费用的。

针对婚姻存续期间子女的合法权益,该司法解释第三条规定,婚姻关系存续期间,父母双方或者一方拒不履行抚养子女义务,未成年或者不能独立生活的子女请求支付抚养费的,人民法院应予支持。这一规定填补了婚姻存续期间对子女合法权益保护的空白。

课后练习

1. 无效婚姻与可撤销婚姻的区别是什么?
2. 婚前财产与婚后财产应如何界定?
3. 案例分析

(1) 2009 年,某外企一姓郑的部门经理在一次公司聚会中,因多喝了几杯,稀里糊涂地被女助理李某扶到宾馆"休息",次日凌晨,酒醒后的郑某发现李某与自己同床共枕,惊得夺门而逃。一个月后,李某带着两个哥哥找上门来,称已怀上郑的孩子,如果郑某不与她结婚,将告他强奸罪。郑某被逼无奈只得与李某匆匆登记结婚。婚后不到半年,李某即生下一子。郑某怀疑宾馆一夜乃李某设下圈套,愤而向法院起诉离婚,请求解除婚姻关系。

请问法院该如何判决?

(2) 原告吴某(男)与被告肖某(女)于1985 年经人介绍相识恋爱。1989 年双方登记结婚,1990 年生育一子,现已读小学。原被告一直夫妻感情很好,在共同生活中互相帮助,互相鼓励,家庭和睦,受外人称赞。1999 年 5 月,原告担任一家公司经理,应酬增多,经常回家很晚,被告不满,双方为此发生争吵。原告一气之下搬到公司里住。被告认识到错误,托朋友讲和,原告也表示了原谅,搬回家与原告一起生活。1999 年 7 月,原被告因琐事发生口角,原告遂起诉到法院要求离婚。被告不同意离婚,认为双方感情一直很好,虽然有过摩擦,但已经和好,原告应珍惜家庭关系,珍惜夫妻感情。

法院经审理认为,原被告经人介绍相识后,自由恋爱,相互了解了四年多才结婚,婚姻基础较好。双方婚后 10 年夫妻感情一直非常好,后由于原告应酬多,回家晚,双方争吵,虽然发生矛盾,但很快就和解了。只要双方能够相互谅解,以诚相待,共同为家庭和孩子着想,夫妻关系是能够和好如初的。法院认为原告的离婚请求不能支持,于是判决不准原被告离婚。

请分析法院未判决原被告离婚的法理依据是什么。

(3) 根据 2011 年 8 月公布的最高人民法院《婚姻法解释(三)》有关规定,分析下列案例。

① 婚前个人购房,婚后按揭还款,离婚时房产归谁?

2005 年小王在父母的帮助下贷款买了一套房子。2006 年与小成结婚居住,两人一起承担月供。2010年取得了房产证。现两人要离婚，小成主张房本是婚后取得的，应以夫妻共同财产分割，小王认为房子是其婚前个人财产，现房屋增值了2倍，也与小成无关。谁的看法对？

② 婚后父母赠房如何分割？

小王结婚3年后，父母给他买了一套房子，产权证上写的是小王的名字，小王的妻子小赵是该房屋的共有权利人吗？

任务4 抚养、扶养、赡养纠纷及解决

学习目标

1. 掌握抚养、扶养、赡养的法律含义。
2. 能正确区分直系血亲及三代以内旁系血亲。
3. 熟知兄弟姐妹之间、祖孙之间扶养的条件。
4. 能够为服务对象起草变更抚养、扶养、赡养协议书。
5. 能够为服务对象分析有关抚养费、赡养费的给付标准。
6. 能够把抚养、扶养、赡养的法律原理正确应用于实践中。

4.1 法律原理

4.1.1 亲属制度

1. 亲属概念

法律意义上的亲属是指由婚姻、血缘和法律拟制形成的、具有权利义务内容且依存于一定组织形式的特定自然人之间的社会关系。这种社会关系一经法律调整,便在具有亲属身份的主体之间产生了法定的权利义务。

2. 亲属的特征

亲属的特征主要包括如下方面。

(1) 亲属具有固定的身份和称谓。身份是表明人在社会关系中特定的资格和地位,称谓是身份的标志,亲属间的身份和称谓大多是自然形成的,也有法律设定的。前者属于永久性的身份和称谓,如父母子女、兄弟姐妹,它表明了双方无法变更的血缘身份关系。后者因法律设定的亲属身份和称谓,如夫妻、养父母子女等,法律设定的亲属身份和称谓只能因离婚或者解除收养关系而终止关系,当事人不得任意解除。

(2) 亲属关系只能基于血缘、婚姻和法律拟制产生。子女出生的法律事实导致父母子女等血亲关系的发生,男女结婚的法律行为可导致配偶关系的发生,收养或者再婚的法律行为以及扶养的事实,可以导致拟制血亲关系的发生,出现养父母子女或形成扶养教育关系的继父母子女关系。

(3) 法律确定的亲属之间具有特定的权利和义务关系。由于亲属的范围具有广泛性,只有法律确认的亲属之间才有权利和义务关系。其中,某些亲属间的权利和义务的实现是无条件的,如父母子女;而有些则是有条件的,如祖孙、兄弟姐妹等。法律规定范围外的亲属间没有权利和义务关系,如叔叔与侄子。但这并不妨碍他们之间自觉地履行道义上的社会责任。

（4）亲属具有特定的组织或者共同体结构。在当代社会,家庭已经是唯一的实体性的亲属团体,现代法律意义上的亲属,已基本集中于家庭之内。家庭是典型的普遍的亲属共同体,家庭中的夫妻关系、亲子关系等涵盖了现代亲属关系的绝大部分内容。①

3. 亲属的分类

根据亲属关系发生原因的不同,可将亲属分为配偶、血亲和姻亲。

（1）配偶即指夫妻,是男女两性因结婚而发生的亲属关系。在婚姻关系存续期间,夫是妻的配偶,妻是夫的配偶。配偶相互之间一般无血缘关系,也不属于姻亲。但是,他们是血亲和姻亲关系产生的基础,在亲属关系中起着纽带的作用。

（2）血亲是指凡有血缘联系的所有亲属。血亲又分为自然血亲和拟制血亲。自然血亲是指因出生而自然形成的、源于同一祖先的有血缘联系的亲属,如父母、子女;兄弟姐妹;祖父母、孙子女;叔、伯、姑与侄子女;舅、姨与外甥、外甥女。拟制血亲是指无血缘关系,而由法律确认其具有与自然血亲同等权利义务的亲属,故又称为"拟制血亲"。我国《婚姻法》所确认的拟制血亲有两种:一种是养父母与养子女;另一种是有抚养关系的继父母与继子女。

（3）姻亲是指以婚姻关系为媒介而产生的亲属关系。男女两性结婚以后,配偶一方与对方的亲属之间就随之产生了姻亲关系,但配偶本身除外。姻亲可以分为以下三种。

① 血亲的配偶,指己身与自己血亲关系的配偶之间的关系,如自己的嫂子、姑父。

② 配偶的血亲,指己身与自己配偶的血亲之间的关系,如岳父母。此外,没有形成扶养教育关系的继父、继母与继子女之间,一般也属于姻亲关系。

③ 配偶的血亲的配偶,指己身与自己配偶的血亲的配偶之间的关系,如妯娌、连襟。

我国《婚姻法》对调整的亲属范围未作总体性概括规定,而是采用分别限定的立法模式。根据我国《婚姻法》第七条规定:禁婚亲范围为直系血亲和三代以内旁系血亲;第二十一条和第二十九条规定:有扶养关系的亲属范围为夫妻、兄弟姐妹。我国《继承法》第十条、第十一条和第十二条分别规定:法定继承人的范围为配偶、父母子女、兄弟姐妹、祖父母和外祖父母;孙子女和外孙子女及其晚辈直系血亲为代位继承人;丧偶的儿媳对公婆和丧偶的女婿对岳父母,尽了主要赡养义务的,可作为第一顺序法定继承人。我国《民法通则》第十六条和第十七条对法定监护人的范围作了规定,最高人民法院《关于贯彻执行〈中华人民共和国民法通则〉若干问题的意见(试行)》第十二条规定:"民法通则中规定的近亲属,包括配偶、父母、子女、兄弟姐妹、祖父母、外祖父母、孙子女、外孙子女。"

4.1.2 家庭关系

1. 家庭关系概念

家庭是由一定范围内共同生活居住、相互合作发挥作用的人的亲属构成的单位。家庭

---

① http://baike.baidu.com/link? url(亲属关系).

成员在共同生活、生产、扶养等过程中，相互负有法定扶养义务的一定范围内的亲属形成的权利义务关系，统称为家庭关系。

2. 家庭关系的分类

根据我国《婚姻法》的规定，家庭关系可以分为夫妻关系、亲子关系和其他家庭成员之间的关系。

(1) 夫妻关系。是指依据婚姻法的有关规定夫妻之间形成的权利和义务关系。我国《婚姻法》第十三条至第十六条规定了夫妻之间的人身关系，主要内容有，规定夫妻在家庭中地位平等，夫妻拥有平等的姓名权、人身自由权，共同承担计划生育的义务。第十七条至第二十条规定了夫妻之间的财产权利义务，主要内容有，夫妻财产制，区分了夫妻的共同财产和夫妻的单方财产。夫妻之间有互相扶养的义务，一方不履行扶养义务时，需要扶养的一方，有要求对方付给扶养费的权利。夫妻有相互继承遗产的权利。夫妻双方还应遵守忠实义务和同居义务。

(2) 亲子关系。即父母子女关系，是指父母和子女之间的权利、义务关系。父母和子女是血缘最近的直系血亲，为家庭关系的重要组成部分。根据我国婚姻法的规定，父母子女关系可分为两大类。

① 自然血亲的父母子女关系。这是基于子女出生的法律事实而发生的，其中包括生父母和婚生子女的关系、生父母和非婚生子女的关系。其特点为，自然血亲的父母子女关系，只能因依法送养子女或父母子女一方死亡的原因而终止。在通常情况下，他们之间的相互关系是不允许解除的。

② 拟制血亲的父母子女关系。这是基于收养或再婚的法律行为以及事实上形成的抚养关系，由法律认可而人为设定的。包括养父母和养子女的关系，继父母和受其抚养教育的继子女的关系。其特点为，拟制血亲的父母子女关系，可因收养的解除或继父(母)与生母(父)离婚及相互抚养关系的变化而终止。

我国《婚姻法》第二十一条至第二十七条，对父母子女关系作了明确的规定，父母对子女有抚养教育的义务，父母对未成年子女有保护和教育的权利义务，子女对父母有赡养扶助的义务以及父母子女有相互继承遗产的权利。

(3) 其他家庭成员的关系。

这里主要指的是兄弟姐妹以及祖孙之间的关系。我国《婚姻法》第二十七条至第二十九条对此作出了具体规定，祖孙之间的权利义务主要有以下三点。

① 有负担能力的祖父母、外祖父母，对于父母已经死亡或父母无力抚养的未成年的孙子女、外孙子女，有抚养的义务。

② 有负担能力的孙子女、外孙子女，对于子女已经死亡或子女无力赡养的祖父母、外祖父母，有赡养的义务。

③ 祖孙之间依据《继承法》的规定作为第二顺序继承人相互享有继承权。

(4) 兄弟姐妹之间的权利义务。

兄弟姐妹之间的权利义务主要有以下三点。

① 有负担能力的兄、姐，对于父母已经死亡或父母无力抚养的未成年的弟、妹，有扶养的义务。

② 由兄、姐抚养长大的有负担能力的弟、妹,对于缺乏劳动能力又缺乏生活来源的兄、姐,有扶养的义务。

③ 兄弟姐妹之间作为第二顺序继承人相互享有继承权。[①]

4.1.3 抚养

1. 抚养的概念

抚养是指父母从物质、生活上全面的对子女的养育和照顾,一定条件下还包括祖父母、外祖父母等长辈对孙子女、外孙子女等晚辈的抚育、教养。

2. 抚养的分类

按照我国《婚姻法》的规定,抚养可分为以下两种类型。

(1) 父母对子女的抚养。我国《婚姻法》第二十一条规定:"父母对子女有抚养教育的义务""父母不履行抚养义务时,未成年的或不能独立生活的子女,有要求父母给付抚养费的权利"。父母对子女的抚养,要为子女提供必需的物质生活条件,承担必要的经济责任,并在日常生活中对子女予以照顾,以保障子女的生存。父母对未成年子女的抚养责任是无条件的,在任何情况下都不可以免除,直到子女独立生活为止。父母对成年子女的抚养则是有条件的,仅限于《婚姻法》第二十一条规定的"不能独立生活的子女"。《婚姻法解释》(一)》第二十条规定:"婚姻法第二十一条规定的'不能独立生活的子女',是指尚在校接受高中及以下学历教育,或者丧失或未完全丧失劳动能力等非因主观原因而无法维持正常生活的成年子女。"

(2) 祖孙之间的抚养。祖孙关系,是除父母子女以外的最亲近的直系血亲,祖父母、外祖父母与孙子女、外孙子女是隔代直系血亲,也是除亲子关系之外的最近的直系血亲。《婚姻法》第二十八条规定:"有负担能力的祖父母、外祖父母,对于父母已经死亡或父母无力抚养的未成年的孙子女、外孙子女有抚养的义务,有负担能力的孙子女、外孙子女,对于子女已经死亡无力赡养的祖父母、外祖父母有赡养的义务。"祖孙之间的抚养条件有三点。

① 祖父母、外祖父母必须有抚养能力。

② 孙子女、外孙子女的父母已经死亡或者无力抚养。

③ 孙子女、外孙子女尚未成年。

3. 有关抚养的特殊问题

有关抚养的特殊问题主要包括以下三个方面。

(1) 父母离婚时子女的抚养问题。父母离婚后,通常会产生子女与父母一方相分离,由父母另一方直接抚养的问题。《婚姻法》第三十六条第二款、第三款规定了离婚后子女抚养归属的确定标准:"离婚后,父母对于子女仍有抚养和教育的权利和义务。离婚后,哺乳期内的子女,以随哺乳的母亲抚养为原则。哺乳期后的子女,如双方因抚养问题发生争执不能达成协议时,由人民法院根据子女的权益和双方的具体情况判决。"

---

① http://baike.sogou.com/v496860.htm;jsessionid(家庭关系).

① 哺乳期内的子女。父母离婚时，哺乳期内的子女一般随母方生活，但是母方有下列情形之一的，可以随父方生活。母方患有久治不愈的传染性疾病或其他严重疾病，子女不宜与其共同生活。母方有抚养条件不尽抚养义务，而父方要求子女随其生活的。因其他原因，子女确无法随母方生活的。如母亲的生活环境明显对子女抚养不利，母亲工作性质特殊，不便于抚养子女，或者母亲违法犯罪，不利于抚养子女等。父母双方协议两周岁以下的子女随父方生活，并对子女健康成长无不利影响的。

② 哺乳期后的子女。即两周岁以上的未成年子女。对这个年龄段的未成年子女的抚养归属问题，如果父母双方协商无效，则由人民法院综合子女的权益、双方的抚养能力、抚养条件等各方面因素作出判决。实践中应当注意以下三个方面。

第一，优先直接抚养。即父母双方均要求子女随其生活的，父母一方有下列情形之一的，可优先考虑：已做绝育手术或因其他原因丧失生育能力的；子女随其生活时间较长，改变生活环境对子女健康成长明显不利的；无其他子女，而另一方有其他子女的；子女随其生活，对子女成长有利，而另一方患有久治不愈的传染性疾病或其他严重疾病，或者有其他不利于子女身心健康的情形，不宜与子女共同生活的。

第二，相对优先直接抚养。即父方与母方抚养子女的条件基本相同，双方均要求子女与其共同生活，但子女单独随祖父母或外祖父母共同生活多年，且祖父母或外祖父母要求并且有能力帮助子女照顾孙子女或外孙子女的，可作为子女随父或母生活的优先条件予以考虑。

父母双方对10周岁以上的未成年子女随父或随母生活发生争执的，应考虑该子女的意见。

第三，协议轮流直接抚养子女。在有利于保护子女利益的前提下，父母双方协议轮流抚养子女。

如果在离婚时夫妻双方都拒绝直接抚养子女或者争抢直接抚养子女，在离婚诉讼期间，可以先行裁定暂由一方直接抚养，以保障离婚诉讼的顺利进行。①

(2) 离婚后子女抚养费的负担和变更。有关离婚后子女抚养费的负担和变更主要有三点。

① 离婚后，一方抚养的子女，另一方应承担必要的生活费和教育费的一部分或全部，另一方应负担必要的生活费和教育费的一部分或全部，是指不随子女共同生活的一方应给付抚养费和教育费。依据《婚姻法》第三十六条第二款的规定，父母对子女都有抚养教育的权利和义务，抚养费由父母双方负担。由于父母离婚后一方与子女共同生活，而不与子女共同生活的另一方，应负担必要的生活费和教育费。

② 另一方负担费用的多少和期限的长短，由双方协议，协议不成时，由人民法院判决。这里所谓的抚养费既包括金钱，也包括生活用品。抚养费给付的多少、期限的长短由父母双方协商，亦可以在人民法院受理离婚诉讼时解决，但以确保子女的利益为前提。确定子女抚养费的数额可根据子女的实际需要、父母双方的负担能力和当地的实际生活水平综合

---

① http://china.findlaw.cn/info/hy/shouyangfa/fuyang/fyfy/138674.html（关于离婚后子女抚养常见问题的解答）。

考虑。子女抚养费的给付期限一般至子女18周岁为止,有特殊情况的例外。16周岁以上不满18周岁,以其劳动收入为主要生活来源,并能维持当地一般生活水平的,父母可停止给付抚育费。

③ 关于子女生活费和教育费的协议或判决,不妨碍子女在必要时向父母任何一方提出超过协议或判决原定数额的合理要求。《关于人民法院审理离婚案件处理子女抚养问题的若干具体意见》第七条规定,子女抚育费的数额,可根据子女的实际需要、父母双方的负担能力和当地的实际生活水平确定。有固定收入的,抚育费一般可按其月总收入的20%~30%的比例给付。负担两个以上子女抚育费的,比例可适当提高,但一般不得超过月总收入的50%。无固定收入的抚育费的数额可依据当年总收入或同行业平均收入,参照上述比例确定。有特殊情况的,可适当提高或降低上述比例。

(3) 变更抚养。夫妻离婚后的任何时间内,一方或双方的情况或抚养能力发生较大变化,均可提出变更子女抚养权的要求。变更子女抚养权一般先由双方协商确定,如协议不成,可通过诉讼请求人民法院判决变更。《关于人民法院审理离婚案件处理子女抚养问题的若干具体意见》第十五条规定,离婚后,一方要求变更子女抚养关系的,或者子女要求增加抚育费的,应另行起诉。第十六条规定,一方要求变更子女抚养关系有下列情形之一的,应予支持。

① 与子女共同生活的一方因患严重疾病或因伤残无力继续抚养子女的。

② 与子女共同生活的一方不尽抚养义务或有虐待子女行为,或其与子女共同生活对子女身心健康确有不利影响的。

③ 十周岁以上未成年子女,愿随另一方生活,该方又有抚养能力的。

④ 有其他正当理由需要变更的。

4.1.4 扶养

1. 扶养的概念

在社会生活中所说的扶养,通常是指各种社会关系中针对弱者所发生的经济供养和生活扶助,一般涵盖以下四个方面。一是以国家为主体,在特定情形下体现社会福利的公力扶养,包括各种灾患救济、贫困救济、民政抚恤等。二是以一定的社会组织、机构、单位为主体并逐步走向社会化、一体化的社会保障性扶养。三是自然人之间基于道义、感情、慈善等非法定权利和义务而发生的自然的、事实上的扶养。四是法律意义上的扶养。[①]

法律意义上的扶养又有广义和狭义之分。广义上的扶养是泛指特定亲属之间根据法律的明确规定而存在的经济上相互供养、生活上相互扶助照顾的权利义务关系,它囊括了对长辈亲属对晚辈亲属的"抚养"、平辈亲属之间的"扶养"和晚辈亲属对长辈亲属的"赡养"三种具体形态。狭义上的扶养则专指平辈亲属之间尤其是夫妻之间依法发生的经济供养和生活扶助权利义务关系,具有主体界定的特定性。我国《婚姻法》规定的一定范围亲属间的扶养关系,是一种民事权利义务法律关系。本任务的扶养指的是狭义的法律概念。同其他民事法律关系一样,它由主体、内容和客体三要素组成。

---

① 杨大文. 婚姻家庭法(第五版)[M]. 北京:中国人民大学出版社,2012.

（1）扶养关系的主体，是根据《婚姻法》规定在扶养法律关系中享受权利和承担义务的人。扶养关系的主体可分为两种：一种是享受扶养权利的人，被称为扶养权利人；另一种是承担扶养义务的人，被称为扶养义务人。

（2）扶养关系的内容，是指扶养主体享有的权利和承担的义务。即扶养权利人享有的受扶养的权利及扶养请求权；扶养义务人承担的扶养义务。也就是说，扶养关系的内容包括扶养权利和扶养义务两个方面，前者是扶养权利人享有的权利；后者是扶养义务人承担的义务。

（3）扶养关系的客体，是扶养关系主体的权利义务所共同指向的对象，包括扶养权利人接受扶养和行使扶养请求权的行为，以及扶养义务人履行扶养义务的行为。在一般情况下，扶养义务由义务人自觉履行。只有在扶养义务人不履行义务时，需要扶养的权利人才行使扶养请求权，要求义务人履行法定的扶养义务。

2. 扶养关系的特点

扶养关系的特点主要包括如下两个方面。

（1）扶养关系具有法定性，义务主体必须是具有法定的亲属身份。《婚姻法》第二十条规定，夫妻有互相扶养的义务。一方不履行扶养义务时，需要扶养的一方，有要求对方付给扶养费的权利。第二十九条规定，有负担能力的兄、姐，对于父母已经死亡或父母无力抚养的未成年的弟、妹，有扶养的义务。由兄、姐扶养长大的有负担能力的弟、妹，对于缺乏劳动能力又缺乏生活来源的兄、姐，有扶养的义务。其义务主体范围仅限于夫妻之间，兄弟姐妹等亲属之间存在扶养的权利义务关系。扶养的内容、发生实际扶养的顺序和条件等都是由法律明确加以规定的。

（2）扶养关系具有鲜明的身份性。扶养关系的主体双方必须是发生在夫妻之间，具有亲属身份的兄弟姐妹之间。扶养的权利和义务产生以法律特别规定的情形出现，如缺乏劳动能力又缺乏生活来源。

3. 扶养的具体情形

根据不同的身份关系，扶养可以具体分为两种情形。

（1）夫妻之间的扶养。我国《婚姻法》第二十条规定："夫妻有互相扶养的义务。一方不履行扶养义务时，需要扶养的一方，有要求对方付给扶养费的权利。"夫妻之间的扶养权利义务以经济上相互供养、生活上相互扶助为内容，夫妻扶养从婚姻合法有效成立之时起产生，至婚姻合法有效终止时消灭，在婚姻关系有效存续的整个过程中一直存在且具有法律拘束力，夫妻扶养既是双方的权利，也是双方的义务，因而不履行义务的行为必然是一种侵权行为。

当夫妻一方没有固定的收入和生活来源，或者无独立生活能力或生活困难，或者因患病、年老等原因需要扶养，另一方不履行扶养义务时，需要扶养的一方有权要求对方承担扶养责任。如果夫妻双方因扶养问题发生纠纷，可以经过有关部门进行调解，或直接向人民法院提起诉讼。人民法院在审理扶养纠纷时，应首先进行调解，如调解无效，应当及时依法判决，强制义务人履行义务。

（2）兄弟姐妹之间的扶养。兄弟姐妹之间，是最近的旁系血亲。它包括同胞兄弟姐妹、同父异母或同母异父兄弟姐妹、有抚育关系的继兄弟姐妹和养兄弟姐妹。在一般情况下,兄弟姐妹均由他们的父母抚养,而他们相互间不发生权利义务关系。但是,在特定条件下,兄、姐与弟、妹之间也产生附条件的扶养义务,即弟、妹未成年或没有独立生活能力,客观上需要扶养,他们的父母已经死亡,或虽没有死亡,但没有能力承担和履行扶养义务,兄、姐有实际的履行扶养义务的承受能力。弟、妹承担扶养兄、姐义务的条件是,兄、姐缺乏劳动能力又缺乏生活来源,弟、妹由兄、姐扶养长大,弟、妹有扶养能力。

我国《婚姻法》第二十九条规定:"有负担能力的兄、姐,对于父母已经死亡或父母无力抚养的未成年的弟、妹,有扶养义务。由兄、姐扶养长大的有负担能力的弟、妹,对于缺乏劳动能力又缺乏生活来源的兄、姐,有扶养的义务。"

4.1.5 赡养

1. 赡养的概念

赡养主要是指子女在经济上为父母提供必需的生活用品和费用的行为,即承担一定的经济责任,提供必要的经济以及物质上的帮助。具体来说指子女或晚辈对父母或长辈在物质上和生活上的帮助。

2. 赡养的具体情形

根据我国法律规定,赡养可以分为以下两种情形。

(1) 子女对父母的赡养。我国《宪法》第四十九条规定:"成年子女有赡养扶助父母的义务。禁止虐待老人。"《婚姻法》第二十一条规定,"子女对父母有赡养扶助的义务""子女不履行赡养义务时,无劳动能力的或生活有困难的父母,有要求子女给付赡养费的权利"。《老年人权益保障法》第十九条规定,赡养人不得以放弃继承权或者其他理由,拒绝履行赡养义务。赡养人不履行赡养义务,老年人有要求赡养人付给赡养费等权利。赡养人不得要求老年人承担力不能及的劳动。第二十条规定:"经老年人同意,赡养人之间可以就履行赡养义务签订协议。赡养协议的内容不得违反法律的规定和老年人的意愿。"

子女对父母的赡养扶助义务,包括经济、精神两方面的内容。

对父母的赡养。子女对无劳动能力或生活困难的父母的衣、食、居、行提供保障,使其老有所养。成年子女对父母的赡养扶助是无期的,有经济负担能力的成年子女,不分男女、已婚未婚,在父母需要赡养时,都应依法尽力履行这一义务。子女对父母的赡养义务,不仅发生在婚生子女与父母之间,而且也发生在非婚生子女与生父母之间,养子女与养父母间和继子女与履行了扶养教育义务的继父母之间。

赡养费数额的多少,既要根据赡养扶助一方的经济负担能力来确定,又要照顾被赡养扶助一方的实际生活的需要。一般来讲,应不低于子女本人或当地群众的平均生活水平,以保障老人生活的需要。

对父母的精神赡养。《老年人权益保障法》第十一条已明确规定,赡养人应当履行对老年人经济上供养、生活上照料和精神上慰藉的义务,照顾老年人的特殊需要。第十八条规定,家庭成员应当关心老年人的精神需求,不得忽视、冷落老年人。与老年人分开居住的家庭成员,应当经常看望或者问候老年人。

所以,子女不仅仅对年老、体弱、生病等生活不能自理的父母,给予物质上的照顾,赡养人对被赡养人在感情、心理等方面也需给予关心和帮助。

(2) 晚辈对长辈的赡养。我国《婚姻法》第二十八条规定:"有负担能力的孙子女、外孙子女,对于子女已经死亡或子女无力赡养的祖父母、外祖父母,有赡养的义务。"这种赡养条件如下:

① 孙子女、外孙子女有赡养能力。即指孙子女、外孙子女有必要的收入和劳动能力,能够承担在经济上赡养老人、在生活上照顾老人的责任。

② 祖父母、外祖父母的子女已经死亡或无赡养能力。由于隔代赡养是补位性质的义务,也就是说,孙子女、外孙子女是第二顺序的法定义务人。因此祖父母、外祖父母的子女仍健在并有赡养能力的,应由子女承担赡养义务。

③ 祖父母、外祖父母有接受赡养的需要。即只有祖父母、外祖父母无收入或收入不足以维持生活必需,或丧失了劳动能力或生活能力的情形下,孙子女、外孙子女才需要承担对其的赡养义务。[①]

3. 有关赡养费的具体问题

(1) 赡养费的范围。赡养费一般应当包含以下六方面内容。

① 老年人基本生活费用。主要包括老年人日常生活必然发生的衣、食费用等基本开支。

② 老年人的医疗费用。

③ 生活不能自理老人的护理费用,如果老年人生活不能自理的,其子女有义务照料其基本生活。必要时由他人或养老机构代为照料发生的有关费用。

④ 老年人的基本住房费用。赡养人有义务妥善安置老年人的住房。在其无房可供老人居住老人又无自住房时,则应支付合理房租费用。

⑤ 必要的精神消费支出。

⑥ 必要的保险金费用。除了社保外,老年人必要的医疗等保险金的支出亦应为赡养费用,保险不仅为老人提供了最大限度的保护,也为子女分担了很大的风险,应计算在赡养费的范畴内。

(2) 赡养费的计算。确定赡养费数额需要综合考虑被赡养人的实际需要,还应考虑赡养义务人的支付能力和生活条件以及当地的平均生活水平等综合因素,因此,目前尚无确定统一的数额标准。在审判实践中,确定赡养数额的方法,根据《婚姻法》的规定,子女对父母有赡养扶助的义务,该义务为法定义务,是不能免除的,且每个人的义务内容同等,但在履行上要以赡养人的实际能力为限,由赡养人与被赡养人协商解决,如果不能协商解决的,则由人民法院根据当地的经济水平、被赡养人的实际需求、赡养人的经济能力综合认定。

4. 老年人诉讼权益的保护

老年人随着年龄的增长,体力、精力逐渐出现衰退,成为社会人群的相对弱者。我国除

---

① http://www.66law.cn/topic2010/fdsyr/141003.shtml(晚辈对长辈的赡养义务)。

了在《宪法》以及《婚姻法》的规定中涉及老年人权益的保护问题,还专门出台了《中华人民共和国老年人权益保障法》,将老年人视为特殊群体进行保护。2013 年,全国老龄办、最高人民法院、中央宣传部等联合出台《关于进一步加强老年人优待工作的意见》,在该意见的第二部分"优待项目和范围"项下从第三十三条至第三十八条规定了老年人"维权服务优待",如第三十七条规定:"老年人因追索赡养费、扶养费、养老金、退休金、抚恤金、医疗费、劳动报酬、人身伤害事故赔偿金等提起诉讼,交纳诉讼费确有困难的,可以申请司法救助,缓交、减交或者免交诉讼费。因情况紧急需要先予执行的,可依法裁定先予执行。"

4.1.6 抚养、扶养、赡养的主要法律规定

1.《中华人民共和国婚姻法》

第二十条 夫妻之间有相互扶养的义务。一方不履行扶养义务时,需要扶养的一方,有要求对方付给扶养费的权利。

第二十一条 父母对子女有抚养教育的义务;子女对父母有赡养扶助的义务。父母不履行抚养义务时,未成年的或不能独立生活的子女,有要求父母付给抚养费的权利。子女不履行赡养义务时,无劳动能力的或生活困难的父母,有要求子女付给赡养费的权利。禁止溺婴、弃婴和其他残害婴儿的行为。

第二十三条 父母有保护和教育未成年子女的权利和义务。在未成年子女对国家、集体或他人造成损害时,父母有承担民事责任的义务。

第二十五条 非婚生子女享有与婚生子女同等的权利,任何人不得加以危害和歧视。不直接抚养非婚生子女的生父或生母,应当负担子女的生活费和教育费,直至子女能独立生活为止。

第二十六条 国家保护合法的收养关系。养父母和养子女间的权利和义务,适用本法对父母子女关系的有关规定。养子女和生父母间的权利和义务,因收养关系的成立而消除。

第二十七条 继父母与继子女间,不得虐待或歧视。继父或继母和受其抚养教育的继子女间的权利和义务,适用本法对父母子女关系的有关规定。

第二十八条 有负担能力的祖父母、外祖父母,对于父母已经死亡或父母无力抚养的未成年的孙子女、外孙子女,有抚养的义务。有负担能力的孙子女、外孙子女,对于子女已经死亡或子女无力赡养的祖父母、外祖父母,有赡养的义务。

父母离婚后,有关父母与子女间的关系的规定,见第三十六条至第三十八条的规定。应当恢复探望的权利。

2. 最高人民法院关于适用《〈中华人民共和国婚姻法〉若干问题的解释(一)》(法释〔2001〕30 号)

《婚姻法》第二十一条规定的"不能独立生活的子女",是指尚在校接受高中及其以下学历教育,或者丧失或未完全丧失劳动能力等非因主观原因而无法维持正常生活的成年子女。

《婚姻法》第二十一条所称"抚养费",包括子女生活费、教育费、医疗费等费用。

第二十六条中规定的未成年子女、直接抚养子女的父或母及其他对未成年子女负担抚

养、教育义务的法定监护人,有权向人民法院提出中止探望权的请求。

3. 最高人民法院关于人民法院审理离婚案件处理子女抚养问题的若干具体意见

人民法院审理离婚案件,对子女抚养问题,应当依照《中华人民共和国婚姻法》第二十九条、第三十条及有关法律规定,从有利于子女身心健康,保障子女的合法权益出发,结合父母双方的抚养能力和抚养条件等具体情况妥善解决。

有关未成年子女的抚养、抚养费的给付标准、给付期限、变更抚养关系等的规定,见第一条至第二十一条规定。

4. 《中华人民共和国老年人权益保障法》

第二条 本法所称老年人是指六十周岁以上的公民。

第三条 国家保障老年人依法享有的权益。老年人有从国家和社会获得物质帮助的权利,有享受社会服务和社会优待的权利,有参与社会发展和共享发展成果的权利。禁止歧视、侮辱、虐待或者遗弃老年人。

第十四条 赡养人应当履行对老年人经济上供养、生活上照料和精神上慰藉的义务,照顾老年人的特殊需要。赡养人是指老年人的子女以及其他依法负有赡养义务的人。赡养人的配偶应当协助赡养人履行赡养义务。

第十五条 赡养人应当使患病的老年人及时得到治疗和护理;对经济困难的老年人,应当提供医疗费用。对生活不能自理的老年人,赡养人应当承担照料责任;不能亲自照料的,可以按照老年人的意愿委托他人或者养老机构等照料。

第十六条 赡养人应当妥善安排老年人的住房,不得强迫老年人居住或者迁居条件低劣的房屋。老年人自有的或者承租的住房,子女或者其他亲属不得侵占,不得擅自改变产权关系或者租赁关系。老年人自有的住房,赡养人有维修的义务。

第十八条 家庭成员应当关心老年人的精神需求,不得忽视、冷落老年人。与老年人分开居住的家庭成员,应当经常看望或者问候老年人。用人单位应当按照国家有关规定保障赡养人探亲休假的权利。

第十九条 赡养人不得以放弃继承权或者其他理由,拒绝履行赡养义务。赡养人不履行赡养义务,老年人有要求赡养人付给赡养费等权利。赡养人不得要求老年人承担力不能及的劳动。

4.2 案例研究

4.2.1 案例介绍

案例1 变更抚养关系纠纷

宋某与唐某曾经是一对夫妻,2000年9月,因性格不合,他们协议离婚,协议约定双方所生之女宋甲(1995年6月20日出生)随父亲宋某生活。其后,宋某与女青年郑某认识并很快结婚。宋某再婚后初期,其女宋甲在农村随宋某母亲生活。2004年,鉴于城市教学条件和教学质量较好,宋甲回到城市与父亲宋某以及继母郑某共同生活。2008年5月8日,宋某因病去世。料理完丈夫的后事后,继母郑某随即向区人民法院提起诉讼,因其与宋甲没有血亲关系,要求变更抚养关系,宋甲应当随其生母唐某生活。

被告唐某辩称:原告与宋某结婚后,已与继女宋甲形成抚养关系,该抚养关系并不因为宋某的死亡而消灭。本人因已经再婚,也与继女共同生活,居住较为困难,收入亦不稳定。故不同意原告的诉讼请求。

经查,宋某去世后,原告郑某现尚未再婚,收入较为稳定,与宋甲共同居住,有三室两厅的住房。被告唐某已经再婚,且与丈夫双双下岗在外打工,与其公婆、子女6人租房居住,生活较为困难。

问题:请根据相关法律规定,分析法院应当如何判决。

案例2　夫妻扶养纠纷

徐某在一家软件开发公司上班,月工资收入3000余元。赵某某自主创业经营一家小超市,收入颇丰。2000年经人介绍,徐某与赵某某认识并结婚,并约定夫妻婚姻关系存续期间的个人收入仍然是个人财产。婚后初期,两人生活美满。后经医院检查,妻子赵某某患有先天性心脏病,不适宜妊娠,否则会有生命危险。妻子赵某某不能生育的事实,使夫妻二人的感情产生芥蒂。

2007年,因竞争激烈加之经营不善,赵某某的小超市被迫停止营业。2008年赵某某心脏病发作,并接受了心脏搭桥手术。手术使得赵某某丧失了劳动能力,而且还用尽了夫妻二人的所有积蓄。夫妻二人的感情进一步恶化。后双方因不能妥善处理家庭矛盾而诉讼离婚,法院判决不予离婚。徐某遂离家外出租房居住并从此不往家带工资。赵某某没有生活来源,生活艰难。赵某某多次向徐某讨要生活费,徐某以夫妻婚前约定结婚后取得的财产仍归各自所有为由加以拒绝。2009年3月,赵某某无奈之下,向人民法院提起诉讼,要求徐某履行夫妻间的扶养义务,每月给付扶养费500元,但没有提起离婚诉讼请求。

问题:请分析法院应如何判决,并确认依据是什么。

案例3　因再婚引发的赡养纠纷

夏某与前夫孙某生有两子一女,分别是孙甲、孙乙和孙丙(女)。1968年,前夫因病去世,夏某独自辛辛苦苦将儿女拉扯长大。后经人介绍,认识了邻村村民于某,两人于1998年结婚,婚后夏某一直住在于某家。于某有一女儿于某某,因为没有儿子,于是招女婿上门,夏某婚后一直与于某和他的女儿、女婿共同生活。年近70岁,夏某与于某体质越来越弱,经常生病,而两人又都无经济来源。于某某夫妇渐渐感到无力支付两位老人的医药费。于是,于某某夫妇要求孙甲、孙乙、孙丙三兄妹一起负担夏某的医药费。但是这遭到了三兄妹的拒绝。夏某遂将其三个子女均告上法庭,要求子女尽赡养义务。

夏某认为,自己虽然再婚嫁给了于某,但是之前辛辛苦苦把三兄妹养大,现在自己老了,他们三兄妹理应尽赡养义务。

孙甲、孙乙和孙丙则认为:母亲再婚后,他们三兄妹单独生活,与母亲已经断绝一切来往,母亲既然嫁到于某家就应该是于家人照顾她。而且由于于家是招女婿上门,所以应当是于某某夫妇对母亲尽赡养义务。另外,孙甲还说,他可以赡养夏某,但是夏某必须与他一起生活才可以。孙丙则认为,自己是已经出嫁的女儿,可以给母亲送送东西,但是不同意给母亲赡养费。

于某某夫妇则认为,夏某一直跟随他们一起生活,生病后的医药费也是一直由他们负担,现在要求她的亲生儿女一起分担赡养义务。

问题:双方就赡养问题未达成合意,诉至法院,请问法院应该如何处理?

4.2.2 案例分析

在案例1中,这是一起因生父死亡,继母要求生母领回生女而引起的变更抚养关系的纠纷。对于此类案件,根据我国法律的规定,需从以下几个方面作出分析。

第一,应界定宋甲与郑某之间在法律上的权利义务关系

我国《婚姻法》第二十七条第二款规定:"继父或继母和受其抚养教育的继子女间的权利和义务,适用本法对父母子女关系的有关规定。"因此,本案中,宋某再婚后,宋甲随其生父和继母共同生活多年,其与继母郑某之间已经形成了事实上的抚养与被抚养关系。在宋某与郑某的婚姻存续期间内,适用继子女与继父母之间权利义务的规定。

第二,继母向生母提出变更抚养权之诉,是否合法

本案中,继母郑某提出的是变更抚养之诉,即女儿在生父死亡后应随其生母共同生活。根据相关法律规定,生父母离婚时,不论是双方协议,还是法院判决,必须对未成年的生子女由谁直接抚养作出明确的规定。这种抚养关系,并不仅仅是对抚养子女一方与受抚养子女之间的单一关系,更主要的是子女的生父母之间的一种权利义务关系。对未成年子女进行抚养教育是父母的一种权利,更是一种义务。父母离婚时,未成年子女无论跟随哪一方共同生活,丝毫不能影响另一方的抚养义务。也就是说,未成年子女的亲生父母是抚养法律关系的法律主体——抚养人。父母离婚后又再婚,未成年子女与继父(母)共同生活,则他们之间同样也形成了抚养法律关系——继父(母)是抚养人,未成年子女是被抚养人。这两个抚养法律关系虽然属于同一性质,但绝不可以加以混同或者简单相加。变更抚养人只能在同一法律关系的法律主体之间进行,继父(母)不可以向继子女的生父(母)提起变更之诉。只能由未成年人的生父母一方向另一方提起这种诉讼。因此,本案中,作为继母的郑某是无权向宋甲的生母唐某提出变更抚养权之诉的。

根据最高人民法院《关于人民法院审理离婚案件处理子女抚养问题的若干具体意见》第十三条的规定:"生父与继母或生母与继父离婚时,对曾受其抚养教育的继子女,继父或继母不同意继续抚养的,仍应由生父母抚养。"本案原告郑某应提起领回(取回、受领)之诉。即其认为继女的生父去世后,因血缘关系,继女应回到生母身边一起共同生活,生母应将其领回。

第三,本案中被告的抗辩理由是否成立

通常而言,未成年人的生父母之间就离婚时确定的子女抚养关系要求予以变更的,无论是哪一方提起,其起诉理由无非是双方实际抚养能力、条件的变化(如失去或降低抚养能力、条件,对方具备或提高抚养能力、条件);对方的抗辩理由也无非是己方的实际抚养能力、条件不如对方;法院处理也是依此作现实比较,决定是否予以变更。但这只是针对生父母之间而言的,对继父母要求生父母领回其亲生子女的,其诉讼只可能基于亲权关系上的

理由;生父母不能以双方的抚养条件差异提出异议,只可作亲权关系上的抗辩,他们双方不是因离婚而形成的、已确定的子女抚养关系的主体。所以本案中,被告唐某作为宋甲的生母,以自己的抚养条件不如作为继母的原告为由,抗辩原告依"血亲关系"提出的主张,是不恰当的,被告这种抗辩只能对抗其生子女的生父。

综上所述,从法律上看,生父母与生子女之间是基于血缘纽带所产生的一种法律关系,这种基础关系决定了生父母对生子女是第一位的亲属、亲等、亲权关系。当其他等级的关系与第一位的关系发生冲突时,第一位关系就具有法律上的优势地位,从而应得到法律的支持。而继父母与继子女之间是基于姻亲关系所产生的一种事实上的抚养关系,当姻亲关系与血缘关系、事实关系与法律关系发生冲突时,当然是后者更应得到法律上的保护。所以,在本案中,宋甲在生父死亡后,继母不愿意对其抚养,法院应判决宋甲的生母唐某承担宋甲的抚养责任。

在案例2中,我国《婚姻法》第二十条规定:"夫妻有互相扶养的义务。一方不履行扶养义务时,需要扶养的一方,有要求对方给付扶养费的权利。"理解本条规定应注意以下几个方面:第一,夫妻之间相互扶养既是一种权利又是一种义务。夫妻间的扶养权利义务是对等的,任何一方不能只享有权利不履行义务。同样的,任何一方也不能只履行义务而不享有权利。第二,夫妻相互扶养的义务为法定义务,具有法律强制性。夫或妻一方不履行扶养义务时,需要扶养的一方可以根据《婚姻法》第二十条第二款的规定,要求对方给付扶养费。应当给付扶养费的一方拒绝给付的,需要扶养的一方可以起诉到人民法院要求对方给付扶养费。如果夫妻一方患病或者没有独立生活能力,有扶养义务的另一方拒绝扶养,人民法院可以强制其履行义务。第三,夫妻扶养是一种状态性的、持续性的法律关系。从婚姻合法有效成立之时起产生,至婚姻合法有效终止时消灭,在婚姻关系有效存续的整个过程中一直存在且具有法律拘束力。无论婚姻的实际情势如何,也不论双方的感情状况怎样,夫妻扶养既是双方的权利,也是双方的义务,因而不履行义务的行为,必然是一种侵权行为。第四,夫妻之间约定财产并不影响夫妻一方对另一方履行法定的扶养义务。《婚姻法》第十九条有关"夫妻约定财产制"的相关规定:夫妻可以约定婚姻关系存续期间所得的财产以及婚前财产归各自所有、共同所有或部分各自所有、部分共同共有。但这并不是说,夫或妻只负担各自的生活费用而无须承担扶养对方的义务。在法律上并没有规定约定财产制是夫妻扶养义务免除的例外。也就是说,当一方患有重病时,另一方仍有义务尽力照顾,并提供有关治疗的费用;治愈后,另一方应当承担扶养义务。

本案中,徐某和赵某某是合法的婚姻关系。婚姻关系存续期间,虽然徐某和赵某某约定婚后各自的工资或收入归各自所有,但这并不意味着夫或妻只负担各自的生活费用,而不必承担扶养对方的义务。也就是说,徐某和赵某某在约定财产制下无论怎么约定财产的归属,都不能免除徐某和赵某某夫妻间的法定义务,另一方都始终享有要求对方给付抚养费的权利。当赵某某遇到生活困难时,在徐某不履行对赵某某的扶养义务后,赵某某有权要求徐某履行,并且有权提起诉讼,法院应当支持原告赵某某的诉讼请求,判决被告徐某支付给原告扶养费。

在案例3中,根据《中华人民共和国老年人权益保障法》第十八条规定:"老年人的婚姻自由受法律保护。子女或者其他亲属不得干涉老年人离婚、再婚及婚后的生活。赡养人的赡养义务不因老年人的婚姻关系变化而消除。"我们可以得出,孙氏三兄妹认为母亲已经嫁人就不用赡养的理由是不成立的。另外,该法律第十五条规定:"赡养人不得以放弃继承权或者其他理由,拒绝履行赡养义务。赡养人不履行赡养义务,老年人有要求赡养人给付赡养费的权利。赡养人不得要求老年人承担力不能及的劳动。"因此,赡养母亲是孙甲应尽的法定义务,他不能以母亲必须跟其一起生活,才尽赡养义务,作为现在不赡养母亲的理由。由此,孙氏三兄妹不得以各种理由来推脱对母亲的赡养义务。

对于于某某夫妇与夏某的关系,我国《婚姻法》第二十七条规定:"继父母与继子女间,不得虐待或歧视。继父或继母和受其抚养的继子女间的权利义务关系,适用本法对父母子女关系的有关规定。"于某某夫妇在夏某嫁进于家之前就已经成家立业,没有与夏某新形成抚养关系,由此,他们之间是没有父母子女之间的权利义务关系的。因此,于某某夫妇无须尽赡养义务。

夏某年事已高,体弱多病,且没有劳动能力以及生活来源,法院应当判决孙甲、孙乙和孙丙承担赡养义务,支付赡养费给夏某。赡养费数额应当参照权利人的诉讼请求,义务人的经济承受能力、当地农村人口平均生活水平等因素综合考虑确定。

4.2.3 相关文书拟定

1. 变更抚养权协议书

甲方(男方):_____性别_____年____月____日生 民族_____
户籍地_____   身份证号_____
乙方(女方):_____性别_____年____月____日生 民族_____
户籍地_____   身份证号_____

甲乙双方在平等、自愿的基础上,经过充分地协商,现就双方离婚后变更子女抚养权等相关事宜达成如下协议:

一、被抚养人_____性别____现年____周岁,原由女方(男方)____抚养。现双方协商同意女儿(儿子)_____,自____年____月____日起随男方(女方)____生活,男方(女方)负责其日常生活、健康和教育等方面的监护,其抚养权归男方_____。

二、乙方(甲方)不负担孩子的任何抚养费用。

三、关于探视权的规定

1. 女方(男方)对女儿(儿子)_____享有探望权。
2. 探望时间及次数:女方(男方)每个星期至少可以探望女儿(儿子)_____一次。

四、女方(男方)日后协助男方(女方)办理女儿(儿子)_____的户口迁移手续。

五、如遇其他未尽事宜或应时事宜,按照一切有利于孩子健康成长的原则,互谅互让,协商解决。

六、本协议一式两份,甲乙双方各执一份,具有同等法律效力。

七、本协议自双方签字后生效。

甲方: 乙方:

                                      年   月   日

2．子女轮流赡养父母协议书

被赡养人：
父亲：张×强　　　　　母亲：余×兰
赡养人：
长子：张×毅　次子：张×力　三子：张×志
长女：张×欣　次女：张×敏

为维护老年人合法权益，弘扬中华民族尊老、敬老、爱老的传统美德，发挥家庭养老的基础作用，促进家庭和睦、和谐，切实保障老年人的晚年生活，根据《老年人权益保障法》《婚姻法》《继承法》等有关法律规定，赡养人（本协议以下简称"子女"）和被赡养人（本协议以下简称"父母"）签订本协议。

父母于1956年结婚，婚后生有3儿2女，现已长大成人。因父母年事已高，生活行动不便，需要各位子女的赡养。经过父母、各子女的充分协商，各方在平等、自愿的基础上达成子女轮流赡养父母协议如下。

第一条　赡养的基本原则

1. 子女不分男女都有赡养父母的义务，各子女应积极履行对父母经济供养、生活照料和精神慰藉的义务，照顾父母的特殊需要，使父母能够在身体、心理和智力方面尽可能得到妥善的照顾，幸福地生活。

2. 子女应为父母提供适合其需要和健康状况的居住环境，提供必要的健康保健，使父母能够自由选择生活方式，子女不得强行将有配偶的父母分开赡养。

3. 子女的配偶有赡养公、婆（岳父、岳母）的义务。子女的子女应当继承和发扬中华民族尊老、爱老的传统美德，积极协助、支持父母履行赡养祖父母（外祖父母）的义务。

第二条　子女轮流赡养父母方式及义务

1. 所有子女按照事先共同商定的顺序每人轮流接到自己家中（或到父母家中）赡养一年，赡养期满后由接续赡养子女负责将父母接到自己家中（或到父母家中）赡养一年。轮流赡养的当值子女应保证父母每年春、夏、秋、冬合理添置新外衣、内衣、鞋帽等个人物品，所需费用由当值赡养子女承担（其他子女爱心购买的除外），并保证父母的衣服、被褥干净、整洁。

2. 当值赡养子女应妥善安排好父母的膳食结构，保证父母吃饱、吃好，其他子女不得过分挑剔指责。食品的购买、烹饪和餐具的清洗由独立赡养子女负责，父母对膳食有特殊要求的，应尽量满足父母的要求。

3. 当值赡养子女应为父母提供安全、舒适、方便的居住场所以及其他生活用品，妥善安排父母的住房，不得强迫父母迁居条件低劣的房屋。

第三条　当值赡养子女对父母生活上照料的内容及义务

1. 父母日常生活和感冒等轻微疾病，当值赡养子女应及时给予医治，并负责生活照料与护理，就诊、买药费用由当值赡养子女负责。

2. 父母大病住院期间由各子女轮流护理，没有时间或条件亲自护理的，可以按照父母的意愿，请人代为护理，并由当事人支付所需费用。子女之间也可以协商由其中一个子女护理，其他子女应支付相应的补助，补助的数额由子女共同协商。

3. 当值赡养子女在做好物质赡养(包括衣、食、住、行、医、水、电、煤气、电话、采暖、维修费等)的同时,应尽力满足父母文化、娱乐等方面的需求,保证父母生活充实、精神愉快。其他子女应当经常问候、看望,对父母的生活给予关爱。

4. 父母体弱多病行走不便的,当值赡养子女要及时给予医治、照顾和精心护理,在精神上关心父母,不得用粗暴蛮横的语言对待父母,要使父母在精神上感到温暖。

5. 子女每年要为父母庆祝生日或春节等节假日聚会,子女的家庭成员在不影响工作的情况下尽量参加,聚会费用由全体子女共同承担。其他子女平常看望父母时,应以协助照顾父母为出发点,尽量不给当值赡养人增加不必要的经济、精力负担。

第四条　赡养费及共同承担的费用支付、给付方式

1. 父亲在世的情况下,赡养费(重大疾病费用除外)由当值子女从父亲的退休工资、父母房屋出租收入中支取,其他子女不负担赡养费。父亲过世的情况下,母亲的赡养费由当值子女从父母房屋出租收入中支取,其他子女不负担赡养费。父母的任何存款,子女都不得作为赡养费使用。

2. 父母有医疗保险的,父母大病住院费由当值赡养子女优先从医疗保险或医疗保险卡中报销、支付,其他不能报销费用由所有子女平均负担。父母无医疗保险的,父母大病住院费由所有子女平均负担。

第五条　父母财产保护、丧葬费用及遗产继承

1. 子女执行轮流赡养义务前,父母应无保留地公开现有存款及借贷往来账目。经父母及所有子女确认并认可,父母现有固定财产如下:父母现有产权住房1处,建筑面积××平方米;现有存款××元;父亲每月退休金××元;父母其他财产××;父母其他收入××。

2. 父母双方有任何一方在世的情况下,房屋产权归父母所有,并受法律保护,此期间任何子女不得出售,但父母房屋闲置时可以出租,出租期间所获租金可由当值赡养子女作为赡养费使用;此期间如父母房屋拆迁,其拆迁补偿款任何子女不得截留、侵占。

3. 父母去世后,子女应按照国家的有关规定办理丧事,丧葬费用从父母的存款中支取。子女应遵守国家关于丧葬的有关规定,不得铺张浪费。个别子女在未同其他子女协商的情况下,超过正常标准办理丧事的,所花费的费用,由责任人自行承担。

4. 父母全部离世后,父母住房、现金、其他财产等遗产由所有子女共同平均继承。轮流赡养父母期间拒绝轮流赡养父母一轮以上的子女无任何继承权,并配合有关法律部门履行放弃继承手续。

第六条　协议变更的条件和争议的解决方法

1. 变更本协议应取得父母、子女全部同意后方可变更、修改。

2. 因履行本协议出现纠纷的,子女各方应友好协商。协商不成的,可以请求当地社区、街道、居民委员会等调解组织调解;调解不成的,由父母、子女向父母居住地人民法院起诉。

3. 子女在协商、调解的过程中,各子女应本着实事求是、求同存异、最有利于维护父母利益的原则进行协商,妥善处理好争议事宜。

4. 各方变更通信地址或其他联系方式,应自变更之日起十日内,将变更后的地址、联系方式通知所有子女、父母,否则变更方应对此造成的一切后果承担责任。

5. 本协议的理解与解释应依据协议目的和文本原意进行,本协议的标题仅是为了阅读方便而设,不应影响本协议的解释。

6. 已尽赡养义务的子女可以向未尽赡养义务的人追偿其应分担的赡养费和其他应当共同分担的费用。子女不履行本协议约定义务的,愿意接受依法强制执行。

7. 本协议可经律师见证或公证,未见证或公证的,不影响本协议的法律效力。本协议子女共同委托协议履行监督人监督执行。

8. 本协议共7页,一式8份,具有同等法律效力。子女、父母、协议履行监督人、居民委员会各执一份。

第七条　　附则

1. 子女对本协议的内容要完全理解和认同,并同意替代此前所有口头、书面协议。本协议一经签订,未经其他子女、父母书面同意,任何子女不得随意更改本协议中的任何条款。本协议经各方签字后生效,任何更改(包括父母另立遗嘱等)均需各方协商一致并以书面形式确认。

2. 本协议生效后,子女必须切实遵守,赡养关系不存在时自然终止。

本协议未尽事宜,由各方签署补充协议进行约定。补充协议与本协议具有同等法律效力。未达成补充协议的参照《老年人权益保障法》执行。①

被赡养人:
父亲:_____(签字)　　母亲:_____(签字)
赡养人:
长子:_____(签字)　　次子:_____(签字)　　三子:_____(签字)
长女:_____(签字)　　次女:_____(签字)
协议履行监督人:_____(签字)　　居民委员会代表:_____(签字)

协议签订时间:　　年　　月　　日
协议签订地点:　　省　　市　　区

4.3　拓展阅读

4.3.1　法律意义上抚养与扶养的区别

抚养是指父母从物质上、精神上对子女进行养育和照料,以保证其正常生长发育的需要。如负担子女的生活费、教育费,在生活上照管子女等。特殊情况下,也指祖父母、外祖父母对孙子女、外孙子女,成年哥哥、姐姐对未成年的弟弟、妹妹生活上所给予的关心、帮助和照料。后两种情况下的抚养,有一定的适用条件,即祖父母、外祖父母有负担能力,且未

---

① http://wenku.baidu.com(子女轮流赡养父母协议书).

成年的孙子女、外孙子女父母已死亡；哥哥、姐姐有负担能力，父母已经死亡或无力抚养，弟弟、妹妹是未成年人。

扶养是指同辈分亲属间相互供养的法律责任。主要指夫妻、兄弟姐妹间物质上的互相扶助和生活上的互相照顾。它是当事人之间对等的义务，而不是单方义务。

抚养、扶养是法律在一定当事人之间设立的一种义务，当事人必须履行。

4.3.2 抚养义务的特征

抚养义务的特征主要有以下四点。

1. 抚养时间的长期性

从子女出生开始至子女达到18周岁乃至具有独立生活能力为止，父母有抚养教育未成年子女的义务。《未成年人保护法》第八条规定，父母应当依法履行对未成年人的监护职责和抚养义务，不得遗弃、虐待未成年人。父母对未成年人的抚养是无条件的，在任何情况下都不能免除，即使父母已离婚，对未成年子女仍应履行抚养义务。但对成年子女的抚养是有条件的，在成年子女没有劳动能力或是因为某种原因不能维持生活时，父母也要根据需要和可能，负担其生活需要或给予一定的帮助。

2. 抚养内容的复合性

抚养内容包括四个方面：确保子女的生命权、健康权、生存权，保护子女的身体健康。提供子女所必需的一切生活费用，为子女健康成长和发展提供经济保障。管理和保护子女合法财产，为子女利益合理利用和处分其财产。代理子女进行民事活动和代理子女进行诉讼。子女给他人造成损害的，父母应当承担必要的民事责任的义务。

3. 抚养责任的无条件性[①]

父母对未成年子女的抚养与教育是法定的义务，是无条件的，子女自出生开始直至成年，父母必须依法承担抚养义务。

4. 义务履行的自觉性

基于亲子关系的特殊情感联系和家庭共同生活状态，父母对未成年子女的抚养虽是强制义务，但绝大多数情形是父母自觉自愿地履行其义务为结果，法律和社会公力无须过多干预或介入。然而，这并不排除现实生活中少数人自私自利，生而不养，公然背离作为父母应承担的道义责任和法律义务。在此情形下，则必须动用社会公力，强制父母履行抚养义务，禁止溺婴、弃婴和其他残害婴儿的行为。[②]

4.3.3 违反夫妻扶养义务的法律后果

当夫妻一方没有收入和缺乏生活来源，或者无独立生活能力或生活困难或因患病、年老等原因需要扶养，另一方履行扶养义务，给付扶养费以维持其生活所必要。此为夫妻一

---

① http://china.findlaw.cn/info/hy/shouyangfa/fuyang/fyfy/137872.html.
② http://www.chinalawedu.com/web/3500/ca2013111917544524883928.shtml.

方采用自力救济的方法实现享受扶养的权利。

(1) 夫妻之间的互相扶养既是权利又是义务,这种权利义务是平等的。也就是说,丈夫有扶养其妻子的义务,妻子也有扶养其丈夫的义务。反之,夫妻任何一方均有受领对方扶养的权利。

(2) 夫妻间的扶养权利义务以经济上相互供养、生活上相互扶助为内容,是婚姻内在属性和法律效力对主体的必然要求。这既是双方当事人从缔结婚姻开始就共生的义务,也是婚姻或家庭共同体得以维系和存在的基本保障。夫妻可以约定夫妻在婚姻关系存续期间所得的财产的归属,如将其中的某项财产或收入,确定归一方所有或双方分别所有。有的夫妻约定各自的工资或收入归各自所有,但这并不意味着,夫或妻只负担各自的生活费用而不承担扶养对方的义务,如当一方患有重病时,另一方仍有义务尽力照顾,并提供有关治疗费用。

(3) 夫妻扶养从婚姻合法有效成立之时起产生,至婚姻合法有效终止时消失,在婚姻关系有效存续的整个过程中一直存在且具有法律拘束力,因而是一种状态性的、持续性的法律关系。

(4) 夫妻扶养为法定义务,具有法律强制性。基于夫妻关系的特殊性,夫妻扶养通常在婚姻共同生活中自觉履行。当夫妻一方没有固定收入或缺乏生活来源,或者无独立生活能力或生活困难,或因患病、年老等原因需要扶养,另一方不履行扶养义务时,需要扶养的一方有权要求对方承担扶养责任。

(5) 不履行扶养义务的法律责任。夫或妻一方不履行扶养义务时,需要扶养的一方可以根据本条第二款的规定,要求对方付给扶养费。应当付给扶养费的一方拒绝给付的,需要扶养的另一方可以通过诉讼获得扶养费。如果夫或妻一方患病或者没有独立生活能力,有扶养义务的配偶拒绝扶养,情节恶劣,构成遗弃罪的,应当承担刑事责任。①

4.3.4 后赡养义务

《老年人权益保障法》第十一条规定:赡养人应当履行对老年人经济上供养、生活上照料和精神上慰藉的义务,照顾老年人的特殊需要。所以完整的赡养义务包括物质供养、精神慰藉、生活照料三个方面。

后赡养义务是指养子女与养父母解除收养关系后,对养父母承担的赡养义务。我国收养法第三十条规定:"收养关系解除后,经养父母抚养的成年子女,对缺乏劳动能力又缺乏生活来源的养父母,应当给付生活费。"

(1) 后赡养义务产生于养父母与养子女收养关系解除之后。

(2) 后赡养义务的主体是经养父母抚养的成年子女。

(3) 后赡养义务的对象是缺乏劳动能力又缺乏生活来源的养父母。这里包括两个要件:一是缺乏劳动能力;二是缺乏生活来源,二者必须同时具备。

(4) 后赡养义务的内容主要是给付生活费。按照我国法律的规定,子女对父母的赡养义务包括物质赡养和精神赡养。而后赡养义务因其发生在收养关系解除之后,养父母与养

---

① http://jingyan.baidu.com/article/a3761b2b8fe43b1577f9aa4c.html(违反夫妻扶养义务有什么法律后果).

子女的权利义务关系已不复存在,因此,物质赡养,成为后赡养义务的显著特征。

4.3.5 违反赡养义务的法律责任

1. 违反赡养义务须承担侵权民事责任

违反赡养义务须承担侵权民事责任,应符合侵权民事责任的一般构成要件。

(1) 客观要件。第一,有侵权损害事实。赡养人违反赡养义务会造成被赡养人无饭可吃、无房可住、无衣可穿,流落街头与他乡。第二,加害行为的违法性。《婚姻法》《老年人权益保障法》都明确规定赡养人的义务,其违法表现为不作为,即应该承担赡养义务而不去承担,加害行为的违法性是显而易见的。第三,违法行为与损害结果之间有因果关系。赡养人不作为的违法行为直接引起被赡养人生活处于困境,生命垂危甚至死亡。

(2) 主观要件。第一,须有行为能力。赡养人有行为能力并且有可靠的经济来源,能够承担赡养义务,确有困难不能履行义务的可依法免除义务。第二,行为人主观上有过错。养老育幼是社会发展的需要,也是法律明确规定的义务。当赡养人不履行义务时须承担民事责任。违反赡养义务造成赡养人权利受侵害,被赡养人可依法请求人民法院判决义务人承担民事责任,即承担必要的赡养费义务。依据《民法通则》第一百三十四条规定的承担民事责任的方式中,违反赡养义务时,主要适用停止侵害、返还财物、赔偿损失、赔礼道歉等。对于需及时支付费用而不支付的,可要求赡养人停止侵害,立即支付。对于赡养人猎取老年人财物,造成老年人身处困境的,赡养人须返还财物,并对老年人造成的直接经济损失负赔偿责任。对老年人有辱骂、体罚等行为的须赔礼道歉,请求被赡养人的原谅。①

2. 违反赡养义务须承担刑事责任

《老年人权益保障法》第七十五条规定,干涉老年人婚姻自由,对老年人负有赡养义务、扶养义务而拒绝赡养、扶养,虐待老年人或者对老年人实施家庭暴力的,由有关单位给予批评教育。第七十六条规定,家庭成员盗窃、诈骗、抢夺、侵占、勒索、故意损毁老年人财物,构成违反治安管理行为的,依法给予治安管理处罚;构成犯罪的,依法追究刑事责任。第七十七条规定,侮辱、诽谤老年人,构成违反治安管理行为的,依法给予治安管理处罚。构成犯罪的,依法追究刑事责任。

课后练习

1. 抚养、扶养、赡养三者的区别是什么?
2. 血亲、姻亲、直系血亲、旁系血亲的含义是什么?
3. 案例分析

(1) 现年 27 岁的海安姑娘晓晴是一家房地产公司的售楼小姐。2005 年 10 月,晓晴与大她 4 岁的南通摄影师小杭相识并恋爱。但一年多后,小杭身患"肝豆状核变性"疾病需终

---

① http://china.findlaw.cn/info/hy/jiehun/syyw/77414_2.html.

身服药。为了让妻子生健康宝宝,从 2009 年 1 月开始,小杭决定停药。2010 年 5 月,儿子浩浩出生。虽然因停药导致小杭病情严重并住院治疗,但孩子的出生还是让一家人感到很甜蜜。在晓晴休完产假后,她父母就带浩浩回到海安老家。而小杭的父母也很想念孙子,几次提出要把浩浩接回家,但都未能成行。就这么一个孩子,两边的老人都想让孩子跟随自己生活,为此,这对小夫妻频频发生争吵,双方家庭也多次发生冲突。2011 年 4 月,晓晴向南通市崇川区法院提起诉讼,要求离婚并由她抚养儿子。但法院驳回晓晴的离婚请求。今年 3 月,晓晴再次向法院提起离婚诉讼。

法庭上,小杭表示自己患有先天遗传性"肝豆状核变性"病需要终身服药治疗,而自己为了孩子健康,在晓晴准备怀孕期间冒险停药,并导致之后住院治疗。在这种情况下,自己不可能再生育子女,要求法院将儿子判归其抚养。①

问题:请分析法院应作出怎样的裁决,并确认其法律依据是什么。

(2) 雷某和吴某系夫妻,育有一女雷甲。雷甲 10 岁时,母亲吴某去世,后雷某与隋某再婚,育有一子雷乙。雷甲与雷乙系同父异母的姐弟关系。

雷乙 15 岁时,父亲雷某与母亲隋某相继去世,此时已婚的姐姐雷甲把弟弟雷乙带回自家一起生活。由于结婚后,雷甲一直未生育,她和丈夫就把所有的精力都放在雷乙身上,对雷乙照顾得无微不至,一直供养到雷乙大学毕业,并找到一份较好的工作。

此时雷甲日渐衰老,体弱多病,不久,雷甲的丈夫发生车祸,失去了劳动能力,整个家庭丧失了唯一的经济来源。因为没有其他的亲属可以依靠,雷甲一家的生活十分困难。一开始,弟弟雷乙主动接济雷甲一家。但后来随着雷乙娶妻生子,生活压力增大,就经常以自己经济困难为由,不再帮助雷甲。姐弟二人经过多次协商未果,别无选择之下,姐姐雷甲将弟弟告上了法庭,要求法院判决雷乙支付自己的生活扶养费。

问题:请问法院应当作何判决?

(3) 1980 年,李某与前夫离婚,没有生育子女。第二年,李某与胡某再婚。胡某与前妻离婚后,女儿胡某某还没有成年,遂与胡某一起生活。因此,李某与胡某结婚后,共同抚养胡某某。2001 年 7 月胡某不幸去世。此后,胡某某虽然一直与继母李某一起生活,但她们之间的矛盾越来越大,关系越来越不融洽。直至 2002 年,年逾 60 岁的李某与另一丧偶老人何某结婚。胡某某极力反对李某再婚,多次与其争吵。由于胡某某与继母李某的关系日益恶化,李某无奈之下,起诉到法院要求解除与胡某某的继母女关系,李某向法官表示以后不需要胡某某扶养。法院调解不成,最终审理认为,李某与胡某某的继母女关系是因李某与胡某再婚而由法律拟制产生。胡某已死亡多年,李某与胡某某的继母女关系已失去了法律拟制亲属关系的基础。而且,胡某某已经成家立业,早具备了独立生活能力,李某与胡某某的关系不和,据此,判决解除了李某与胡某某的继母女关系。

2006 年,60 多岁的李某与 70 多岁的何某相伴了几年后,因为年老,身体状况越来越差,李某除了已经解除继母女关系的胡某某以外,没有其他儿女。李某想减轻何某的经济负担,遂要求胡某某对自己尽赡养义务。

李某认为,自己虽与胡某某解除了继母女关系。但是,自己仍然对胡某某尽过抚养义

---

① http://news.sina.com.cn/o/2012-10-22/053325407965.shtml.

务,现在自己体弱多病,生活没有来源,因此,胡某某还是应当对自己尽赡养义务。

胡某某却认为,李某虽然对自己尽过抚养义务,但是这些年在一起生活的过程中,她活得并不开心,与李某的关系非常差,因此,才解除继母女关系。继母女关系解除后,自己已经没有对李某的赡养义务了。

问题:李某与胡某某就赡养问题无法达成一致,胡某某遂起诉至法院,请问法院应当如何判决?

(4) 1977年,农民老吴夫妇收养了小吴为养子。1998年,小吴结婚成家,但仍与养父母共同生活。在婚后的日子里,小两口与老两口经常因生活琐事发生矛盾,遂于2007年10月订立书面协议,约定双方之间解除收养关系,小吴补偿老吴夫妇在收养期间支出的生活费和教育费2.2万元。协议签字后,小吴按约定支付了补偿费。

2011年1月,老吴夫妇以小吴由其抚养至成年,现老两口年迈体弱、疾病缠身、缺乏生活来源为由诉至法院,请求判令被告每年给付生活费2600元。法庭上,小吴以双方的收养关系已经解除、其不再负有赡养义务为由予以辩解,要求驳回原告的诉讼请求。

问题:请分析法院应作出怎样的裁决,并确认其法律依据是什么。

任务 5　继承纠纷及解决

学习目标

1. 掌握法定继承人的范围和继承顺序。
2. 掌握遗产的构成范围。
3. 掌握代位继承与转继承的条件。
4. 掌握法定遗嘱的形式及效力。
5. 能够依据具体案例情况正确分割遗赠扶养协议、遗赠、遗嘱继承、法定继承的涉案财产。
6. 能够为服务对象拟定遗嘱提供法律帮助。
7. 能够提供遗产继承纠纷解决的办法及依据。
8. 能够为服务对象提供继承纠纷的法律帮助。

5.1　法 律 原 理

5.1.1　继承概述

1. 继承概念

在民法学上,继承是指将死者生前所有的于死亡时遗留的财产依法转移给他人所有的制度。在这一制度中,因死亡而将生前所有的财产转移给他人的死者称为被继承人,被继承人死亡时遗留的财产称为遗产,依照法律规定或者被继承人生前所立的合法遗嘱承接被继承人遗产的人称为继承人。依照我国法律的有关规定,继承人只能是自然人,继承人依照法律的直接规定或被继承人所立的合法遗嘱享有的继承被继承人遗产的权利就是继承权。

2. 继承的特点

继承权是指自然人依照法律的规定或者被继承人遗嘱的指定,享有的继承被继承人财产的权利。其特征如下:

(1) 继承基于自然人的死亡而发生。继承是因自然人死亡(自然死亡和宣告死亡)这一事实的发生,继承只能从自然人死亡时开始,所以只有因自然人死亡而发生的财产转移才引起继承的开始。

(2) 法定继承、遗嘱继承的主体只能是与死者具有一定身份关系的近亲属。法定继承人是被继承人的配偶、子女、父母、兄弟姐妹、祖父母、外祖父母。根据《继承法》第十条规定,遗产按照下列顺序继承,第一顺序,配偶、子女、父母。第二顺序,兄弟姐妹、祖父母、外祖父母。继承开始后,由第一顺序继承人继承,第二顺序继承人不继承。没有第一顺序继承人继承的,由第二顺序继承人继承。第十一条规定:"被继承人的子女先于被继承人死亡的,由被继承人的子女的晚辈直系血亲代位继承。代位继承人一般只能继承他的父亲或者母亲有权继承的遗产份额,代位继承人必须是被代位人的直系晚辈血亲。"

根据《继承法》第十六条的规定,公民可以立遗嘱指定由法定继承人的一人或数人继承,也可以立遗嘱将个人财产赠给国家、集体或法定继承人以外的人继承。国家、集体及其他社会组织都不能作为继承人,而只能作为受遗赠人。

(3) 继承的客体只能是死者的个人合法财产。继承的客体是遗产,遗产以财产利益为内容,身份利益不能作为继承的对象。我国《继承法》第三条规定,遗产是公民死亡时遗留的个人合法财产(包括动产、不动产、知识产权等)。他人的财产、国家、集体的财产都不能成为遗产。

(4) 继承导致财产权利发生转移。自然人死亡后,通过继承方式财产由被继承人转移给继承人,继承人成为被继承人死亡后财产权的主体。

3. 我国继承法的基本原则

继承法是调整因自然人的死亡而发生的财产继承关系的法律规范的总称。继承法是民法的一个重要组成部分。我国继承法的基本原则主要包括,保护公民合法继承权的原则,继承权平等的原则,养老育幼、互助互济原则和互谅互让、团结和睦原则。

(1) 保护公民合法财产继承权的原则。我国《继承法》第一条规定:"根据《中华人民共和国宪法》规定,为保护公民的私有财产的继承权,制定本法。"由此可见,继承法的宗旨就是保护公民的私有财产继承权,既是继承法立法的目的和任务,也是继承法的首要原则。在继承法上,保护私有财产继承权主要表现在以下方面,凡自然人死亡时遗留的个人合法财产均为遗产,全部由其继承人继承。继承人的继承权不得非法剥夺或者限制。继承权为绝对权,任何人都负有不得侵害的义务。

(2) 继承权平等原则。继承权平等原则是民法的平等原则在继承法中的具体体现。在继承法上,主要体现在以下方面。

① 在继承人的范围和法定继承的顺序、份额上,男女平等。

② 夫妻在继承上有平等的权利,有相互继承遗产权利。

③ 非婚生子女与婚生子女享有平等继承遗产权利。

④ 养子女与亲生子女享有平等继承遗产权利。

⑤ 丧偶儿媳与女婿享有平等继承遗产权利。

⑥ 同一顺序的继承人继承遗产的权利平等。

(3) 养老育幼、互助互济原则。养老育幼原则是保护老人和儿童合法权益的需要,也是实现家庭职能的需要。为实现保护老人、妇女、儿童和残疾人的合法权益的法律任务,继承法必然确认养老育幼原则。这一原则主要体现在以下几个方面。

① 按照《继承法》第十三条规定,在遗产分配中,对生活有特殊困难的缺乏劳动能力的继承人,应当予以照顾。对被继承人尽了主要扶养义务或者与被继承人共同生活的继承人,分配遗产时,可以多分。有扶养能力和有扶养条件的继承人,不尽扶养义务的,分配遗

产时,应当不分或者少分。

②遗产的分配有利于养老育幼。依《最高人民法院关于贯彻执行〈中华人民共和国继承法〉若干问题的意见》第三十七条规定,遗嘱人未保留缺乏劳动能力又没有生活来源的继承人的遗产份额,遗产处理时,应当为该继承人留下必要的遗产,所剩余的部分,才可参照遗嘱确定的分配原则处理。

③遗产分割不能侵害未出生人的利益。《最高人民法院关于贯彻执行〈中华人民共和国继承法〉若干问题的意见》第四十五条规定,应当为胎儿保留的遗产份额没有保留的应从继承人所继承的遗产中扣回。为胎儿保留的遗产份额,如胎儿出生后死亡的,由其继承人继承;如胎儿出生时就是死体的,由被继承人的继承人继承。

(4)互谅互让、团结和睦原则。互谅互让、团结和睦,是处理继承关系的基本要求,也是我国处理继承纠纷的司法实践中一直坚持的一项原则。这一原则体现在遗产分割的时间、办法和份额上,由继承人平等协商解决。

4.继承权的接受、放弃、丧失与保护

(1)继承权的接受。《继承法》第二十五条规定:"继承开始后,继承人放弃继承的,应当在遗产处理前,作出放弃继承的表示。没有表示的,视为接受继承。"继承权的接受,是指享有继承权的继承人参与继承、接受被继承人遗产的意思表示。因此,继承人无须作出接受继承的意思表示,即可行使继承权。

《继承法》第六条对无行为能力人、限制行为能力人继承权的接受也做了相应规定:"无行为能力人的继承权、受遗赠权,由他的法定代理人代为行使。限制行为能力人的继承权、受遗赠权,由他的法定代理人代为行使,或者征得法定代理人同意后行使。"法定代理人代为行使继承权、受遗赠权明显损害被代理人利益的,应认定其代理行为无效。

(2)继承权的放弃。继承权的放弃是指继承人作出的放弃其继承被继承人遗产的权利的意思表示。继承权只能于继承开始后遗产分割前放弃。继承权的放弃应以明示方式作出,《最高人民法院关于贯彻执行〈中华人民共和国继承法〉若干问题的意见》第四十九条规定,继承人放弃继承的意思表示,应当在继承开始后、遗产分割前作出。遗产分割后表示放弃的不再是继承权,而是所有权。第五十二条规定,继承开始后,继承人没有表示放弃继承,并于遗产分割前死亡的,其继承遗产的权利转移给他的合法继承人。

(3)继承权的丧失。继承权的丧失又称继承权的剥夺,是指依照法律规定在发生法定事由时取消继承人继承被继承人遗产的权利。继承权的丧失必须有法定事由,并且继承权的丧失是客观意义上的继承权的丧失,也就是继承权的依法剥夺,而不是由继承人的意志所决定。我国《继承法》第七条规定,继承人有下列行为之一的,丧失继承权。

①故意杀害被继承人的。这里的故意杀害是故意杀人,继承人故意杀害被继承人不论动机如何,不论是既遂还是未遂,均应确认其丧失继承权。如继承人故意伤害被继承人致死,其故意是伤害,死亡不是所追求的目的,死亡多为意外或过失,因此故意伤害致死不构成继承权丧失事由。继承人正当防卫或防卫过当致被继承人死亡的,因没有杀人故意,不构成继承权丧失事由。

②为争夺遗产而杀害其他继承人的。构成这一法定事由,需要具备两个条件:第一,继承人杀害的对象是其他继承人。继承人杀害其他继承人,包括法定继承人杀害遗嘱继承

人,也包括遗嘱继承人杀害法定继承人,既包括第一顺序继承人杀害第二顺序继承人,也包括第二顺序继承人杀害第一顺序继承人。第二,杀害的目的是争夺遗产。若不是为了争夺遗产,而是出于其他动机而杀害其他继承人的,也不构成该行为。只要具备以上条件,不论继承人的杀害行为既遂或是未遂,也不论其是否被追究刑事责任,均丧失继承权。

③ 遗弃被继承人的,或者虐待被继承人情节严重的。遗弃被继承人是指依法负有法定义务且具有扶养能力的继承人,对没有劳动能力又没有生活来源的被继承人拒不履行扶养义务。如果继承人本身没有能力和条件尽扶养义务,则其不履行扶养义务不构成遗弃。虐待被继承人是指对被继承人的身体或精神进行摧残或折磨。

遗弃被继承人,不论情节是否严重,即丧失继承权。继承人虐待被继承人丧失继承权则以情节严重为前提,继承人虐待被继承人情节是否严重,可以从实施虐待行为的时间、手段、后果和社会影响等方面认定。虐待被继承人情节严重的,不论是否追究刑事责任,均可确认其丧失继承权。继承人遗弃被继承人或者虐待被继承人情节严重,如以后确有悔改表现,而且被遗弃人、被虐待人生前又表示宽恕,可不确认其丧失继承权。

④ 伪造、篡改或者销毁遗嘱,情节严重的。伪造遗嘱是指故意以被继承人的名义制造假遗嘱,篡改遗嘱是指故意改变被继承人所立遗嘱的内容,销毁遗嘱是指故意将被继承人所立的遗嘱毁灭。伪造、篡改或者销毁遗嘱情节是否严重是判断继承权是否丧失的标准。

5.1.2 遗产

1. 遗产的概念与特征

根据我国《继承法》第三条规定:"遗产是公民死亡时遗留的个人合法财产。"遗产是继承法律关系的客体,是继承权的标的。没有遗产,即使有自然人死亡这一法律事实的发生,也不能成立继承法律关系。根据这一规定,遗产具有以下法律特点。

(1)遗产具有时间上的特定性。遗产只能是公民死亡时遗留的财产。在被继承人死亡前,被继承人对其财产享有所有权,继承人不享有现实继承权。只有当被继承人死亡时,其财产才能转变为遗产。因此,遗产只能以被继承人死亡时的财产为限。

(2)遗产的内容具有财产性和包括性。继承人所继承的只能是财产而不能包括被继承人生前的人身权利和相关义务。包括性是指,作为遗产,既包括财产权利,也包括财产义务。因此,只要在被继承人死亡时存在,不论是其生前享有的财产权利抑或负担的财产义务,都属于遗产。

(3)遗产范围上的限定性和合法性。遗产只能是自然人死亡时遗留下的个人财产,并且须依照法律规定能够转移给他人的财产。被继承人生前占有的他人的财产,即使在继承发生时未返还,该财产也不属于遗产。被继承人生前与他人共有的财产,不属于其财产的部分不能作为遗产。被继承人特定的专属性财产不能作为遗产。

2. 遗产的范围

(1)遗产包括的财产。遗产包括积极财产与消极财产。依照《继承法》第三条规定,遗产包括以下财产。

① 公民的收入。主要包括从事体力、脑力劳动所得收入、股票、红利、接受的嘉奖等其

他合法收入。

② 公民的房屋、储蓄和生活用品。房屋包括自用房、出租房、闲置房、营业用房等。储蓄包括在银行、信用社、保险公司、其他金融机构的存款；生活用品包括家具、家电、图书、电脑、车辆等。

③ 公民的林木、牲畜和家禽。公民的林木是指依法归个人所有的树木、竹林、果园等，既包括公民在其适用的宅基地、自留地、自留山上种植的林木，也包括在其承包经营的荒山、荒地、荒滩上种植的归其个人所有的林木。

④ 公民的文物、图书资料。包括古董、字画、图书、收藏品等。

⑤ 法律允许公民所有的生产资料。包括土地、农具、建材、农作物、矿藏等。需要注意的是，在我国，公民不是对任何生产资料都享有所有权。因而只有法律允许公民所有的生产资料才可以作为遗产。对于法律不允许公民所有的生产资料，不论被继承人生前是否占有，都不可以作为遗产。

⑥ 公民的著作权、专利权中的财产权利。包括各种知识产权中的财产权利。例如，商标专用权以及公民的发现权、发明权等知识产权中的财产权利。

⑦ 公民的其他合法财产。《最高人民法院关于贯彻执行〈中华人民共和国继承法若干问题的意见〉》(以下简称《继承法意见》)第三条规定："公民可继承的其他合法财产包括有价证券和履行标的为财物的债权等。"

(2) 遗产不能包括的财产。

① 被继承人的人身权。包括姓名权、肖像权、名誉权、荣誉权等。

② 与人身有关的和专属性的债权债务。此类债权债务具有不可转让性，不能作为遗产。例如，指定了受益人的人身保险合同中的受益权，有关单位因被继承人死亡而发给其家属的抚恤金、生活补助费等。

③ 国有资源的使用权。虽然国有资源使用权在性质上属于用益物权，但因其取得须经特别的程序，是授予特定公民的，因此不能作为遗产。享有国有资源使用权的公民死亡后，其继承人要取得该国有资源使用权，应当重新申请，并经主管部门核准，而不能通过继承的方式取得。

④ 其他依法不能继承的遗产。

3. 遗产的管理

遗产的管理包括遗产的保管、遗产的分割两部分。

(1) 遗产的保管。在继承开始后遗产分割前，应对遗产进行保管，避免使遗产受到不应有的损害。我国《继承法》第二十四条规定："存有遗产的人，应当妥善保管遗产，任何人不得侵吞或者争抢。"《继承法意见》第五十九条对违反《继承法》第二十四条的行为规定了惩罚性的内容："人民法院对故意隐瞒、侵吞或者争抢遗产的继承人，可以酌情减少其应继承的财产。"《继承法意见》第四十四条规定："人民法院在审理继承案件时，如果知道有继承人而无法通知的，分割遗产时，要保留其应继承的遗产，并确定该遗产的保管人或保管单位。"该条明确了人民法院在审理继承案件时应负的责任。

遗产保管人应当及时清理遗产，编制遗产清单，并妥善保管遗产，不仅自己不能侵夺或者争抢遗产，而且应当防止和避免对遗产的人为侵害和对遗产的自然侵害。遗产保管人不得擅自对遗产进行使用、收益及处分。在数人共同继承的情况下,在遗产分割前,遗产为数个继承人共同的财产,对遗产的使用收益应当由继承人共同决定。遗产的收益为遗产的增值,除当事人另有约定外,应与遗产一并分割。任何继承人未经其他继承人的同意,不得擅自处分遗产,否则即构成对他人权利的侵害。

(2)遗产的分割。遗产的分割是指共同继承人之间按照各自继承人的应继承份额分配遗产的行为。

① 遗产分割的意义。依照我国《继承法》第五条规定:"继承开始后按照法定继承办理,有遗嘱的,按照遗嘱继承或者遗嘱办理,有遗赠扶养协议的,按照协议办理。"遗产分割,有遗嘱的应先执行遗嘱;无遗嘱的或者执行遗嘱有剩余遗产的,按照法定继承办理。

继承开始,被继承人遗留的生前的个人合法财产称为遗产。遗产为继承人以及其他有权取得遗产的人取得。若继承人为一人,并且也无其他遗产取得权人,则遗产即成为该继承人的个人遗产。若继承人为数人,即发生共同继承,遗产即为共同继承人共同所有,也就发生遗产共有。在此情形下,不仅对遗产的适用处分须由全体继承人共同决定,共同继承人就遗产的全部享有其应继承份。因此,各个继承人要取得应由自己继承的具体遗产,就须对遗产进行分割。

在遗产分割时,首先应当正确确定遗产的范围,将遗产与他人的财产区别分开。我国《继承法》第二十六条规定:"夫妻在婚姻关系存续期间所得的共同所有的财产,除有约定的外,如果分割财产,应当先将共同所有的财产的一半分出为配偶所有,其余的为被继承人的遗产。遗产在家庭共有财产之中的,遗产分割时,应当先分出他人的财产。"被继承人生前与他人有合伙关系的,其在合伙财产中的份额,列入遗产。

② 遗产分割的原则。根据《继承法》的规定,依法继承中遗产分配应遵守以下原则,第一,遗产分割自由。自被继承人死亡开始,继承即开始。遗产分割权利人可随时行使,并不因时效而消失。因此,继承人得随时请求分割遗产并不会损害他人的利益。当事人请求分割遗产的,他人不得拒绝。当事人可以协商分割遗产,也可通过诉讼程序请求分割遗产。第二,保留胎儿继承份额的原则。我国《继承法》第二十八条规定:"遗产分割时,应当保留胎儿的继承份额。胎儿出生时是死体的,保留的份额按照法定继承办理。"分割遗产时,应当为胎儿保留的遗产份额没有保留的,应从继承人所继承的遗产中扣回。第三,互谅互让、协商分割、鼓励家庭成员及社会成员间的扶助的原则。遗产分割时,当事人应当互谅互让,协商处理。遗产分割的时间、分割的方法、分割的份额,都应按继承人协商一致的意见办理。当事人协商不成的,可以请调解委员会调解,也可以向法院提起诉讼。《继承法》第十三条规定,同一顺序继承人继承遗产的份额,一般应当均等。对生活有特殊困难的缺乏劳动能力的继承人,分配遗产时,应当予以照顾。对被继承人尽了主要扶养义务或者与被继承人共同生活的继承人,分配遗产时,可以多分。有扶养能力和有扶养条件的继承人,不尽扶养义务的,分配遗产时,应当不分或者少分。继承人协商同意的,也可以不均等。第四,物尽其用原则。遗产分割时,应当从有利于生产和方便生活出发,充分发挥遗产的效用,不得损害遗产的价值。人民法院在分割遗产中的房屋、生产资料和特定职业所需要的财产时,应依据有利于发挥其效用和继承人的实际需要,兼顾各继承人的利益进行处理。第五,遗嘱优先于法律规定,法定继承中实行优先顺位继承的原则。《继承法》第二十七条规定,有

下列情形之一的,遗产中的有关部分按照法定继承办理。遗嘱继承人放弃继承或者受遗赠人放弃受遗赠的,遗嘱继承人丧失继承权的,遗嘱继承人、受遗赠人先于遗嘱人死亡的,遗嘱无效部分所涉及的遗产,遗嘱未处分的遗产。第十条规定,遗产按照下列顺序继承:第一顺序,配偶、子女、父母。第二顺序,兄弟姐妹、祖父母、外祖父母。继承开始后,由第一顺序继承人继承,第二顺序继承人不继承。没有第一顺序继承人继承的,由第二顺序继承人继承。

③ 遗产的分割方式。关于遗产的分割方式,若遗嘱中已经指定,则应按遗嘱中指定的方式分割。遗嘱中未指定的,由继承人具体协商。继承人协商不成的,可以通过调解或诉讼解决。我国《继承法》第二十九条第二款规定:"不宜分割的遗产,可以采取折价、适当补偿或者共有等方法处理。"据此,对遗产的分割可根据具体情况采用实物分割、变价分割、保留共有的分割方式等。

5.1.3 被继承人的债务清偿问题

继承人接受继承,应当承受被继承人的财产权利和财产义务。也就是说,继承人表示接受继承,就应当清偿被继承人的债务。

1. 被继承人的债务范围

被继承人债务是指被继承人死亡时遗留的应由被继承人清偿的财产义务。被继承人的债务,既包括被继承人个人担负的债务,也包括被继承人在共同债务中应负担的债务。被继承人的债务主要包括以下六种。

(1) 被继承人依照税法规定应缴纳的税款。

(2) 被继承人因合同之债发生的未履行的给付财物的债务。

(3) 被继承人因不当得利而承担的返还不当得利的债务。

(4) 被继承人因无因管理之债的成立而负担的偿还管理人必要费用的债务。

(5) 被继承人因侵权行为而承担的损害赔偿债务。

(6) 其他应由被继承人承担的债务,如合伙债务中应由被继承人承担的债务,被继承人承担的保证债务等。但被继承人以个人名义因夫妻共同生活或者家庭共同生活欠下的债务,应为共同债务,不能全部作为被继承人的债务。

2. 被继承人的遗产债务的清偿原则

我国《继承法》第三十三条规定:"继承遗产应当清偿被继承人依法应当缴纳的税款和债务,缴纳税款和清偿债务以他的遗产实际价值为限。超过遗产实际价值部分,继承人自愿偿还的不在此限。继承人放弃继承的,对被继承人依法应当缴纳的税款和债务可以不负偿还责任。"该法第三十四条规定:"执行遗赠不得妨碍清偿遗赠人依法应当缴纳的税款和债务。"依上述规定,对被继承人债务的清偿,应当坚持以下原则。

(1) 限定继承原则。所谓限定继承,就是指继承人对被继承人的遗产债务的清偿只以遗产的实际价值为限,除继承人自愿清偿者外,继承人对于超过遗产实际价值的部分不负清偿责任。

(2) 保留必留份的原则。清偿被继承人的债务,应当为需要特殊照顾的继承人保留适当的遗产。继承人中有缺乏劳动能力又没有生活来源的人，即使遗产不足以清偿债务，也应为其保留适当的遗产，然后再按我国《继承法》第三十三条规定处理。

（3）清偿债务优于执行遗赠的原则。执行遗赠须于清偿债务后进行，只有在清偿被继承人的债务之后，还有剩余遗产时，遗赠才能得到执行。若遗产不足以清偿债务，则不能执行遗赠。

（4）继承人连带清偿责任原则。继承遗产的共同继承人对被继承人债务的清偿应负连带责任。被继承人的债权人得请求继承人的全体或者其中的一人或者数人清偿债务。

3. 被继承人遗产债务的清偿时间和方式

清偿被继承人的债务一般应于遗产分割前进行。但继承人未清偿债务而分割遗产的，也无不可。遗产已被分割而未清偿债务时，如有法定继承又有遗嘱继承和遗赠的，首先由法定继承人用其所得遗产清偿债务，不足清偿时，剩余的债务由遗嘱继承人和受遗赠人按比例用所得遗产偿还。如果只有遗嘱和遗赠继承的，由遗嘱继承人和受遗赠人按比例用所得偿还。

4. 无人承受遗产的处理

（1）无人继承又无人受遗赠的遗产的概念与范围。无人继承又无人受遗赠的遗产，是指没有继承人以及受遗赠人承受的遗产。被继承人死亡后，其遗产由继承人继承或者由受遗赠人接受遗赠，从而使被继承人死亡时遗留的财产转移归继承人或者受遗赠人所有。无人继承又无人受遗赠的遗产，包括以下情形的遗产。

第一，死者无法定继承人，也未立遗嘱指定受遗赠人，生前也未与他人订立遗赠抚养协议。

第二，被继承人的法定继承人、遗嘱继承人全部放弃继承，受遗赠人全部放弃受遗赠。

第三，被继承人的法定继承人、遗嘱继承人全部丧失继承权，受遗赠人全部丧失受遗赠权。

（2）无人继承又无受遗赠的遗产的归属。我国《继承法》第三十二条规定："无人继承又无人受遗赠的遗产，归国家所有。死者生前是集体所有制组织的成员的，归所在集体所有制组织所有。"无人继承又无人受遗赠的遗产归国家或集体所有制组织所有，同时，取得该遗产的国家或集体所有制组织也应在取得遗产的实际价值范围内清偿死者生前所欠的债务。遗产因无人继承又无人受遗赠收归国家所有或集体所有制组织所有时，若继承人以外的依靠被继承人扶养的缺乏劳动能力又没有生活来源的人，或者继承人以外的对被继承人扶养较多的人提出取得遗产的请求，人民法院应视情况适当分给财产。

5.1.4 法定继承

1. 法定继承概述

（1）法定继承的概念与特征。法定继承是指在被继承人没有对其遗产的处理立有遗嘱的情况下，由法律直接规定继承人的范围、继承顺序、遗产分配的原则的一种继承形式。

法定继承又称为无遗嘱继承,是相对于遗嘱继承而言的,又称非遗嘱继承。法定继承是遗嘱继承以外的依照法律的直接规定将遗产转移给继承人的一种遗产继承方式。在法定继承中,继承人范围、继承的顺序、继承人应继承的遗产份额以及遗产的分配原则,都由法律直接规定。

在我国,法定继承是遗产的主要继承方式,即使遗嘱继承人,也只能是法定继承人范围内的人。法定继承有以下特征。

① 法定继承是遗嘱继承的补充。法定继承虽是常见的主要的继承方式,但继承开始后,应先适用遗嘱继承。因而,从效力上说,遗嘱继承的效力优先于法定继承,法定继承是对遗嘱继承的补充。

② 法定继承是对遗嘱继承的限制。我国《继承法》中规定,遗嘱应当对缺乏劳动能力又没有生活来源的继承人保留必要的遗产份额。因此,尽管遗嘱继承限制了法定继承的适用范围,但同时法定继承也对遗嘱继承具有一定的限制。

③ 法定继承中的继承人是法律基于继承人与被继承人间的亲属关系规定的,而不是由被继承人指定的。从这点上说,法定继承具有以身份关系为基础的特点。

④ 法定继承中法律关于继承人、继承的顺序以及遗产的分配原则的规定是强行性的,任何人不得改变。

⑤ 法定继承具有法定性,继承人范围、继承的顺序、继承人应继承的遗产份额以及遗产的分配原则,都由法律直接规定。并且法定继承与遗嘱继承、遗赠并存。

(2) 法定继承的适用范围。法定继承的适用范围是指在何种情形下适用法定继承。《继承法》第五条规定:"继承开始后,依法定继承办理;有遗嘱的,按照遗嘱继承或者遗赠办理;有遗赠扶养协议的,按照协议办理。"可见,在被继承人生前未与他人订立遗赠扶养协议,又没有设立遗嘱时,被继承人的全部遗产只能适用法定继承,或者被继承人虽设立遗嘱但遗嘱又全部无效的,被继承人也只能适用法定继承。根据《继承法》第二十七条规定,有下列情形之一的,遗产中的有关部分按照法定继承办理。

① 遗嘱继承人放弃遗嘱继承或受遗赠人放弃受遗赠的。遗嘱继承人放弃继承和受遗赠人放弃受遗赠的,其放弃继承和受遗赠的遗产部分适用法定继承。其他遗嘱继承人未放弃继承或其他受遗赠人未放弃受遗赠的,对其他遗嘱继承人或受遗赠的遗产部分,不能适用法定继承。

② 遗嘱继承人丧失继承权或受遗赠人丧失遗赠受领权的。遗嘱中指定的继承人在发生继承法中规定的丧失继承权事由时,其继承权丧失,不得再作为继承人。遗嘱中指定的受遗赠人丧失受遗赠权的,也不得再作为受遗赠人。因此,遗嘱继承人丧失继承权或受遗赠人丧失遗赠受领权的遗产部分,不能适用法定继承。

③ 遗嘱继承人或受遗赠人先于遗嘱人死亡的。遗嘱继承人、受遗赠人先于遗嘱人死亡的,因其不能再成为民事主体而不能继承或受遗赠,因此,遗嘱中指定由其继承、受遗赠的财产部分适用法定继承。

④ 遗嘱无效部分所涉及的财产。遗嘱人所立的遗嘱如果不符合法律规定,该内容无效。遗嘱的无效可分为全部无效和部分无效。遗嘱无效部分所涉及的遗产,因不能再遵循遗嘱,故应适用法定继承。

⑤ 遗嘱未处分的遗产。

2. 法定继承人的范围和顺序

(1) 法定继承人的范围。法定继承人是指由法律直接规定的可以依法继承被继承人遗产的人。法定继承人的范围是指哪些人可以成为法定继承人。根据我国《继承法》有关规定,法定继承人包括配偶、子女、父母、兄弟姐妹、祖父母、外祖父母,以及对公婆或岳父母尽了主要赡养义务的丧偶儿媳或女婿。

① 配偶。配偶是处于合法婚姻关系中的男女双方相互间的称谓。作为继承人的配偶须是于被继承人死亡时与被继承人之间存在合法婚姻关系的人。与被继承人曾经存在婚姻关系,但在被继承人死亡时已经解除婚姻关系的人,不是配偶。夫妻一方在离婚诉讼过程中,或者法院虽已作出离婚判决,但该判决尚未发生效力前死亡的,另一方仍为配偶,可以作为法定继承人。即婚姻关系的解除须经法定的程序,未经法定程序办理离婚手续的,夫妻双方仍为配偶,有相互继承遗产的权利。①

与被继承人非法同居或者姘居的人,不为配偶,不属于法定继承人范畴。但未办理结婚登记手续即以夫妻名义同居生活,在一方死亡时,依据《婚姻法解释(一)》第五条、第六条的规定,若双方的同居关系发生在1994年2月1日民政部《婚姻登记管理条例》公布实施之前,双方已经符合结婚实质要件的,双方成立事实婚姻,未死亡一方可以配偶身份对死亡一方的遗产主张继承权。若双方同居关系发生在1994年2月1日民政部《婚姻登记管理条例》公布实施之后,双方符合结婚实质要件的,且后来补办了结婚登记的,则未死亡一方可以配偶身份继承遗产。未补办结婚登记的,未死亡一方不得主张继承权。但是,如果一方死亡时,另一方符合《继承法》第十四条规定的可分得遗产的人的条件,可以适当分给遗产。

② 子女。子女是指被继承人的晚辈直系血亲。根据《继承法》第十条规定,子女包括婚生子女、非婚生子女、养子女以及有扶养关系的继子女。

婚生子女是指有合法婚姻关系的男女双方所生育的子女。婚生子女不论是儿子还是女儿,不论子女随父姓还是随母姓,不论是否已经结婚,是否与父母共同生活,均为父母的法定继承人。

非婚生子女是指没有合法婚姻关系的男女生育的子女。我国《继承法》规定了子女包括非婚生子女,也就确认了非婚生子女与婚生子女享有平等的继承权。非婚生子女不仅有权继承其生母的遗产,同时有权继承其生父的遗产,不论其生父是否认领该非婚生子女。

养子女是指因合法的收养关系成立而与养父母形成父母子女关系的子女。收养关系成立后,收养人与被收养人之间形成拟制血亲关系,养子女与其生父母之间法律上的权利义务关系解除,养子女无权再继承其生父母的遗产。但是,根据《继承法意见》第十九条规定:"被收养人对养父母尽了赡养义务,同时又对生父母扶养较多的,除可依继承法第十条的规定继承养父母的遗产外,还可依继承法第十四条规定分得生父母的适当的遗产。"依照《继承法意见》第二十二条规定:"收养他人为孙子女,视为养父母与养子女的关系,可互为

---

① http://china.findlaw.cn/info/hy/jichengfa/fadingjicheng/1078954.html.

第一顺序继承人。养子女的继承权以与养父母之间存在合法收养关系为前提,没有合法的收养关系,就不存在养父母与养子女的关系。因此,被领养或者被寄养的子女与领养人间未形成合法的收养关系的,不属于养子女,无权继承领养人或者寄养人的遗产。此外,合法的收养关系于继承开始时已经解除的,原养父母与养子女相互间无继承权。"

继子女是指妻与前夫或夫与前妻所生的子女。继父母与继子女间的关系因其父或其母再婚而形成,继子女与生父母的权利义务关系并不解除。根据我国《继承法》规定,继子女作为法定继承人继承继父母的遗产,必须与继父母之间形成扶养关系。继子女继承继父母的遗产,不影响其继承其生父母的遗产。

③ 父母。父母是最直系的尊亲属。父母与子女间有着最密切的关系,互为继承人。继承法上作为法定继承人的父母包括生父母、养父母以及有扶养关系的继父母。

④ 兄弟姐妹。兄弟姐妹是最近的旁系血亲。作为继承人的兄弟姐妹包括同父同母的兄弟姐妹、同父异母或同母异父的兄弟姐妹、养兄弟姐妹、有扶养关系的继兄弟姐妹。养兄弟姐妹关系是因收养成立的养子女与生子女之间、养子女与养子女之间的亲属关系。养兄弟姐妹互为继承人,与其亲兄弟姐妹之间的法律上的权利义务关系因收养关系的成立而消除,不能互为继承人。继兄弟姐妹之间的继承权,因继兄弟姐妹之间的扶养关系而发生。没有扶养关系的继兄弟姐妹,不能互为继承人。继兄弟姐妹之间互相继承了的,不影响其对亲兄弟姐妹遗产的继承。

⑤ 祖父母和外祖父母。祖父母与外祖父母是除父母外最近的尊亲属。作为法定继承人的祖父母、外祖父母包括,亲祖父母、亲外祖父母、养祖父母、养外祖父母、有扶养关系的继祖父母和有扶养关系的继外祖父母。

⑥ 对公婆或岳父母尽了主要赡养义务的丧偶儿媳或女婿。《继承法》第十二条规定:"丧偶儿媳对公、婆,丧偶女婿对岳父、岳母尽了主要赡养义务的,作为第一顺序继承人。"同时《继承法》第三十条明确了"主要赡养义务","对被继承人生活提供了主要经济来源,或在劳务方面给予了主要辅助的,应当认定尽了主要赡养义务"。

(2) 法定继承人的继承顺序。法定继承顺序又称法定继承的顺位,是指法律直接规定的法定继承人参加继承的先后顺序。继承开始后,适用法定程序时,法定继承人并不是同时参加继承,而是按照法律规定的先后顺序参加继承,先由前一顺序的继承人继承,没有前一顺序的继承人继承时,才由后一顺序的继承人继承。

法定继承人的继承顺序具有法定性、强行性、排他性和限定性的特点。法定性是指法定继承人的继承顺序由法律根据继承人与被继承人的亲属关系直接规定,而不是由当事人自行决定。强行性是指对于法律规定的继承顺序,任何人、任何机关不得以任何理由改变。前一顺序的继承人不得变更自己的顺序而作为后一顺序的继承人参加继承。继承人也不可放弃自己的继承顺序,其只能放弃继承权。排他性是指继承人只能依法定继承顺序依次参加继承。只要有前一顺序的继承人继承,后一顺序的继承人就不能继承遗产。只有在没有前一顺序继承人,或者前一顺序继承人全部放弃继承权或全部丧失继承权,或者前一顺序的继承人部分丧失继承权,其余的继承人全部放弃继承的情况下,后一顺序的继承人才有权参加继承。限定性是指法定继承人的继承顺序只适用于法定继承,而不适用于遗嘱继承，遗嘱继承人不受法定继承顺序的限制。①

我国《继承法》第十条、第十二条规定的法定继承人的继承顺序为，第一顺序为配偶、子女、父母。丧偶儿媳对公婆，丧偶女婿对岳父、岳母尽了主要赡养义务的，也可作为第一顺序继承人。第二顺序为兄弟姐妹、祖父母、外祖父母。

3. 代位继承和转继承

（1）代位继承。代位继承是法定继承的一种特殊情况。它是指被继承人的子女先于被继承人死亡时，由被继承人子女的晚辈直系血亲代替先死亡的长辈直系血亲继承被继承人遗产的一项法定继承制度，又称间接继承。先于被继承人死亡的继承人，称被代位继承人，简称被代位人。代替被代位人继承遗产的人称代位继承人，简称代位人。代位人代替被代位人继承遗产的权利，叫代位继承权。代位继承有如下特征。

① 代位继承的发生，须有被继承人的子女先于被继承人死亡的法律事实，该死亡可以是自然死亡，也可以是法律宣告死亡。只有在被继承人的子女先于被继承人死亡时才发生代位继承。一旦继承开始，被继承人的子女死亡的，不发生代位继承。

② 被代位继承人只限于被继承人的先死子女。其他被继承人的继承人若先于被继承人死亡时，不发生代位继承。

③ 代位继承人只限于被代位继承人的晚辈直系血亲。被继承人的孙子女、外孙子女、曾孙子女、曾外孙子女等均可代位继承，代位继承人不受辈分限制。由于《继承法》所规定的子女包括婚生子女、非婚生子女、养子女、有扶养关系的继子女。因此，被继承人的养子女、已形成扶养关系的继子女，都得为被代位继承人。

④ 代位继承人为数人的，只能共同继承被代位继承人对被继承人的遗产所应当继承的遗产份额。代位继承人为数人时，原则上由数个代位继承人平分被代位人应继承的份额，而不能由数个代位继承人与其他继承人一同按人数分配继承人的遗产。

⑤ 被代位继承人未丧失继承权。《继承法意见》第二十八条明确规定："继承人丧失继承权的，其晚辈直系血亲不得代位继承。如该代位继承人缺乏劳动能力又没有生活来源，或对被继承人尽赡养义务较多的，可适当分给财产。"因此，只有在被代位继承人在继承开始时享有继承权的，才能发生代位继承。

⑥ 代位继承只适用于法定继承，不适用于遗嘱继承。

（2）转继承。又称连续继承、再继承、二次继承等，是指继承人在继承开始后遗产分割前死亡时，其有权接受的遗产转由其法定继承人继承的制度。在被继承人死亡后遗产分割前死亡的继承人称为被转继承人，有权承受被转继承人继承遗产的人称为转继承人。转继承人就是实际接受遗产的死亡继承人的继承人。转继承有如下特征。

① 只有在被继承人死亡之后，遗产分割之前，继承人也相继死亡，才发生转继承。

② 只有继承人在前述的时间内死亡而未实际取得遗产，而不是放弃继承权。

③ 只能由继承人的法定继承人直接分割被继承人的遗产。

④ 转继承人一般只能继承其被转继承人应得的遗产份额。

---

① http://www.doc88.com/p-0903207803927.html.

⑤ 转继承人可以是被继承人的直系血亲,也可以是被继承人的其他合法继承人。

4. 代位继承与转继承的区别

(1) 继承人死亡的时间不同。代位继承是被继承人的继承人先于被继承人死亡或与被继承人同时死亡。转继承是被继承人的继承人在继承活动开始之后、遗产处理之前死亡。

(2) 继承的内容不同。代位继承是继承人的子女直接参与对被继承人遗产的分割,与其他有继承权的人共同参与继承活动。转继承的继承只能对其法定继承人应继承的遗产进行分割,不能与被继承人的其他合法继承人共同分割被继承人的遗产。

(3) 继承人的范围不同。代位继承只能发生在与被继承人有直系血亲或拟制血亲的子女范围内,如子女、孙子女、外孙子女,且不受辈分限制,均可成为代位继承人。转继承人不仅限于有直系血亲或拟制血亲的子女、孙子女、外孙子女范围内,由于转继承是继承继承人的遗产,因此,作为第一顺序继承人的子女、配偶、父母都有继承权。

5.1.5 遗嘱继承

1. 遗嘱继承的概念及特征

遗嘱继承是指按照立遗嘱人生前所留下的符合法律规定的合法遗嘱继承被继承人遗产的继承制度。在遗嘱继承中,生前立有遗嘱的被继承人称为遗嘱人,依照遗嘱指定享有遗产继承权的人为遗嘱继承人。相对于法定继承,遗嘱继承有如下特点。

(1) 被继承人生前立有合法有效的遗嘱以及立遗嘱人死亡的事实。引起法定继承发生的法律事实仅有一个,即被继承人死亡。但仅有被继承人的死亡并不能引起遗嘱继承的发生,还须有被继承人所设立的合法有效的遗嘱。只有某一个法律事实,都不能引起遗嘱继承的发生。

(2) 遗嘱继承直接体现着被继承人的遗愿。遗嘱继承是在继承开始后按照遗嘱进行的继承。遗嘱是被继承人生前对其个人财产作出的死后处分,因此,遗嘱继承是直接按照被继承人的意思进行继承。遗嘱继承人按照遗嘱继承遗产,也就直接体现了被继承人的遗愿,这也充分尊重了被继承人对自己财产处分的自由。

(3) 遗嘱继承人和法定继承人的范围相同,但遗嘱继承不受法定继承顺序和应继份额的限制。在我国,遗嘱继承人须为法定继承人,非法定继承人不能成为遗嘱继承人。遗嘱中指定的继承人可以不受法定继承顺序的限制,遗嘱继承人继承的份额也不受法定继承中应继承份额的限制。

(4) 遗嘱继承的效力优于法定继承的效力。在继承开始后,有遗嘱的,先要按照遗嘱继承进行继承,因此遗嘱继承的效力优于法定继承。[①]

2. 遗嘱继承适用的条件

依照我国《继承法》的规定,在被继承人死亡后,只有具备下列条件时,按照遗嘱继承办理。

---

① http://baike.baidu.com/link?url=(遗嘱继承).

(1) 没有遗赠扶养协议。遗嘱继承的效力虽优于法定继承的效力,但是其不能对抗遗赠扶养协议。因此,被继承人与扶养人订立遗赠扶养协议的,对于遗赠扶养协议中约定的遗产,不能按照遗嘱继承处理。

(2) 被继承人立有合法有效的遗嘱。遗嘱只有符合法律规定的有效要件才能发生效力,而有效的遗嘱才能够被执行。无效的遗嘱不具有法律效力,继承人不得依无效遗嘱的指定继承。

(3) 遗嘱中指定的继承人未丧失继承权,也未放弃继承权。遗嘱继承人因具备法律规定的事由而丧失继承权的,不得参加遗嘱继承。遗嘱继承人虽未丧失继承权,但是与继承开始后遗产分割前明确表示放弃继承权的,不适用遗嘱继承。

3. 遗嘱的形式

(1) 公证遗嘱。公证遗嘱是指经过国家公证机关依法认可其真实性与合法性的书面遗嘱。公证遗嘱由遗嘱人向公证机关申请办理,与其他遗嘱方式相比,效力最高。《继承法》第二十条第三款规定,自书、代书、录音、口头遗嘱,不得撤销、变更公证遗嘱。

(2) 自书遗嘱。自书遗嘱是指由遗嘱人亲笔书写制作的遗嘱。这种遗嘱设立形式简便易行,具有较强的保密性,是最常用的遗嘱形式。《继承法》第十七条第二款规定,自书遗嘱由遗嘱人亲笔书写,签名,注明年、月、日。自然人在涉及死后个人财产处分的内容,确为死者的真实意思表示,有本人签名并注明了年、月、日,又无相反证据的,可按自书遗嘱对待。

(3) 代书遗嘱。代书遗嘱是由遗嘱人口述遗嘱内容,他人代为书写而制作的遗嘱,又称为代笔遗嘱或口授遗嘱。《继承法》第七条第三款规定,代书遗嘱应当有两个以上见证人在场见证,由其中一人代书,注明年、月、日,并由代书人、其他见证人和遗嘱人签名。遗嘱人不会书写自己名字的,可按手印代替签名。

(4) 录音遗嘱。录音遗嘱是指以录音方式录制下来的遗嘱人的口述遗嘱。继承法第十七条第四款规定:以录音形式立的遗嘱,应当有两个以上见证人在场见证。见证人也应当将自己的见证证言录制在录音遗嘱的磁带上。录音遗嘱设立后,应将录制遗嘱的磁带封存,并由见证人共同签名,注明年、月、日。

(5) 口头遗嘱。口头遗嘱是指由遗嘱人口头表述的,而不以任何方式记载的遗嘱。我国《继承法》第十七条第五款规定:遗嘱人在危急情况下,可以立口头遗嘱。口头遗嘱应当有两个以上见证人在场见证。口头遗嘱的特别之处是须在不能以其他方式设立遗嘱的危急情形下作出的。所谓危急情形,一般是指遗嘱人生命垂危或者在战争中或者发生意外灾害,随时都有生命危险,来不及或者无条件设立其他形式遗嘱的情形。危急情形解除后,遗嘱人能够设立其他形式遗嘱的,口头遗嘱无效。

为保证遗嘱的真实性,《继承法》第十七条规定,代书遗嘱、录音遗嘱、口头遗嘱都须有两个以上的见证人在场见证。由于遗嘱见证人证明的真伪直接关系到遗嘱的效力和遗产的处置,因此《继承法》第十八条规定,下列人员不能作为遗嘱见证人,无行为能力人、限制行为能力人、继承人、受遗赠人、与继承人、受遗赠人有利害关系的人。

4. 遗嘱的有效要件

遗嘱的有效要件包括形式要件和实质要件。

遗嘱的形式要件是指遗嘱的形式须符合法律的规定。遗嘱的形式若不符合法律的要求，属无效遗嘱。

（1）遗嘱人必须具有遗嘱能力。所谓遗嘱能力，即指具有完全民事行为能力。遗嘱人是否具有遗嘱能力，以遗嘱设立时为准。如在设立遗嘱后，遗嘱人丧失行为能力，不影响其已经设立遗嘱的效力。无行为能力人所立的遗嘱，即使其本人后来有了行为能力，仍属无效。

（2）遗嘱人的意思表示必须真实。意思表示真实是民事行为有效的必要条件。因受威胁、强迫、欺骗所立的遗嘱或伪造遗嘱无效，遗嘱被篡改的，篡改的内容无效。

（3）遗嘱的内容必须符合法律和社会道德。遗嘱若损害了社会公共利益或者其内容违反社会公德，则为无效。如《继承法》第十九条规定，遗嘱应当对缺乏劳动能力又没有生活来源的继承人保留必要的遗产份额。如遗嘱违反上述规定，遗产处理时应当为该继承人留下必要的遗产，所剩余的部分，才可参照遗嘱确定的分配原则处理。

（4）遗嘱须具备法定的形式。

5. 遗嘱的变更、撤销与执行

（1）遗嘱变更、撤销的概念。遗嘱的变更是指遗嘱人在遗嘱设立后对遗嘱的内容作部分的修改。遗嘱的撤销是指遗嘱人于遗嘱设立后取消所设立的遗嘱。

遗嘱的变更和撤销均是遗嘱人所实施的单方的民事行为。遗嘱变更是仅改变遗嘱的部分内容，而遗嘱的撤销是改变遗嘱的全部内容。

因变更、撤销遗嘱是单方民事行为，只要有遗嘱人一方的意思表示就可成立。我国《继承法》第二十条明确规定，遗嘱人可以撤销、变更自己所设立的遗嘱。在遗嘱设立后生效前，遗嘱人可随时无须有任何事由而变更或者撤销遗嘱。

遗嘱变更的，应以变更后的遗嘱内容来确定遗嘱的效力和执行。遗嘱撤销的，以新设立的遗嘱来确定遗嘱的内容和执行，撤销后未设立新遗嘱的，视为被继承人未立遗嘱。

（2）遗嘱变更与撤销的要件。遗嘱的变更或者撤销只有符合以下条件，才能发生效力，否则遗嘱的变更或撤销不发生效力。

① 遗嘱人须有遗嘱能力。遗嘱人于变更或者撤销遗嘱时必须有遗嘱能力。遗嘱人在设立遗嘱后丧失行为能力的，对遗嘱的变更、撤销不发生效力，原遗嘱仍有效。

② 遗嘱的变更、撤销须为遗嘱人的真实意思表示。因受胁迫、欺骗而变更、撤销遗嘱的，不发生变更、撤销的效力。

③ 遗嘱的变更、撤销须依法定方式由遗嘱继承人亲自为之。遗嘱的变更、撤销可以采用明示方式和推定方式。

遗嘱的变更、撤销明示方式是指遗嘱人以明确的意思表示变更、撤销遗嘱。遗嘱人变更、撤销遗嘱的形式，须具备遗嘱的法定形式，并且现行法律规定："自书、代书、录音、口头遗嘱，不得撤销、变更公证遗嘱。"公证遗嘱的变更、撤销须采用公证的方式为之。

遗嘱变更、撤销的推定方式是指遗嘱人未以明确的意思表示变更、撤销遗嘱，而是法律规定从遗嘱人的行为推定其变更、撤销遗嘱的意思。推定遗嘱变更、撤销的，有以下情形。第一，遗嘱人立有数份遗嘱，且内容相抵触的，推定变更、撤销遗嘱。我国《继承法》第二十条第二款规定："立有数份遗嘱，内容相抵触的，以最后的遗嘱为准。"但若所立遗嘱的形式不同,其中有公证遗嘱的,则应以最后的公证遗嘱为准。第二,遗嘱人生前的行为与遗嘱内容相抵触的,推定遗嘱变更、撤销。最高人民法院《关于贯彻执行〈中华人民共和国继承法〉若干问题的意见》第三十九条规定:"遗嘱人生前的行为与遗嘱的意思表示相反,而使遗嘱处分的财产在继承开始前灭失、部分灭失或者所有权转移、部分转移的,遗嘱视为被撤销或部分撤销。"第三,遗嘱人故意销毁遗嘱的,推定遗嘱人撤销原遗嘱。

(3) 遗嘱的执行。遗嘱的执行是指于遗嘱生效后由遗嘱执行人实现遗嘱的内容。遗嘱执行不仅是实现遗嘱人遗愿的必要程序,而且对于保护继承人与利害关系人的利益也有重要意义。遗嘱的执行也是一种民事行为,执行人应具有民事行为能力。无民事行为能力人和限制民事行为能力人不具备成为遗嘱执行人的资格。

遗嘱人在遗嘱中指定了遗嘱执行人的,由被指定的遗嘱执行人执行遗嘱。遗嘱中没有指定遗嘱执行人或者被指定的执行人不能执行遗嘱的,应由有能力的继承人为遗嘱执行人。继承人也不能执行遗嘱的,由遗嘱人生前所在单位或者继承开始地点的居民委员会、村民委员会为遗嘱执行人。遗嘱执行的费用可以从遗产中扣除。遗嘱执行人因过错而给继承人或者受遗赠人造成损害的,应负赔偿责任。遗嘱执行人不能忠实履行职责的,有关人员可以请求法院撤换遗嘱执行人。

5.1.6 遗赠及遗赠扶养协议

1. 遗赠概述

遗赠是指公民以遗嘱方式将其遗产中财产权利的一部分或全部赠给国家、集体组织、社会团体或法定继承人以外的个人,在遗嘱人死后发生法律效力的法律行为。立遗嘱人为遗赠人,接受遗赠的人为受遗赠人。遗赠具有以下法律特征。

(1) 遗赠是单方面的法律行为。遗嘱人通过遗嘱将个人财产遗赠给他人时,并不需要征得其同意。遗赠人在生前亦可单方取消该遗赠。同样,受遗赠人可以接受遗赠,也可不接受遗赠。

(2) 遗赠是无偿的、自愿的,死后才发生法律效力的法律行为。

(3) 受遗赠人是法定继承人以外的其他人,包括国家、集体组织、社会团体和个人。

(4) 遗赠的标的只能是遗产中的财产权利,而不能是财产义务(如债务)。如果遗产中的所有权和债权的标的之价值大于债务的价值,遗赠人可将全部遗产赠给受遗赠人,扣除债务后为受遗赠人应得到的财产利益。

(5) 受遗赠权不能由他人代替行使。当受遗赠人先于遗赠人死亡,其受遗赠权便自然消失。当受遗赠人不愿接受遗赠,他也不能将该遗赠财产转给他人。但是,当继承开始后,受遗赠人表示接受遗赠,并于遗产分割前死亡的,其接受遗赠的权利转移给他的继承人。

(6) 清偿遗赠人的债务优先于执行遗赠。我国《继承法》第三十四条规定:"执行遗赠不得妨碍清偿遗赠人依法应当缴纳的税款和债务。"

(7) 遗赠人行使遗赠权不得违背法律规定。我国《继承法》第十九条规定:"遗嘱应当对缺乏劳动能力又没有生活来源的继承人保留必要的遗产份额。"遗赠作为一项遗产处分形式,必须符合该规定。

2. 遗赠扶养协议概述

遗赠扶养协议是遗赠人与扶养人之间订立的，确定遗赠与扶养民事权利义务关系的协议。这里的"扶养人"是指法定继承人以外的其他公民或集体所有制组织。这种协议规定，扶养人承担遗赠人生养死葬的义务，并于遗赠人死后取得其遗产。

（1）遗赠扶养协议的分类。根据我国《继承法》的规定，遗赠扶养协议可分为两类。一类是公民之间的遗赠扶养协议。《继承法》第三十一条第一款规定："公民可以与扶养人签订遗赠扶养协议。按照协议，扶养人承担该公民生养死葬的义务，享有受遗赠的权利。"一般来说，这里的遗赠人是没有子女或子女不在身边、独立生活困难而需要他人照顾的老人。遗赠扶养协议中的扶养人不是法定继承人，因为法定继承人与被继承人之间具有法定的互相扶养和互相继承的权利义务关系，不需以协议的形式来确定。另一类是公民与集体所有制组织之间的遗赠扶养协议。《继承法》第三十二条第二款规定："公民可以与集体所有制组织签订遗赠扶养协议。按照协议，集体所有制组织承担该公民生养死葬的义务，享有受遗赠的权利。"这里的遗赠人一般是缺乏劳动能力又缺乏生活来源的鳏寡孤独的"五保户"老人，他们享有受其所在集体所有制组织扶养的权利。集体所有制组织承担其生养死葬的义务，享有接受"五保户"遗赠财产的权利。

（2）遗赠扶养协议的效力。遗赠扶养协议作为要式合同主体的遗赠人与扶养人都享有一定的权利，同时又都负有一定的义务。扶养人应当履行对受扶养人的扶养义务，受扶养人负有按照协议将指定的财产遗赠给扶养人的义务。协议中指定遗赠给扶养人的财产，受扶养人生前有权占有、使用和收益，但不得将其擅自处分，以保障扶养人能够取得受遗赠的财产。

① 遗赠扶养协议的法律效力高于法定继承和遗嘱继承。我国《继承法》第五条规定："继承开始后，按照法定继承办理；有遗嘱的，按照遗嘱继承或者遗赠办理；有遗赠扶养协议的，按照协议办理。"在财产继承中如果各种继承方式并存，应首先执行遗赠扶养协议，其次是遗嘱和遗赠，最后才是法定继承。

② 遗赠扶养协议实际上是双方、诺成性、要式的合同。作为合同当事人的遗赠人与扶养人都享有一定的权利，同时又都负有一定的义务。遗赠扶养协议一经签订，双方必须认真遵守协议的各项规定。扶养人必须认真履行抚养义务。如果扶养人不尽扶养义务，或者不认真履行扶养义务，或者以非法手段谋取被扶养人的财产，经被扶养人的亲属或有关单位请求，人民法院可以剥夺扶养人的受遗赠权或酌情对遗赠财产的数额给予限制。

③ 遗赠扶养协议签订后，遗赠人与其子女、扶养人与其父母之间的权利义务关系并不因此而解除。遗赠人的子女对遗赠人的赡养扶助义务，不因遗赠扶养协议而免除。同时，遗赠人的子女对其遗赠以外的财产也仍享有继承权。扶养人在与遗赠人订立遗赠扶养协议的情况下，由于不发生收养的法律效力，因而对自己的父母仍然有赡养扶助的义务，享有互相继承遗产的权利。

5.1.7 继承的主要法律规定

1.《中华人民共和国继承法》

第三条 遗产是公民死亡时遗留的个人合法财产，包括：公民的收入，公民的房屋、储蓄和生活用品,公民的林木、牲畜和家禽,公民的文物、图书资料,法律允许公民所有的生产资料,公民的著作权、专利权中的财产权利,公民的其他合法财产。

第五条 继承开始后,按照法定继承办理;有遗嘱的,按照遗嘱继承或者遗赠办理;有遗赠扶养协议的,按照协议办理。

第七条 继承人有下列行为之一的,丧失继承权:故意杀害被继承人的,为争夺遗产而杀害其他继承人的,遗弃被继承人的,或者虐待被继承人情节严重的,伪造、篡改或者销毁遗嘱,情节严重的。

法定继承人的范围及继承顺序见继承法第十条至第十二条。

第十七条 公证遗嘱由遗嘱人经公证机关办理。

自书遗嘱由遗嘱人亲笔书写,签名,注明年、月、日。

代书遗嘱应当有两个以上见证人在场见证,由其中一人代书,注明年、月、日,并由代书人、其他见证人和遗嘱人签名。

以录音形式立的遗嘱,应当有两个以上见证人在场见证。

遗嘱人在危急情况下,可以立口头遗嘱。口头遗嘱应当有两个以上见证人在场见证。危急情况解除后,遗嘱人能够用书面或者录音形式立遗嘱的,所立的口头遗嘱无效。

第二十八条 遗产分割时,应当保留胎儿的继承份额。胎儿出生时是死体的,保留的份额按照法定继承办理。

第三十条 夫妻一方死亡后另一方再婚的,有权处分所继承的财产,任何人不得干涉。

第三十一条 公民可以与扶养人签订遗赠扶养协议。按照协议,扶养人承担该公民生养死葬的义务,享有受遗赠的权利。

2. 最高人民法院关于贯彻执行《中华人民共和国继承法》若干问题的意见

第二条 相互有继承关系的几个人在同一事件中死亡,如不能确定死亡先后时间的,推定没有继承人的人先死亡。死亡人各自都有继承人的,如几个死亡人辈分不同,推定长辈先死亡;几个死亡人辈分相同,推定同时死亡,彼此不发生继承,由他们各自的继承人分别继承。

第九条 在遗产继承中,继承人之间因是否丧失继承权发生纠纷,诉讼到人民法院的,由人民法院根据继承法第七条的规定,判决确认其是否丧失继承权。

第十条 继承人虐待被继承人情节是否严重,可以从实施虐待行为的时间、手段、后果和社会影响等方面认定。

虐待被继承人情节严重的,不论是否追究刑事责任,均可确认其丧失继承权。

第十一条 继承人故意杀害被继承人的,不论是既遂还是未遂,均应确认其丧失继承权。

第十二条 继承人有继承法第七条第(一)项或第(二)项所列之行为,而被继承人以遗嘱将遗产指定由该继承人继承的,可确认遗嘱无效,并按继承法第七条的规定处理。

法定继承中有关养子女、继子女、孙子女(外孙子女)的继承顺序、代位继承等,参见第十九条至第三十条规定。

第三十五条 继承法实施前订立的,形式上稍有欠缺的遗嘱,如内容合法,又有充分证据证明确为遗嘱人真实意思表示的,可以认定遗嘱有效。

第三十九条 遗嘱人生前的行为与遗嘱的意思表示相反,而使遗嘱处分的财产在继承开始前灭失,部分灭失或所有权转移、部分转移的,遗嘱视为被撤销或部分被撤销。

第四十四条 人民法院在审理继承案件时,如果知道有继承人而无法通知的,分割遗产时,要保留其应继承的遗产,并确定该遗产的保管人或保管单位。

第四十五条 应当为胎儿保留的遗产份额没有保留的应从继承人所继承的遗产中扣回。

为胎儿保留的遗产份额,如胎儿出生后死亡的,由其继承人继承;如胎儿出生时就是死体的,由被继承人的继承人继承。

第六十一条 继承人中有缺乏劳动能力又没有生活来源的人,即使遗产不足清偿债务,也应为其保留适当遗产,然后再按继承法第三十三条和民事诉讼法第一百八十条的规定清偿债务。

第六十二条 遗产已被分割而未清偿债务时,如有法定继承又有遗嘱继承和遗赠的,首先由法定继承人用其所得遗产清偿债务;不足清偿时,剩余的债务由遗嘱继承人和受遗赠人按比例用所得遗产偿还;如果只有遗嘱继承和遗赠的,由遗嘱继承人和受遗赠人按比例用所得遗产偿还。

5.2 案 例 研 究

5.2.1 案例介绍

案例1 法定继承纠纷

70岁的李老太怎么也没想到,自己一大把年纪竟被继女告上了法庭,起因竟是因为亡夫留下的一套价值不菲的房产。

11年前,李老太和丈夫陈先生喜结连理,此前双方都是离异家庭。陈先生有一个女儿,当年已经30岁了,李老太则育有两个儿子,也都已成年。结婚后,夫妻俩居住在曲江路上的一套产权房里。去年4月,陈先生去世。11月,继女高女士一纸诉状,将仍住在屋内的李老太告上法庭,要求与继母共同继承房产,并请法院依法分配财产。①

问题:请分析本案的遗产继承人及如何进行遗产分割。

案例2 遗嘱继承纠纷

郭某曾立下书面遗嘱,将其全部遗产3间房屋和2万元存款给长子郭甲继承。但弥留之际,郭某看到郭甲似乎在窃笑,巴不得自己赶快死,便宣布把自己的全部遗产给次子郭乙继承。当时在场人员有护士小王、郭甲、郭乙及郭某的女儿郭丙。郭丙患有严重的精神病,无业在家。郭某对郭丙很讨厌,故未考虑过给她遗产。

问题:

(1) 两个遗嘱以哪一份为准?为什么?

(2) 以立为准的遗嘱效力如何?为什么?

(3) 如果郭甲为争夺遗产,在郭乙水杯中下毒,但误把白糖当作砒霜,则发生什么民事

---

① http://www.flssw.com/falvzhishi/info/50974437/.

后果？为什么？

案例3　遗赠扶养协议纠纷

2007年年初，陈老伯的妻子因交通事故受伤瘫痪，卧床不起，陈老伯又年事已高，没有子女，眼看需要人照顾妻子，陈老伯联系上了王先生，希望王先生能够照顾陪伴妻子一段时间。同时在2007年5月9日陈老伯与王先生签订了一份协议，其主要内容为：陈老伯及其妻子现年事已高，身残体弱，无人照顾，同意由王先生照顾夫妻两人的生活及死后事宜，并在夫妻两人去世后将夫妻两人的一切财产（主要是陈老伯的房产）赠与王先生。

同年6月18日，陈老伯将60万元银行存款交给王先生，目的是请王先生为其买房用于养老。可天不从人愿，陈老伯的妻子不久便去世了。陈老伯要求王先生将60万元返还，但王先生认为协议中已经写明将一切财产赠予他，那这60万元理所应当也是属于赠与，拒不返还。无奈之下，陈老伯只好到法院起诉，要求王先生返还60万元。①

问题：试分析法院该作出怎样的裁决，并确认其依据是什么。

案例4　遗产执行纠纷

2005年甲再婚，2010年妻子乙丧失劳动能力。儿子丙（与前妻所生）已参加工作独立生活。2010年10月，甲开设商店，由于资金不足，向他人借款10万元。2011年8月，甲因病住院。同年11月，甲去世。甲生前与乙订有协议，明确甲因经营所负债务为甲个人债务，由甲负责偿还。甲生前立有遗嘱，将遗产两万元留给负责照看妻子的侄女丁。丙在办完父亲的丧事后，将甲的遗产折价出售获5万元，分给丁遗产2万元，其余部分与乙各继承1.5万元。后债权人向法院起诉，要求乙和丙偿还欠款。

问题：请分析甲的遗产最后应如何执行。

案例5　老年人再婚财产继承案例

某知名大学的老教授、终生博士生导师，老伴去世已五年，膝下有两男一女，均已过了不惑之年，且各有自己的事业，一个在国外、两个在国内。尽管都很孝顺，也为老教授请了保姆，但老教授还是觉得工作之余有些孤独，希望再找个老伴，安度晚年。三个子女对老教授的想法均表示支持，但建议其慎重择偶。现老教授对其财产在婚后的归属有疑问，到社区进行咨询。

问题：

（1）老教授现有一套学校分配的三居室的房子，在老伴去世前房改时购买了产权，如果他再婚，房子的权属有无变化？要不要进行婚前财产公证？

（2）如果他先于后老伴去世，后老伴有无继承他房子的权利？②

请作为社会工作者就以上问题提供法律帮助。

5.2.2　案例分析

在案例1中，陈先生生前并未立遗嘱或者签订遗赠扶养协议。因此，其死亡后所留遗产应当按照法定继承处理。根据我国《继承法》第十条规定，配偶及子女都属法定继承人范

---

① http://www.flssw.com/falvzhishi/info/50974437/.
② http://china.findlaw.cn/info/hy/jiehun/zaihunfuhun/1190214.html.

围,且都位于第一顺序,故本案的遗产继承人为李老太以及高女士。

关于本案遗产分割问题,根据《继承法》第二十六条规定:"夫妻在婚姻关系存续期间所得的共同所有的财产,除有约定以外,如果分割遗产,应当先将共同所有的财产的一半分出为配偶所有,其余的为被继承人的遗产。遗产在家庭共有财产之中的,遗产分割时,应当先分出他人的财产。"本案中,若该房产属于李老太及陈先生的共有财产,那么在遗产分割前,应先确定该房产的一半权利归李老太所有,其余另一半权利再由李老太和高女士进行分割。针对李老太和高女士共同享有继承权的这部分遗产,根据《继承法》第十五条:"继承人应当本着互谅互让、和睦团结的精神,协商处理继承问题。遗产分割的时间、办法和份额,由继承人协商确定。协商不成的,可以由人民调解委员会调解或者向人民法院提起诉讼。"而采取协商、调解以及诉讼的方式进行分割。

在案例2中,(1)本案有两份遗嘱,一份口头,一份书面,但是只有书面遗嘱是有效的。根据《继承法》规定,口头遗嘱,须符合法定条件之一,即为有两个以上见证人在场见证。根据我国《继承法》第十八条的规定,下列人员不能成为遗嘱见证人:①无行为能力人、限制行为能力人;②继承人、受遗赠人;③与继承人、受遗赠人有利害关系的人。所以郭甲、郭乙及郭某的女儿郭丙都不能成为遗嘱见证人,只有护士小王可以成为遗嘱见证人。这不符合有两个以上见证人在场见证这一法律规定,所以这份口头遗嘱是无效的。只能以书面遗嘱为准。(2)该遗嘱部分有效。根据我国《继承法》第十九条的规定,遗嘱应当对缺乏劳动能力而又没有生活来源的继承人保留必要的份额。这一规定属于强行性规定,遗嘱取消缺乏劳动能力而又没有生活来源的继承人的继承权的,不能有效。遗产处理时,应当为该继承人留下必要的遗产,所剩余的部分,才能参照遗嘱确定的分配原则处理。(3)郭甲为争夺遗产,在郭乙水杯中下毒,但误把白糖当作砒霜。虽然没有致郭乙死亡,但他为了争夺遗产,有杀害郭乙的主观故意,而且付诸行动,郭甲会被剥夺继承权。

根据我国《继承法》第七条的规定,继承人为争夺遗产而杀害其他继承人的,丧失继承权。郭甲丧失继承权后,郭某的遗产不能按照遗嘱继承,此时应当依照法定继承办理,由郭乙、郭丙继承郭某的遗产。

在案例3中,法院应当支持王老伯的诉讼请求。案件中陈老伯与王先生所签订的协议是一份遗赠扶养协议。王先生认为在协议签订后该协议就已发生效力,自己对这60万元银行存款已经享有处分权利的这一观点是错误的,只有在陈老伯去世以后,该遗赠扶养协议中所述财产才归王先生所有。其次,由于是王先生主张该笔银行存款是属于赠与,按照"谁主张谁举证"的原则,王先生有义务提供相关证据证明自己的主张,可现在王先生无法提交相应的证据证明,故无法认定该赠与存在。陈老伯将60万元银行存款交给王先生的本意是想让其为自己购买用于养老的房屋。两人虽然没有签订任何书面合同,但其实际上是形成了委托合同关系。依照相关法律规定,陈老伯作为委托人可以随时解除委托合同的,若给受托人造成损失应当负责赔偿。而作为受托人的王先生应当将该银行存款还给所有人陈老伯。因此,综上所述,法院支持陈老伯的请求是合法合理的。

在案例4中,甲的遗产实际价值为5万元,乙和丙作为甲的法定继承人,享有对部分遗产的权利。丁作为合法的受遗赠人,得享有部分遗产权利。且由于遗赠的效力要高于法定继承,因此应当先将遗产分给丁,剩下的遗产按照法定继承处理。

但是在本案中,甲的遗产不仅包括了5万元的财产权利,还有对债权人10万元的债务。我国《继承法》第三十三条规定:"继承遗产应当清偿被继承人依法应当缴纳的税款和债务,缴纳税款和清偿债务以他的遗产实际价值为限。超过遗产实际价值部分,继承人自愿偿还的不在此限。继承人放弃继承的,对被继承人依法应当缴纳的税款和债务可以不负偿还责任。"乙、丙作为继承人承担甲的债务时,承担清偿责任的数额以所获数额为限,对超出的部分,乙、丙无以个人财产偿还的义务。同时,《继承法》第三十四条规定:"执行遗赠不得妨碍清偿遗赠人依法应当缴纳的税款和债务。"因为甲的遗产数额小于债务数额,因此,对丁的遗赠就不能执行。丁应将取得的2万元遗产返还给遗嘱执行人乙、丙,用于偿还甲的债务。乙作为甲的继承人,缺乏劳动能力又无生活来源,根据《继承法意见》:"继承人中有缺乏劳动能力又没有生活来源的人,即使遗产不足清偿债务,也应为其保留适当遗产,然后再按继承法第三十三条和民事诉讼法第一百八十条的规定清偿债务。"尽管甲的遗产不足以清偿债权人的债务,但仍应为乙保留适当的遗产,剩余的遗产再用于清偿债务。

在案例5中涉及如下问题。

(1)关于房子权属问题。该房子是在老教授老伴去世前购买的房改房,应属于夫妻共同财产。

依据我国《婚姻法》第十七条规定:"夫妻在婚姻关系存续期间所得的以下财产,归夫妻共同所有:(一)工资、奖金;(二)生产、经营的收益;(三)知识产权的收益;(四)继承或赠与所得的财产,但本法第十八条第三项规定的除外;(五)其他应归共同所有的财产。夫妻对共同所有的财产,有平等的处理权。"《婚姻法》第十八条规定:"有下列情形之一的,为夫妻一方的财产:(一)一方的婚前财产;(二)一方因身体受到伤害获得的医疗赔费、残疾人生活补助等费用;(三)遗嘱或赠与合同中确定只归夫或妻一方的财产;(四)一方专用的生活用品;(五)其他应当归一方的财产。"老教授的房子是夫妻婚姻存续期间,单位分的房子并在老伴去世前房改时购买了产权,应属于夫妻共同财产,每人各占一半份额。

在老伴去世后该房子依法应当属于老教授和三个子女的共同财产,老教授占该房产5/8的份额,三个子女各占1/8份额。

老教授老伴去世后,其一半的遗产依法进行继承,依据《继承法》第十条:"遗产按照下列顺序继承:第一顺序:配偶、子女、父母。第二顺序:兄弟姐妹、祖父母、外祖父母。"

老教授的老伴去世前其父母早已去世,如她没有留下遗嘱,其老伴的第一顺序继承人是老教授和三个子女。在四个继承人未放弃继承权又未被剥夺继承权的前提下,老教授老伴生前拥有的一半房产,四个继承人每人应继承1/4的份额。对于整套房子来说,属于老教授和三个子女的共同财产,老教授占该房产5/8的份额(即房子的一半加上1/4),三个子女各占1/8份额。

再婚房子的权属不变。老教授再婚,该房子的5/8属于老教授婚前个人财产,依据《婚姻法》第十八条的规定,婚前的财产属于个人所有,再婚后的配偶没有产权份额。

婚前财产要不要公证,由自己决定。一般情况下婚前的房屋能够确定购买时间,如有购买合同,付款票据,有房产证,这些证据均能显示出购买房子的时间。再婚时有结婚证,结婚证上标注着结婚时间。因此可以不进行公证。

（2）再婚后继承问题。

依据《继承法》的规定，继承从被继承人死亡时开始，被继承人的遗产是指死亡时遗留的个人合法财产，包括：（一）公民的收入；（二）公民的房屋、储蓄和生活用品；（三）公民的林木、牲畜和家禽；（四）公民的文物、图书资料；（五）法律允许公民所有的生产资料；（六）公民的著作权、专利权中的财产权利；（七）公民的其他合法财产。

依据《继承法》第十条规定，老教授如果先于后老伴去世，其个人财产，后老伴作为第一顺序继承人与其三个子女享有平等的继承权，老教授拥有住房的 5/8 份额，这 5/8 的房产应当由四个人平均分配。

5.2.3 相关文书拟定

1. 自书遗嘱

林××遗嘱

立遗嘱人：林××，男，××岁，××省××县人，住××县××街×号。我今年××岁，且患有高血压症，身体随时可能发生意外，故特立此遗嘱，表明我对自己所有的财产在我去世之后的处理意愿。我和我的后妻陈×现共有以下财产：

一、原籍××省××县××乡××村有瓦房四间，共 83 平方米；家具共有 15 件，其中双人床两张，单人床一张，大立柜两个，方桌两张，木凳八个。

二、有××县银行定期存款一张，存有人民币 6000 元。

为了在我死后，在财产分割上不发生纠纷，现对我的后妻陈×各自的财产加以明确，并对我自有的财产提出如下处理意见。

第一，后妻陈×现年××岁，无亲生儿女，丧失劳动力。我们结婚 20 年，她对我关怀备至。对我和她共有的财产应先行明确她所有的部分。计房屋靠东的两间 43 平方米，房内家具包括双人床一张、大立柜一个、木凳四个、方桌一张，归陈×所有，存款中的 3000 元为陈×的财产。

第二，我自己的财产在我死后按如下方式予以分割和继承。

（1）靠西两间房共 40 平方米，房内家具计有双人床一张、大立柜一个，方桌一张、木凳四个，由长子林××继承。

（2）存款 3000 元，分给：陈×1000 元；长子因承担了赡养后母的责任，分给 1500 元；长女林××已在外成家，丈夫有固定的收入，经济不太困难，分给 500 元。

本遗嘱一式四份，经公证机关公证后，分别由后妻陈×、子林××、女林××各执一份。

立遗嘱人：林××（签名盖章）
××××年××月××日

2. 代书遗嘱

立遗嘱人：姓名××、民族××、性别×、年龄××、住址××市××区××路××街×号、身份证××××××。

由于本人经常出差且患有高血压，为防止意外死亡和遗产继承纠纷，特请张甲和李丙作为见证人，并委托××市××律师事务所××律师代书遗嘱如下。

本人现有主要财产如下：

1. 坐落于××市××区××路××街×号××室房屋一套，面积180平方米，房产证号××××××；坐落于××市××区××小区××号××室房屋一套，面积90平方米，房产证号××××××；
2. ××银行定期存款××万元，账号：×××××；
3. 宝马X5轿车一辆，车牌号：×A-××××；
4. 股票若干，××证券公司，账号：×××××。

对于上述财产，本人处理意见如下：

1. ××市××区××路××街×号××室180平方米房屋由妻子蔡×继承；
2. ××银行30万元存款及利息由女儿××继承；
3. 宝马X5轿车由儿子×××继承；
4. ××市××区××小区××号××室90平方米房屋、××证券的股票由母亲谢红继承；
5. 其他财产由妻子王媛媛继承。

希望大家尊重本人的遗愿，和平处理遗产继承事宜。

3. 遗嘱公证书

（　）××字第××号

兹证明×××（应写明姓名、性别、出生年月日和现住址）于×年×月×日在×××（地点或者公证处），在我和×××（可以是其他公证员，也可以是见证人）的面前，立下了前面的遗嘱，并在遗嘱上签名（或者盖章）。

经查，遗嘱人的行为和遗嘱的内容符合《中华人民共和国继承法》第十六条的规定，是合法有效的。

中华人民共和国××市（县）公证处

公证员：×××（签名）

×年×月×日

4. 遗赠扶养协议

遗赠人：姓名×××、民族××、性别×、年龄××、住址××市××区××路××街×号、身份证××××××。

扶养人：姓名×××、民族××、性别×、年龄××、住址××市××区××路××街×号、身份证××××××。

因年老、患病，身体衰弱。家中无人照料，长期以来依靠照顾。经双方邀约，愿意签订遗赠扶养协议，并请×××作证，双方承诺履行以下协议。

第一，遗赠人愿将自己的楼房一套，建筑面积为×××平方米，房产证（　）以及房屋中的一切家具、杂物，全部赠给×××。在遗赠人去世后即受领上述全部财产。

第二，扶养人保证继续悉心照顾，让老人安度晚年。至遗赠人去世之前供给其衣、食、住、行、医疗等全部费用，并保证其生活水平保持在全市平均水平以上。遗赠人的饮食起居等一切照顾由抚养人承担。遗赠人去世后由扶养人负责送终安葬。

第三，见证人积极协助扶养人办理房产证过户手续，将该房产过户到扶养人名下。

第四,如果扶养人有虐待等行为,遗赠人可以解除此遗赠扶养协议。

第五,如果遗赠人把约定遗赠财产处置给他人,构成对此遗赠扶养协议的违反,扶养人可以解除本协议。

第六,本协议自签订之日起生效。

本协议一式四份,遗赠人、扶养人、见证人、社区(村委会)各执一份。

遗赠人:(签字盖章)
扶养人:(签字盖章)
证明人:(签字盖章)
社区(村委会):(签字盖章)
×年×月×日

5. 遗赠扶养协议公证书

( )字第 号

兹证明遗赠人_____(男或女,_____年_____月_____日出生,现住_____省_____市_____街_____号)与扶养人_____(单位全称)的法定代表人(男或女,_____年_____月_____日出生,现住_____省_____市_____街_____号)于_____年_____月_____日自愿签订了前面的《遗赠扶养协议》,并在我的面前,在前面的协议上签名(盖章)

_____与_____(单位名称)的代表人_____签订上述协议的行为符合《中华人民共和国民法通则》第五十五条和《中华人民共和国继承法》的规定。

中华人民共和国____省____(县)公证处

公证员:_____(签章或签名)

_____年_____月_____日

5.3 拓展阅读

继承权是基于近亲属的身份关系而发生的享有继承被继承人财产的权利。其发生根据有两种:一是法律的直接规定,即法定继承。二是合法有效的遗嘱的指定,即遗嘱继承。遗产继承的纠纷,遗产的分割,在尊重法律的前提下,还应包括体现继承法对人的关怀、对未成年人的保护、对特殊困难的人群的关照等。在继承纠纷诉讼中,应依法维护继承人的合法权益。本章精选了维护权利人利益的较为典型的法律文书。

5.3.1 遗嘱继承纠纷——原告代理词展示

审判长:×××律师事务所接受许某某的委托,指派本所李×律师、杜××律师担任其与被告许某成、许某林继承纠纷一案的诉讼代理人。我们接受委托后,向委托人了解了案情,认真查阅了案卷,并参加了今天的法庭调查,现依据事实和法律发表如下代理意见。

一、本案诉争的房屋原系被继承人刘某某的夫妻共同财产。本案诉争的房屋是被继承人刘××与其丈夫许×祥在婚姻存续期间共同购置的住房,户主为被继承人的丈夫。根据《中华人民共和国婚姻法》第十七条规定,我们认为诉争房屋应当系被继承人的夫妻共同财产。

二、被继承人刘某某对诉争房屋所立公证遗嘱真实、有效。被继承人生前于2005年5月10日立下遗嘱指定将自己所享有的该诉争房产的份额全部由原告继承,并在武汉市汉阳区公证处进行了公证。我们认为,该公证遗嘱系被继承人的真实意思表示,且没有侵犯其他继承人的合法继承权,根据《中华人民共和国继承法》第十六条之规定,公民可以依照本法规定立遗嘱处分个人财产,并可以指定遗嘱执行人。公民可以立遗嘱将个人财产指定由法定继承人的一人或者数人继承。因此该公证遗嘱真实、有效,法院应予认定。

三、原告应继承本案诉争房屋产权的份额。被继承人的丈夫许某祥于1998年2月先于被继承人去世,生前没有立下任何遗嘱且对该诉争房屋没有进行分割。根据《中华人民共和国继承法》第二十六条规定:夫妻在婚姻关系存续期间所得的共同所有的财产,除有约定的以外,如果分割遗产,应当先将共同所有的财产的一半分出为配偶所有,其余的为被继承人的遗产。据此,该诉争房屋作为夫妻共同财产,被继承人首先应享有其一半产权,剩余50%的产权应为被继承人丈夫许某祥的遗产,由其法定继承人即被继承人、原告和二被告作为第一顺序继承人共同继承。而在被继承人于2005年去世后,根据被继承人生前所立公证遗嘱,原告享有该诉争房屋75%的继承权。

四、原告应取得该诉争房屋的所有权。我们认为,由原告享有该诉争房屋的所有权比较合理合法。理由如下:①原告对生母及生父尽了主要赡养义务。根据原告提供的证据表明,生母及生父在世时,原告负责其生活起居,特别在其生病时承担了全部的医疗费用,尽了主要的扶养义务;而二被告,在有扶养能力的情况下,未履行扶养义务,对生母生父很少看望和关心。根据《中华人民共和国继承法》第十三条规定,对被继承人尽了主要扶养义务或者与被继承人共同生活的继承人,分配遗产时,可以多分。有扶养能力和有扶养条件的继承人,不尽扶养义务的,分配遗产时,应当不分或者少分。因此,为弘扬尊老爱幼的传统美德,根据权利和义务相一致的法律原则,二被告在本案中对其享有的25%产权不应当继承或少继承。②由于该诉争房屋系不动产,为了体现此房屋的整体价值,对此房屋不宜进行分割。根据《中华人民共和国继承法》第二十九条规定遗产分割应当有利于生产和生活需要,不损害遗产的效用。不宜分割的遗产,可以采取折价、适当补偿或者共有等方法处理以及《关于贯彻执行〈中华人民共和国继承法〉若干问题》第五十八条规定人民法院在分割遗产中的房屋、生产资料和特定职业所需要的财产时,应依据有利于发挥其使用效益和继承人的实际需要,兼顾各继承人的利益进行处理。因此,该诉房屋进行析产评估后,由原告支付该诉争房屋价格的25%于两被告,符合我国继承法的立法目的。

5.3.2 法定继承纠纷——被告代理词展示

尊敬的审判长、审判员:

×××律师事务所依法接受被告孙×华的委托,指派我们担任其与孙×贵、孙×荣、孙×遗产继承纠纷一案的一审代理人,通过庭前调查取证及认真研究案情,结合今天的法庭调查,现发表代理意见如下:

程序方面,原告孙×亮还有姊妹三人,除非另外三姊妹明确表示放弃实体权利,否则在程序上应该通知另外三姊妹参加诉讼。另外法院将孙×亮华、孙×亮花、孙×亮秀、孙×亮芳追加为第三人也是错误的。因为根据最高人民法院关于贯彻执行继承法若干问题的意见第六十条的规定,继承诉讼开始后,如继承人、受遗赠人中有既不愿参加诉讼,又不表示放弃实体权利的,应追加为共同原告;已明确表示放弃继承的,不再列为当事人。最高人民法院关于适用《中华人民共和国民事诉讼法》若干问题的意见第五十四条的规定,在继承遗产的诉讼中,部分继承人起诉的,人民法院应通知其他继承人作为共同原告参加诉讼;被通知的继承人不愿意参加诉讼又未明确表示放弃实体权利的,人民法院仍应把其列为共同原告。所以本案中应将孙×亮的另外三姊妹及孙×亮华等四人都追加为共同原告。

实体方面,本案讼争房屋的所有权应属于案外人陈×亮所有。经过庭审可以清晰地看到本案只有一份合法有效的遗嘱即2003年5月21日孙×亮培、黄×亮英夫妇所立的公证遗嘱,并且在2003年2月11日,盐城市公证处以(2003)盐市证民内字第256号公证书,对讼争房屋的一半产权由被告夫妇的儿子陈×继承进行了公证。

对于在庭审中双方争议较大的协议书和申明书,代理人认为:首先这协议书和申明书不属于遗嘱;另外协议书和申明书中明确的是孙×培一旦出售房屋,将发生支付被告购房款,余款兄妹均分这一结果。这一"孙×培一旦出售房屋"的前提条件是确定的,只有这一条件成就了才会发生前述的结果。在庭审中原告辩称出售可以是任何时候的理由是不能成立的,根据物权法的相关规定,有也只有产权人才有权出售房屋。同时根据最高人民法院关于贯彻执行继承法若干问题的意见第三十九条的规定,只有使遗嘱处分的财产在继承开始前灭失、部分灭失或者所有权转移、部分转移的,才能导致遗嘱视为被撤销或部分被撤销。实际情况是孙×培在生前并未出售讼争房屋,也就意味着2003年5月21日孙×培、黄×英夫妇所立的公证遗嘱没有被撤销或部分被撤销。据上代理人认为:本案讼争的房屋所有权应属于案外人陈×所有。

以上代理意见恳请合议庭采纳,恳请法庭依法驳回原告的诉讼请求,依法作出公正裁决。

5.3.3 遗嘱继承纠纷——答辩状展示

房产继承案件答辩状

答辩人:陈××,男,汉族,19××年××月××日出生,住×××。身份证号码×××。

答辩人因陈××诉我继承纠纷一案,提出答辩如下:

第一,答辩人是按照父亲的遗嘱合法继承争议房屋。

答辩人之父在临终弥留之际立下口头遗嘱将争议房屋全部交由答辩人继承,其他子女不得继承。所以,争议房屋的继承权早已确认为答辩人所有。

第二,答辩人一直同被继承人共同生活,尽到了主要赡养义务,且答辩人生活贫困,所以即使是通过法定继承,在分配遗产时对于答辩人也应当多分。

第三,原告在诉状中提到父母曾向其借款的事实没有任何证据可以证实,原告提供的法院民事调解书只是体现原告同其前夫关于财产的处分,不能在双方协议中强加义务给第三人,所以调解书中关于欠款的描述没有法律效力。且照原告的说法,如果这笔欠款真的存在也是25年前的事情,距离法院调解书的下达也有17余年的时间,早已超过了最长诉讼时效。所以，请求法院不予认定这笔莫须有的欠款。

综上所述，答辩人恳请人民法院综合考虑本案事实，结合法律规定，依法作出公平、公正的裁决，以保障答辩人的合法权益。

此致
×××人民法院

答辩人：
××××年××月××日

课后练习

1. 法定继承人的范围、顺序及代位继承与转继承的区别。
2. 遗嘱的构成要素及形式。
3. 案例分析

（1）原告山口先生、山口小姐为被继承人李女士的配偶、子女，被告李先生、赵女士系李女士的父母。被继承人于2006年在日本家中自杀身亡，未留遗嘱。被继承人留有A、B两套产权房及上海DMN有限公司的股权份额和股东资格。原告认为，被告系李小姐父母，实际占有产权房A及DMN有限公司的股权份额和股东资格，且未经原告允许将产权房B擅自退回，将李先生、赵女士夫妇诉至上海市普陀区人民法院。

原告方认为：山口先生、山口小姐系被继承人李女士的配偶、子女，享有法定继承权。两被告的行为侵犯了两原告的合法权益。故请求继承产权房A、B的遗产份额、上海DMN有限公司的股权份额和股东资格，且由于原告山口小姐尚未成年，其继承的遗产份额由原告山口先生保管。①

问题：请以一名社区调解员的身份，分析上述案例争议的焦点，提出解决的法律依据。

（2）2007年10月27日，家住荷花街道办事处嗣同村村民曾祥申亡故。在曾祥申葬后两天，其弟曾祥鸽意外发现曾祥申留有一遗书。该遗书写明"秀：我走了，因自己的病又犯了，以前对不起弟妹几个，希望你们能原谅。你母子要保重，带小武去看病。存折上有些钱，也分点给亲人，给老弟伍万元，给侄子叁万元，给侄女贰万元，给老辉伍万元，给老发、老平每人贰万元，其余给你母子俩。祥申，2007年9月17日"。随后，曾祥鸽将遗书交到所在村民委员会，请求解决。村调解委员会组织调解时，因曾祥申遗孀曾秀珍认为遗书系伪造，故调解未成。曾祥申弟妹及侄子女遂向浏阳法院提起诉讼。②

问题：请根据我国法律的规定，分析本案该如何解决。

（3）某法院调处一起双方当事人就遗嘱继承和法定继承争执不下而引发的民事纠纷案件。原告王甲到法院起诉继母刘某，要求按其父王某生前所立的遗嘱来分配王某所遗留的财产。被告刘某以原告未对其父尽赡养义务，不能享有继承的权利，且王某在立遗嘱时

---

① http://www.66law.cn/laws/34050.aspx.
② www.fawu365.com/Html/j.

已处于病危状态，遗嘱应属无效为由提出答辩，要求法院按法定继承分割遗产。

法院查明，原告王甲系被继承人王某的儿子。被告刘某是原告的继母。王某于 2003 年 11 月 23 日立公证遗嘱一份，内容为：王某与刘某结婚前所建的正房五间及院落归王甲所有；王某与刘某的夫妻共同存款，属于王某的那一半归王甲所有。王某因病于 2003 年 12 月份去世，被继承人王某与被告刘某在银行有存款 25 900 元。王某住院期间的医疗费及为王某办理丧葬的费用均由原告王甲支付。

问题：本案存在何种形式的继承？法院应作出怎样的处理？

任务 6　刑事自诉法律问题及处理

学习目标

1. 掌握犯罪的概念和构成。
2. 掌握主刑和附加刑的类型及适用。
3. 掌握提起刑事自诉的条件。
4. 正确辨析提起刑事自诉案件的行为及范围。

6.1　法律原理

6.1.1　犯罪

1. 犯罪概念

犯罪是指违反法律规定具有一定的社会危害性和刑事违法性,应受刑法处罚的行为。我国《刑法》第十三条规定:"一切危害国家主权、领土完整和安全,分裂国家、颠覆人民民主专政的政权和推翻社会主义制度,破坏社会秩序和经济秩序,侵犯国有财产或者劳动群众集体所有的财产,侵犯公民私人所有的财产,侵犯公民的人身权利、民主权利和其他权利,以及其他危害社会的行为,依照法律应当受刑罚处罚的,都是犯罪,但是情节显著轻微危害不大的,不认为是犯罪。"根据对犯罪的定义,可以看出犯罪这种行为有以下三个基本特征。

(1) 犯罪是具有一定社会危害性的行为。行为具有社会危害性,是犯罪的基本特征。犯罪的社会危害性是指犯罪行为对刑法所保护的社会关系造成或可能造成的损害。犯罪的本质特征在于它对国家和人民利益所造成的危害。没有社会危害性,就没有犯罪。社会危害性没有达到相当的程度,也不构成犯罪。

(2) 犯罪是具有刑事违法性、触犯刑律的行为。刑事违法性是犯罪的法律特征。在罪刑法定原则下,没有刑事违法性,也就没有犯罪。现实生活中有各种各样的违法行为,有的是违反民事法律、法规的民事违法行为,有的是违反行政法律、法规的行政违法行为,而犯罪是违反刑法的行为,即某一个人的行为符合刑法分则所规定的犯罪构成要件。比如,一般的干涉婚姻自由,属于违反婚姻法的行为。而暴力干涉婚姻自由,则是刑法所禁止的犯罪行为。只有当行为不仅具有社会危害性,而且具有刑事违法性时,才可能被认定为犯罪。

(3) 犯罪是具有应受惩罚性、受刑罚处罚的行为。任何违法行为,都要承担相应的法律后果。民事违法行为要承担民事责任,行政违法行为要受行政处罚,对于违反刑法的犯罪行为来说,则要承担刑罚处罚的法律后果。犯罪是适用刑罚的前提,刑罚是犯罪的法律后果。

2. 犯罪构成

犯罪构成就是依照我国刑法的规定,决定某一具体行为的社会危害性及其程度,而为该行为构成犯罪所必需的一切客观和主观要件的有机统一。犯罪构成与犯罪概念是两个既有密切联系又有区别的概念。犯罪概念是犯罪构成的基础,犯罪构成是犯罪概念的具体化。根据我国刑法理论,任何一种犯罪的成立都必须具备四个方面的构成要件,即犯罪客体、犯罪客观方面、犯罪主体、犯罪主观方面。

(1) 犯罪客体。是指刑法所保护而被犯罪行为所侵害的社会关系,包括财产关系以及人的生命、健康权利等。犯罪客体和犯罪对象是不同的,犯罪对象是犯罪行为所直接针对的对象,如杀人罪、伤害罪,犯罪对象是具体的被害人,而犯罪客体是指刑法所保护的公民人身权利不受非法侵害的社会关系。

(2) 犯罪客观方面。是指犯罪行为的具体表现。犯罪的客观方面具体表现为危害行为、危害结果,以及行为的时间、地点、方法、对象。其中危害行为是一切犯罪在客观方面都必须具备的要件,其表现形式包括作为和不作为。比如犯诈骗罪,犯罪人具有虚构事实、欺骗他人的行为,逃税罪具有拒不缴纳税款的行为等。

(3) 犯罪主体。是指实施犯罪行为的人。每一种犯罪,都必须有犯罪主体,有的犯罪是一个人实施的,犯罪主体就是一人,有的犯罪是数人实施的,犯罪主体就是数人。同时要考虑特殊身份群体作为犯罪主体的刑事处罚,对未成年人、老年人、孕妇不适用死刑以及应从宽处理等。根据刑法规定,公司、企业、事业单位、机关、团体实施犯罪的,构成单位犯罪,因此,单位也可以成为犯罪主体。

(4) 犯罪主观方面。是指犯罪主体对其实施的犯罪行为及其危害社会的结果所具有的心理状态。犯罪主观方面的心理状态有两种,即故意和过失。犯罪故意分为直接故意和间接故意,犯罪过失分为过于自信的过失和疏忽大意的过失。有的犯罪是故意性质的,比如犯盗窃罪,犯罪人希望将他人财物窃为己有。犯故意伤害罪,犯罪人希望造成他人身体受到损伤的结果。有的犯罪是过失性质的,如失火罪,犯罪人就具有疏忽大意的心理状态。在单位构成犯罪的情况下,该单位对犯罪行为负有责任的人员也同样具有主观心理状态。

6.1.2 刑罚

1. 刑罚概述

刑罚是刑法规定的由国家审判机关依法对犯罪人适用的限制或剥夺其某种权益的最严厉的强制性制裁方法。我国《刑法》规定了刑罚种类,将刑罚分为主刑和附加刑。主刑有管制、拘役、有期徒刑、无期徒刑、死刑五种。附加刑有罚金、剥夺政治权利、没收财产和对犯罪的外国人驱逐出境四种。限制或剥夺犯罪人的某种权益,使其遭受一定的损失和痛苦,是刑罚的本质特征。

刑罚具有以下特征:

(1) 刑罚的内容为对受刑者一定权益的限制和剥夺。刑罚的本质属性是使犯罪人承受一定的痛苦。我国一贯遵行惩罚与教育相结合的方针,不采取残酷、野蛮的刑罚方法来摧残、折磨犯罪人。刑罚作为国家对犯罪行为的否定评价与对犯罪人的谴责的一种最严厉的形式，它当然地要给犯罪人带来身体的、精神的或财产的剥夺性痛苦。这种痛苦相对于其他法律制裁措施而言，无疑是最强烈的。它不仅可以剥夺犯罪人的政治权利、财产权利，而且还可以限制或剥夺犯罪人的人身自由，甚至可以剥夺犯罪人的生命。而对犯罪人一定权益的限制和剥夺也正是刑罚的内容。

（2）刑罚的对象只能是犯罪人。刑罚是对犯罪人的犯罪行为所作出的否定评价，是对犯罪人的道义谴责，它是因犯罪所产生的当然的法律后果。与之相对应，刑罚处罚的对象只能是实施了犯罪行为的犯罪人，包括自然人或者单位。因此，犯罪人既是犯罪行为的实施者，也是刑罚的物质承担者。刑罚既不能适用于动植物和其他非人的对象，也不能适用于与犯罪无关的无辜者。

（3）刑罚适用的主体只能是国家审判机关。国家审判机关是适用刑罚的专门机关，在我国，刑罚适用的主体只能是人民法院。

（4）刑罚的种类及适用标准必须以刑法的明文规定为依据。罪刑法定原则包括罪的法定和刑的法定。就是说，不仅犯罪需要由成文刑法事先作出明文规定，而且刑罚也必须由刑法明文载于法条。这就意味着，刑法总则要对刑罚的种类作出明确规定，刑法分则也要对各种具体犯罪所适用的刑罚作出明文规定。对于刑法没有明文规定的制裁方法，就不是刑罚的表现形式，就不能适用于犯罪人。

（5）刑罚适用必须依照刑事诉讼程序。只有审判机关有权对犯罪人适用刑罚，但适用刑罚必须符合法律的规定，人民法院适用刑罚时必须以刑法的规定为依据，并遵循刑事诉讼法规定的讼诉程序进行。不经过应有的诉讼程序，是不能适用刑罚的。

（6）刑罚的执行机关是特定的。刑罚的执行机关并不只限于人民法院，也包括公安机关、监狱等。

综上所述，刑罚是国家最高权力机关在刑法中赋予刑罚名称的，用以惩罚犯罪人的，由人民法院依法判处并由特定机关执行的最严厉的强制方法。[1]

2. 主刑

主刑是对犯罪分子适用的主要刑罚方法。主刑只能独立适用，不能附加适用，对一个罪只能适用一种主刑，不能适用两种以上的主刑。具体包括管制、拘役、有期徒刑、无期徒刑和死刑五种。

（1）管制。管制是对犯罪人依法实行社区矫正的一种刑罚方法，是我国刑罚的五种主刑中唯一不剥夺犯罪分子自由的开放性刑种。管制对犯罪分子不予关押，不是将犯罪分子羁押在特定的场所或设施内，从而剥夺其人身自由，而是对犯罪分子依法实行社区矫正。人民法院根据情况，认为从促进犯罪分子教育矫正、有效维护社会秩序的需要出发，可以宣告禁止令，禁止其在管制执行期间内从事特定活动，进入特定区域、场所，接触特定的人。禁止令由司法行政机关指导管理的社会矫正机构负责执行。人民检察院可以对社区矫正机构执行禁止令的活动实行监督。

---

[1] http://wenku.baidu.com/.

根据《刑法》第三十八条至第四十一条的规定，管制的期限为3个月以上2年以下，数罪并罚时，管制的期限不得超过3年。被判处管制的犯罪分子，在劳动中应当同工同酬。管制的刑期，从判决执行之日起计算，判决执行以前先行羁押的，羁押1日折抵刑期2日。被判处管制的犯罪分子，管制期满，执行机关应即向本人和其所在单位或居住地的群众宣布解除管制。

（2）拘役。拘役是短期剥夺犯罪分子的自由，就近执行并实行劳动改造的刑罚方法。拘役是一种短期的自由刑，是主刑中介于管制和有期徒刑之间的一种轻刑。

拘役是将犯罪分子关押于特定的场所进行改造，使其丧失人身自由。被判处拘役的犯罪分子，由公安机关就近在拘役所、监狱或者看守所执行。在执行期间，被判处拘役的犯罪分子每月可以回家一至两天，参加劳动的，可以酌量发给报酬。对于被判处拘役的犯罪分子，符合下列条件的，可以宣告缓刑：犯罪情节轻微，有悔罪表现，没有再犯罪的危险，宣告缓刑对所居住的社区没有重大不良影响。缓刑考验期满符合法律规定的条件，原判刑罚就不再执行，并公开予以宣告。

拘役对自由剥夺的期限较短，根据《刑法》第四十二条的规定，拘役的期限为1个月以上6个月以下，数罪并罚时，拘役刑期最长不能超过1年。根据《刑法》第四十四条规定，拘役的刑期从判决执行之日起计算，判决执行以前先行羁押的，羁押一日折抵刑期一日。

（3）有期徒刑。有期徒刑是剥夺犯罪分子一定期限的人身自由，强迫其劳动并接受教育和改造的刑罚方法。有期徒刑是在监狱或者其他执行场所对犯罪分子进行关押，使其丧失人身自由，并强迫其参加无偿劳动。执行机关在强制犯罪分子参加劳动的同时，还要对其进行充分的法制、道德、文化技术等方面的教育，通过劳动改造和教育改造，使犯罪分子成为守法的新人。

有期徒刑具有一定的期限。根据《刑法》第四十五条的规定，有期徒刑的期限，除本法第五十条、第六十九条规定外，为六个月以上十五年以下。《刑法》第五十条是关于死刑缓刑的规定，判处死刑缓期执行的，在死刑缓期执行期间，如果没有故意犯罪，二年期满以后，减为无期徒刑。如果确有重大立功表现，二年期满以后，减为十五年以上二十年以下有期徒刑。如果故意犯罪，查证属实的，由最高人民法院核准，执行死刑。《刑法》第六十九条是关于数罪并罚的规定，判决宣告以前一人犯数罪的，除判处死刑和无期徒刑的以外，应当在总和刑期以下、数刑中最高刑期以上，酌情决定执行的刑期，但是管制最高不能超过三年，拘役最高不能超过一年，有期徒刑最高不能超过二十年。如果数罪中有判处附加刑的，附加刑仍须执行。

（4）无期徒刑。无期徒刑是剥夺犯罪分子的终身自由，强迫其参加劳动并接受教育和改造的刑罚方法。无期徒刑是剥夺自由刑中最严厉的刑罚，因而它的适用对象是罪行严重，但不必判处死刑而又需与社会永久隔离的犯罪分子。无期徒刑剥夺犯罪分子的终身自由，没有期限可言，所以判决执行之前先行羁押的时间不存在折抵刑期的问题。被判处无期徒刑的犯罪分子，除无劳动能力的外，都必须参加无偿劳动，接受教育和改造。根据《刑法》第五十七条的规定，被判处无期徒刑的犯罪分子，必须附加剥夺政治权利终身。

（5）死刑。死刑又称为"生命刑"，是剥夺犯罪分子生命的刑罚方法，包括死刑立即执行和死刑缓期两年执行两种情况。根据《刑法》第四十八条至第五十一条的规定，死刑只适用于罪行极其严重的犯罪分子。对于应当判处死刑的犯罪分子,如果不是必须立即执行的,可以判处死刑同时宣告缓期二年执行。死刑除依法由最高人民法院判决的以外,都应当报请最高人民法院核准。死刑缓期执行的,可以由高级人民法院判决或者核准。犯罪的时候不满十八周岁的人和审判时已怀孕的妇女,不适用死刑。审判的时候已满75周岁的人,不适用死刑,但以特别残忍手段致人死亡的除外。死刑缓期执行的期间,从判决确定之日起计算。死刑缓期执行减为有期徒刑的刑期,从死刑缓期执行期满之日起计算。

3. 附加刑

附加刑是对主刑适用的补充,既可以附加适用,也可以单独适用。在适用附加刑时,可以同时适用两个以上的附加刑。具体包括罚金、剥夺政治权利和没收财产三种。

(1) 罚金。罚金是人民法院判处犯罪分子向国家缴纳一定数额金钱的刑罚方法。人民法院判处罚金,应当根据犯罪情节决定罚金数额。

根据《刑法》第五十三条规定,罚金在判决指定的期限内一次或者分期缴纳。期满不缴纳的,强制缴纳。对于不能全部缴纳罚金的,人民法院在任何时候发现被执行人有可以执行的财产,应当随时追缴。如果由于遭遇不能抗拒的灾祸缴纳确实有困难的,人民法院可以酌情减少或者免除罚金。

(2) 剥夺政治权利。剥夺政治权利是剥夺犯罪分子参加国家管理和政治活动权利的刑罚方法。根据《刑法》第五十四条的规定,剥夺政治权利是剥夺犯罪分子以下权利,选举权和被选举权,言论、出版、集会、结社、游行、示威自由的权利,担任国家机关职务的权利,担任国有公司、企业、事业单位和人民团体领导职务的权利。

根据《刑法》第五十五条的规定,剥夺政治权利的期限,除被判处死刑、无期徒刑附加剥夺政治权利终身外,为一年以上五年以下。判处管制附加剥夺政治权利的,剥夺政治权利的期限与管制的期限相等,同时执行。根据《刑法》第五十六条的规定,对于危害国家安全的犯罪分子应当附加剥夺政治权利。对于故意杀人、强奸、放火、爆炸、投毒、抢劫等严重破坏社会秩序的犯罪分子,可以附加剥夺政治权利。根据《刑法》第五十八条的规定,附加剥夺政治权利的刑期,从徒刑、拘役执行完毕之日或者从假释之日起计算。剥夺政治权利的效力适用于主刑执行期间。被剥夺政治权利的犯罪分子,在执行期间,应当遵守法律、行政法规和国务院公安部门有关监督管理的规定,服从监管。独立适用剥夺政治权利的期限的起算,应从判决执行之日起计算。剥夺政治权利由公安机关执行。

(3) 没收财产。没收财产是将犯罪分子个人所有财产的一部或全部强制无偿地收归国有的刑罚方法。没收财产与罚金的不同在于,罚金是剥夺犯罪分子一定数额的金钱,并且不以犯罪分子现实所有为限度,而没收财产是没收犯罪分子个人现实所有财产的一部分或者全部,既可以是没收金钱,也可以是没收其他财物。

根据《刑法》第五十九条的规定,没收财产是没收犯罪分子个人所有财产的一部分或者全部。没收全部财产的,应当对犯罪分子个人及其扶养的家属保留必需的生活费用。在判处没收财产的时候,不得没收属于犯罪分子家属所有或者应有的财产。根据《刑法》第六十条的规定,没收财产以前犯罪分子所负的正当债务,需要以没收的财产偿还的,经债权人请求,应当偿还。没收财产由人民法院执行,必要时可以会同公安机关执行。

6.1.3 虐待罪犯罪构成与刑罚

1. 虐待罪概念及其构成

虐待罪是指对共同生活的家庭成员，经常以打骂、捆绑、冻饿、限制自由、凌辱人格、不给治病或者强迫进行过度劳动等方法，从肉体上和精神上进行摧残迫害，情节恶劣的行为。其构成如下。

（1）犯罪客体。本罪侵犯的客体是家庭成员在家庭中的合法权益，主要是家庭成员之间的平等权利。由于虐待行为所采取的方法也侵犯了受害者的人身权利，因此，本罪侵犯的客体是复杂客体。本罪侵犯的对象只能是共同生活的家庭成员，根据我国有关法律的规定，家庭成员主要由以下四部分成员构成。

① 由婚姻关系的形成而出现的最初的家庭成员，即丈夫和妻子。夫妻关系是最初的家庭关系，它是父母与子女间的关系产生的前提和基础。至于继父母与继子女间的关系，为因婚姻而发生的家庭关系。

② 由血缘关系而引起的家庭成员，这是由于血亲关系而产生的家庭成员，包括两类。其一，由直系血亲关系而联系起来的父母、子女、孙子女、曾孙子女以及祖父母、曾祖父母、外祖父母等，他们之间不因成家立业及经济上的分开而解除家庭成员的法律地位。其二，由旁系血亲而联系起来的兄、弟、姐、妹、叔、伯、姑、姨、舅等家庭成员，但是，他们之间随着成家立业且与原家庭经济上的分开，而丧失原家庭成员的法律地位。例外的是，原由旁系血亲抚养的，如原由兄姐抚养之弟妹，不因结婚而丧失家庭成员的资格。

③ 由收养关系而发生的家庭成员，即养父母与养子女之间，这是一种拟制血亲关系。养父母和养子女之间需要符合法律规定的收养条件。

④ 在现实生活中，还经常出现一种既区别于收养关系、血亲关系，又区别于婚姻关系而发生的家庭成员之间的关系。如某甲是位孤寡老人，生活无着落，乙丙夫妇见状而将甲领回去，自愿履行一种绝非法律意义上的赡养义务。一经同意赡养，甲就成了乙丙家的一个家庭成员。

只有基于上述血缘关系、婚姻关系、收养关系等方面取得家庭成员的身份，方能成为虐待罪之侵害对象，这也是由此种犯罪行为本身的性质所决定的。

（2）犯罪客观方面。本罪在客观方面表现为经常虐待家庭成员的行为，具体表现为：

① 要有对被害人肉体和精神进行摧残、折磨、迫害的行为。这种行为，就方式而言，既包括积极的作为，如殴打、捆绑、禁闭、讽刺、谩骂、侮辱、限制自由、强迫超负荷劳动等，又包括消极的不作为，如有病不予以医治、饥饿、挨冻等。但构成本罪，就行为内容而言，既包括肉体的摧残，如冻饿、禁闭、有病不给治疗等，又包括精神上的迫害，如讽刺、谩骂、凌辱人格、限制自由等。

② 行为必须具有经常性、一贯性。这是构成本罪虐待行为的一个必要特征。偶尔的打骂、冻饿、赶出家门，不能认定为虐待行为。

③ 虐待行为必须是情节恶劣的，才构成犯罪。所谓"情节恶劣"，是指虐待动机卑鄙、手段残酷、持续时间较长、屡教不改，被害人是年幼、年老、病残者、孕妇、产妇等。对于一般家庭纠纷的打骂或者曾有虐待行为，但情节轻微，后果不严重，不构成虐待罪。有的父母教

育子女方法简单、粗暴,有时甚至打骂、体罚,这种行为是错误的,应当批评教育。只要不是有意对被害人在肉体上和精神上进行摧残和折磨,不应以虐待罪论处。

(3) 犯罪主体。本罪的主体为特殊主体,必须是共同生活的同一家庭的成员,相互之间存在一定的亲属关系或者扶养关系。如夫妻、父母、子女、兄弟姐妹等。虐待者都是具有一定的扶养义务,在经济上或者家庭地位中占一定优势的成员。非家庭成员,不能成为本罪的主体。

(4) 犯罪主观方面。本罪在主观方面表现为故意,即故意地对被害人进行肉体上和精神上的摧残和折磨。至于虐待的动机则是多种多样的,可能出于仇恨或者是心理变态等,但不论出于什么动机,都不影响定罪,但量刑时应予以考虑。①

2. 认定

(1) 本罪与非罪的界限。根据立法规定和实践经验,可以从以下两个方面区分虐待罪与非罪的界限。

① 从情节是否恶劣来区分罪与非罪的界限。情节是否恶劣是区分罪与非罪的主要标志。根据本条规定,虐待家庭成员,只有情节恶劣的,才构成犯罪。虐待情节是否恶劣,应当根据以下几个方面来认定。第一,虐待行为持续的时间。虐待时间的长短,在相当程度上决定了对被害人身心损害的大小。虐待持续的时间长,比如几个月、几年,往往会造成被害人的身心受到较为严重的损害。相反,因家庭琐事出于一时气愤而对家庭成员实施了短时间的虐待行为,一般也不会造成什么严重后果。第二,虐待行为的次数。虐待时间虽然不长,但行为次数频繁的,也容易使被害人的身心遭受难以忍受的痛苦,极易出现严重后果。例如,有的丈夫在妻子生女婴后的一个月内,先后毒打妻子10余次。有的儿女一次又一次地不给卧床不起的老人饭吃,一个月内就达20余次等。第三,虐待的手段。有的虐待手段十分残忍,例如,丈夫在冬天把妻子衣服扒光推出门外受冻。丈夫用烙铁、烟头等烫妻子的阴部、乳房。儿女惨无人道地毒打年迈的父母等。使用这些残忍手段,极易造成被害人伤残和死亡,应以情节恶劣论处。至于打耳光、拧耳朵等虐待行为,便不能认为是手段残忍,一般不能认定为情节恶劣。第四,虐待的后果是否严重。虐待行为一般都会程度不同地给被害人造成精神上、肉体上的痛苦和损害,其中有的后果严重,例如,由于虐待行为使被害人患了精神分裂症、妇科病或者其他病症。虐待行为致使被害人身体瘫痪、肢体伤残,甚至将被害人虐待致死或者被害人因不堪虐待而自杀等。凡发生了上述严重后果的,都应以情节恶劣论处,当然,判断是否"情节恶劣",可以根据上述诸方面进行综合分析,也可以根据其中的一个方面加以分析认定。

② 从犯罪的对象来区分罪与非罪的界限。虐待罪是发生在家庭成员间的犯罪,行为人与被害人之间存在一定的亲属关系和扶养关系,如夫妻、父子、兄弟姐妹等。虐待非家庭成员的,不构成虐待罪(但如果因虐待行为直接给被害人造成严重后果,社会危害严重,构成其他犯罪的,可以按其他犯罪论处)。

(2) 本罪与故意杀人罪的界限。虐待行为的手段,有时与故意杀人的手段十分相似,

---

① http://baike.baidu.com/link.

并且，虐待行为有时在客观上也可能造成被害人死亡的后果。所以，虐待罪与故意杀人罪的界限比较容易混淆。司法实践中难以认定某一行为是构成虐待罪还是故意杀人罪时，应当从主观故意上区分二者的界限。虐待罪的主观方面是故意对被害人进行肉体上和精神上的摧残和折磨，故意杀人罪的主观方面是故意剥夺他人的生命。如果是以虐待行为作为手段来达到杀害家庭成员的目的，则构成故意杀人罪。

（3）本罪与故意伤害罪的界限。虐待行为往往会造成被害人身体伤害的后果。所以，虐待罪容易与故意伤害罪混淆。在司法实践中，主要从主观故意上区别虐待罪与故意伤害罪的界限。如果行为人出于对被害人进行肉体上和精神上摧残和折磨的故意，在实施虐待行为过程中，造成被害人轻伤或者重伤的，其行为构成虐待罪，不构成故意伤害罪。如果行为人在主观上具有伤害他人身体健康的故意，并且在客观上实施了伤害他人的行为，则其行为构成故意伤害罪，不构成虐待罪。

（4）犯本罪的，告诉的才处理。所谓告诉的才处理，是指被害人要向人民法院提出自诉，人民法院才处理，不告诉不处理。这一规定，主要是考虑到虐待案件发生在家庭成员之间，被虐待者可能不希望亲属关系破裂，更不希望诉诸司法机关对虐待者定罪量刑。因此要充分考虑被虐待者的意思。如果被虐待者不控告，司法机关就不主动干预，这样有利于社会的安定团结。但根据刑法第九十八条规定，如果被虐待者受强制、威吓等无法向人民法院起诉的，人民检察院可以提起公诉。被虐待者的其他近亲属也可以控告，有关单位和组织也可以向人民检察院检举揭发，由人民检察院查实后提起公诉。如犯本罪，致被害人重伤、死亡的，不适用"告诉的才处理"的规定。

3. 立案标准

根据《刑法》第二百六十条的规定，本罪属于告诉才处理的自诉案件，一般采取不告不理的原则，被虐待人可以直接向人民法院提起诉讼。但是，对于虐待家庭成员，致使被害人重伤、死亡的，则属于公诉案件，公安机关应当立案侦查。

虐待罪需要具有虐待行为且达到情节恶劣。这里所说的"虐待"，具体是指经常以打骂、冻饿、捆绑、强迫超体力劳动、限制自由、凌辱人格等各种方法，从肉体、精神上迫害、折磨、摧残共同生活的家庭成员的行为。这里所说的"家庭成员"，是指在同一家庭中共同生活的成员。非家庭成员间的虐待行为，不构成本罪。根据法律的规定，虐待行为必须是情节恶劣的才能构成犯罪。情节恶劣是指虐待的动机卑鄙、手段凶残，虐待年老、年幼、病残的家庭成员，或者长期虐待、屡教不改的等。

如果行为人是故意要致使被害人重伤或者死亡，而采取长期虐待的方式来实现其犯罪目的的，行为人的行为构成了故意伤害罪或者故意杀人罪，应依照本法关于故意伤害罪或者故意杀人罪的规定定罪处罚。虐待家庭成员未致使被害人重伤、死亡的犯罪，属于告诉才处理的虐待罪。

4. 处罚

犯本罪的，处二年以下有期徒刑、拘役或者管制。犯本罪，致使被害人重伤、死亡的，处二年以上七年以下有期徒刑。

有期徒刑、拘役和管制属于三种主刑，人民法院只能选择其中一种对被告人适用。有期徒刑的刑期根据虐待行为是否致人重伤、死亡的结果分为六个月以上两年以下或者两年以上七年以下。

根据本条规定，因虐待致使被害人重伤、死亡的案件不属于"告诉才处理"的范围，因此，对这类案件，人民检察院应当提起公诉。①

6.1.4 遗弃罪犯罪构成与刑罚

《刑法》第二百六十一条规定："对于年老、年幼、患病或者其他没有独立生活能力的人，负有扶养义务而拒绝扶养，情节恶劣的，处五年以下有期徒刑、拘役或者管制。"本条是关于遗弃罪的规定。

1. 遗弃罪概念及其构成

遗弃罪是指对于年老、年幼、患病或者其他没有独立生活能力的人，负有扶养义务而拒绝扶养，情节恶劣的行为。

(1) 犯罪客体。本罪侵犯的客体是被害人在家庭成员中的平等权利。侵害的对象只限于年老、年幼、患病或者其他没有独立生活能力的家庭成员。我国《婚姻法》明确规定，"禁止家庭成员间的虐待和遗弃"，并对家庭成员之间应履行的扶养义务作了规定。有负担能力而拒不履行扶养义务，就侵犯了年老、年幼、患病或者没有独立生活能力的人在家庭中的平等权利。遗弃行为往往给被害人的生命、健康造成威胁，也影响社会的安定团结。因此，对遗弃的犯罪行为予以惩戒，有助于形成一个少有所养、老有所依的良好社会环境，有助于保护妇女、特别是儿童和老人的合法权益。

(2) 犯罪客观方面。本罪在客观方面表现为对年老、年幼、患病或者其他没有独立生活能力的家庭成员，应当扶养而拒不扶养，情节恶劣的行为。所谓年老、年幼、患病或者其他没有独立生活能力的家庭成员，是指家庭成员中具有以下几种情况的人。第一，因年老、伤残、疾病等原因，丧失劳动能力，没有生活来源。第二，虽有生活来源，但因病、老、伤残，生活不能自理。第三，因年幼或智力低下等原因，没有独立生活能力的。除了对于具有这类情况的家庭成员外，不发生遗弃的问题。

① 行为人必须负有扶养义务，这是构成本罪的前提条件。公民对哪些家庭成员负有扶养义务，我国法律均有明确规定。扶养义务是基于抚养与被抚养、扶养与被扶养以及赡养与被赡养这三种家庭成员之间不同的权利义务关系而产生的。

父母对子女的抚养义务，自子女出生自然开始，是无条件的，是由国家法律规定的义务，它既是一项社会义务，也是一项法律义务。祖父母对孙子女、外祖父母对外孙子女、兄姐对弟妹的抚养义务，亦是如此，但这种抚养义务的产生必须具备法定的条件。子女有要求父母抚养的权利。在特定条件下，孙子女有要求祖父母抚养的权利，外孙子女有要求外祖父母抚养的权利，弟妹有要求兄姐抚养的权利。对另一方而言，则有抚养的义务。这种义务指向的必须是未成年的子女、孙子女、外孙子女或弟妹，没有独立生活能力的子女亦在此列。

夫妻相互间的扶养义务，是一项无条件的法律义务。在我国，夫妻双方在家庭中的地

---

① http://baike.baidu.com/link.

位是平等的,权利和义务也是完全平等的,任何一方既有扶养对方的义务,也有要求对方扶养的权利,因此形成了一种扶养和领受扶养的权利和义务关系,即狭义的扶养关系。夫妻相互间的扶养关系必须是以夫妻关系存在为前提,是双方婚姻关系存续期间的一种夫妻人身财产关系,一旦这种婚姻关系结束,此种扶养关系亦告终止。

至于子女对父母的赡养义务,亦是国家法律所规定的义务。自父母需要子女赡养之日起,这种义务就是无条件的。在一定条件下,孙子女对祖父母、外孙子女对外祖父母、弟妹对兄姐的赡养义务,亦是如此。父母有抚养子女的义务,子女有赡养父母的义务。在一定条件下,祖父母、外祖父母、兄姐有抚养孙子女、外孙子女、弟妹的义务,孙子女、外孙子女、弟妹亦有赡养祖父母、外祖父母、兄姐的义务。但这种义务行使的前提条件是,因年老体弱或多病而丧失劳动能力、生活困难或行动不便,需要人供养、照顾和关怀。

② 行为人有能力负担却拒绝扶养。能够负担是指有独立的经济能力,并有能够满足本人及子女、老人的最低生活标准(当时、当地的标准)外有多余的情况。行为人是否有能力负担,这就需要司法机关结合其收入、开支情况具体加以认定。这里所谓扶养,如前所述,应从广义上理解,包括长辈对晚辈的抚养、晚辈对长辈的赡养,以及夫妻之间的扶养。

"拒绝扶养"即是指行为人拒不履行长辈对晚辈的抚养义务、晚辈对长辈的赡养义务以及夫妻之间的扶养义务等。具体表现为不提供扶助、离开被扶养人或把被扶养人置身于自己不能扶养的场所等。在行为内容上,拒绝扶养不仅指不提供经济供应,还包括对生活不能自理者不给予必需的生活照料。"拒绝扶养"从客观方面揭示了本罪表现为不作为的犯罪行为方式,即消极地不履行所负有的扶养义务,如儿女对失去劳动能力又无经济来源的父母不承担经济供给义务,子女对生活不能自理的父母不予照料等。

③ 遗弃行为必须达到情节恶劣程度的,才构成犯罪。也就是说,情节是否恶劣是区分遗弃罪与非罪的一个重要界限。根据司法实践经验,遗弃行为情节恶劣是指,由于遗弃而致被害人重伤、死亡的,被害人因被遗弃而生活无着、流离失所,被迫沿街乞讨的,因遗弃使被害人走投无路被迫自杀的,行为人屡经教育、拒绝改正而使被害人的生活陷入危难境地的,遗弃手段十分恶劣的(如在遗弃中又有打骂、虐待行为的)等。

(3) 犯罪主体。本罪的主体为特殊主体,必须是对被遗弃者负有法律上的扶养义务而且具有扶养能力的人。只有具备这种条件的人,才可能成为本罪的主体。如果在法律上不负有扶养义务,互相间不存在扶养关系,也就不发生遗弃的问题。

根据我国婚姻法的规定,法律上的扶养义务是,夫妻有互相扶养的义务,父母对未成年子女有抚养教育的义务,成年子女对父母有赡养扶助的义务,祖父母、外祖父母对于父母已经死亡的未成年的孙子女、外孙子女有抚养的义务,孙子女、外孙子女对于子女已经死亡的祖父母、外祖父母有赡养的义务,兄姐对于父母已经死亡或者无力抚养的未成年弟、妹有扶养的义务。

(4) 犯罪主观方面。本罪在主观方面表现为故意。即明知自己应履行扶养义务而拒绝扶养。拒绝扶养的动机是各种各样的,如有的把老人视为累赘而遗弃,有的借口已离婚对所生子女不予抚养,有的为创造再婚条件遗弃儿童,有的为了逼迫对方离婚而遗弃妻子或者丈夫等。

2. 遗弃罪的认定

(1) 本罪与虐待罪的界限

① 客体要件不同。遗弃罪侵犯的客体是家庭成员之间相互扶养的权利义务关系。而虐待罪侵犯的客体较为复杂,既侵犯了共同生活的家庭成员在家庭生活中享有的合法权益,也侵犯了被害人的身体健康。

② 犯罪客观方面不同。遗弃罪的客观方面表现为对没有独立生活能力的家庭成员,具有扶养义务而拒绝扶养的行为。而虐待罪的客观方面则表现为经常或连续折磨、摧残家庭成员身心健康的行为。

③ 主体要件不同。遗弃罪的主体必须是对被遗弃者负有法律扶养义务而且具有履行义务能力的人。而虐待罪的主体必须是在一个家庭内部共同生活的成员。

④ 犯罪主观方面不同。两罪在主观方面虽均是故意,但其故意的内容不同。遗弃罪的故意即行为人明知自己应当履行扶养义务,也有实际履行扶养义务能力而拒绝扶养。而虐待罪的故意是行为人有意识地对被害人进行肉体摧残和精神折磨。

(2) 本罪与故意伤害罪的界限

① 客体要件不同。遗弃罪侵犯的客体是家庭成员之间相互扶养的权利义务关系;而故意伤害罪侵犯的客体是他人的身体健康权利。

② 犯罪客观方面不同。遗弃罪的客观方面表现为对没有独立生活能力的家庭成员,具有扶养义务而拒绝扶养的行为。而故意伤害罪的客观方面则表现为非法损害他人身体健康的行为。这种损害他人身体健康的行为,一般是直接加害于被害人的身体,如打伤、刺伤、烧伤等。

③ 主体要件不同。遗弃罪的主体必须是对被遗弃人负有法律上的扶养义务而且具有履行义务能力的人。故意伤害罪的主体为一般主体。

④ 主观方面故意的内容不同。遗弃罪的故意即行为人明知自己应当履行扶养义务,也有实际履行扶养义务能力而拒绝扶养。而故意伤害罪的故意则是行为人具有损害他人身体的故意。

⑤ 犯罪侵犯的对象不同。遗弃罪的犯罪对象只限于年老、年幼、患病或者其他没有独立生活能力的人。而故意伤害罪的犯罪对象可以是任何人。

(3) 本罪与故意杀人罪的界限

① 犯罪主观方面不同。从主观故意上讲,遗弃罪是负有履行扶养义务的行为人企图通过遗弃达到逃避或向他人转嫁由自己承担的扶养义务的目的。故意杀人罪的主观故意则是剥夺他人的生命。因此,如果行为人企图通过遗弃达到向他人转嫁本由自己承担的扶养义务的目的,则其行为构成遗弃罪。如果行为人企图以不履行扶养义务的行为方式达到杀害婴儿或神志不清、行动不便的老人的目的,则其行为构成故意杀人罪。

② 客观要件不同。遗弃罪在客观方面一般是将被害人遗弃于能够获得救助的场所,如他人家门口、车站、码头、街口等。故意杀人罪在客观方面则是将婴儿或行动困难的老人放置于不能获得救助的地方,例如将婴儿、行动困难的老人遗弃在交通不便、人迹罕至的荒野等。

(4) 本罪与拐卖儿童罪的界限

现实生活中,父母出卖亲生子女的事情偶有发生,区分的关键在于行为人是否具有非法获利的目的。应当通过审查子女"送"人的背景和原因、有无收取钱财及收取钱财的多少、对方是否具有抚养目的及有无抚养能力等事实,综合判断行为人是否具有非法获利的目的。

根据相关司法解释,具有下列情形之一的,可以认定属于出卖亲生子女,应当以拐卖儿童罪论处。第一,将生育作为非法获利手段,生育后即出卖子女的。第二,明知对方不具有抚养目的,或者根本不考虑对方是否具有抚养目的,为收取钱财将子女"送"给他人的。第三,为收取明显不属于"营养费""感谢费"的巨额钱财将子女"送"给他人的。第四,其他足以反映行为人具有非法获利目的的"送养"行为的。

不是出于非法获利目的,而是迫于生活困难,或者受重男轻女思想影响,私自将没有独立生活能力的子女送给他人抚养,包括收取少量"营养费""感谢费"的,属于民间送养行为,不能以拐卖儿童罪论处。对私自送养导致子女身心健康受到严重损害,或者具有其他恶劣情节,符合遗弃罪特征的,可以遗弃罪论处。情节显著轻微危害不大的,可由公安机关依法予以行政处罚。

3. 立案标准

对年老、年幼、患病或者其他没有独立生活能力的人有扶养义务而拒绝扶养,且情节恶劣的,包括由于遗弃造成被害人重伤、死亡等严重后果,有遗弃行为且屡教不改的,或遗弃手段十分恶劣的,在遗弃中有打骂、虐待行为的等。

4. 处罚

犯遗弃罪的,处五年以下有期徒刑、拘役或者管制。有期徒刑、拘役和管制属于三种主刑,人民法院只能选择其中一种对被告人适用。有期徒刑的刑期为六个月以上五年以下。

6.1.5 刑事自诉

1. 刑事自诉的概念和范围

在我国,刑事案件一般都是由公安机关立案侦查,人民检察院审查起诉后作为公诉人向人民法院提起诉讼。刑事诉讼中的自诉是相对于公诉而言的,它是指法律规定的享有自诉权的个人直接向有管辖权的人民法院提起的刑事诉讼。因此,自诉案件是指法律规定的可以由被害人或者其法定代理人、近亲属直接向人民法院起诉,要求追究被告人刑事责任,人民法院能够直接受理的刑事案件。

根据我国《刑事诉讼法》第二百零四条的规定,自诉案件包括以下三类。

(1) 告诉才处理的案件。这类案件具体包括侮辱、诽谤案,暴力干涉婚姻自由案,虐待案,侵占案,但是严重危害社会秩序和国家利益的除外。

(2) 人民检察院没有提起公诉,被害人有证据证明的轻微刑事案件,这类案件具体包括,故意伤害案,非法侵入住宅案,侵犯通信自由案,重婚案,遗弃案,生产、销售伪劣商品案,侵犯知识产权案,属于《刑法》分则第四章、第五章规定的,对被告人可能判处三年有期徒刑以下刑罚的案件。对于上述案件,被害人直接向人民法院起诉的,人民法院应当依法受理。对其中证据不足,可以由公安机关受理或者认为对被告人可能判处三年有期徒刑以上刑罚的,应当告知被告人向公安机关报案,或者移送公安机关立案侦查。

(3）被害人有证据证明对被告人侵犯自己的人身权利、财产权利的行为应当追究刑事责任，而公安机关或者人民检察院不予追究被告人刑事责任的案件，又称为公诉转自诉的案件。

此处的公安机关、人民检察院不予追究被告人刑事责任是指公安机关、人民检察院已经作出不予追究的书面决定，如不予立案决定、不起诉决定等。

上述的虐待罪和遗弃罪是自诉案件中最为常见的罪名。

2．提起自诉的条件

自诉人提起自诉必须符合下列条件。

（1）属于《刑事诉讼法》第二百零四条规定自诉案件范围。对于公诉转自诉的案件，被害人必须有证据证明曾经提出过控告。

（2）案件属于受诉人民法院管辖。

（3）自诉人享有自诉权，也就是说，自诉人主体资格合法。根据《刑事诉讼法》及有关司法解释规定，自诉案件原则上由被害人提起，如果被害人死亡、丧失行为能力或者因受强制、威吓等原因无法告诉的，或者是限制行为能力人以及由于年老、患病、盲、聋、哑等原因不能亲自告诉，由其法定代理人、近亲属代为告诉。

（4）有明确的被告人、具体的诉讼请求和能证明被告人犯罪事实的证据。

（5）被指控的犯罪没有超过法定追诉期限。例如，根据我国《刑法》第二百三十四条规定，故意伤害他人身体的，处3年以下有期徒刑、拘役或者管制，即故意伤害案（轻伤）的法定最高刑是3年。根据《刑法》第八十七条第一项规定，法定最高刑为不满5年有期徒刑的，经过5年，司法机关不再追诉的。在这种情况下，被害人仍提起刑事伤害自诉就没有法律依据了。

3．提起自诉的程序

提起自诉，被害人或其法定代理人、近亲属以及他们的诉讼代理人在法定的起诉时效期限内，可以用书面或口头的方式直接向有管辖权的人民法院提出。自诉一般用书面的形式，即应当制作并向法院呈递刑事自诉状。但是，自诉人书写自诉状确有困难的，可以口头告诉，由人民法院工作人员作出告诉笔录，向自诉人宣读，自诉人确认无误后，应当签名或盖章。

自诉状或者告诉笔录应当包括以下内容。

（1）自诉人、被告人、代为告诉人的姓名、性别、年龄、民族、出生地、文化程度、职业、工作单位、住址。

（2）被告人犯罪行为的时间、地点、手段、情节和危害后果等。

（3）具体的诉讼请求。

（4）致送的人民法院的名称及具体时间。

（5）证人的姓名、住址及其他证据的名称、来源等。

如果被告人是2人以上的，自诉人在告诉时需按被告人的人数提供自诉状副本。

4．自诉案件的第一审程序

自诉案件的第一审程序是指刑事诉讼法规定的人民法院对自诉人起诉的案件进行第

一次审判的程序。由于自诉案件主要是侵害公民个人合法权益的轻微刑事案件,因而其第一审程序有些特殊的地方。

(1) 自诉案件的受理。自诉人提起自诉后,案件要经过人民法院审查,符合条件的才能受理和进行审判。自诉案件的受理条件和提起自诉的条件相同,二者的区别在于,前者是从人民法院的角度予以界定,后者是从自诉人的角度予以界定。人民法院经审查,认为符合受理条件的,应当作出立案决定,并书面通知自诉人或者代为告诉人。

在我国,自诉案件的受理即是自诉案件的立案,是由人民法院经过审查后依法作出的,审查的期限为人民法院收到自诉状或者口头告诉后15日以内。无论立案与否,人民法院都应当书面通知自诉人或者代为告诉人。

(2) 对于已经立案的,经审查缺乏罪证的自诉案件,如果自诉人提不出补充证据,应当说服自诉人撤诉或裁定驳回起诉,但当自诉人又提出新的足以证明被告有罪的证据而再次起诉时,人民法院应当受理。

(3) 如果自诉人明知有其他共同侵害人,但只对部分侵害人提起自诉的,人民法院应当受理,并视为自诉人对其他侵害人放弃告诉权利。判决宣告后,自诉人又对其他共同侵害人就同一事实提起自诉的,人民法院不予受理。共同被害人中只有部分被害人告诉的,人民法院应当通知其他被害人参加诉讼。被通知人接到通知后表示不参加诉讼或者不出庭的,视为放弃告诉权利。第一审宣判后,被通知人就同一事实提起自诉的,人民法院不予受理。但当事人另行提起民事诉讼的,不在此限。

(4) 被告人实施的两个以上的犯罪行为,分别属于公诉案件和自诉案件的,人民法院可以在审理公诉案件时,对自诉案件一并审理。

5. 自诉案件的审理特点

人民法院对于决定受理的自诉案件,应当开庭审判。根据我国《刑事诉讼法》第二百零五条至第二百零七条的规定,自诉案件的第一审程序具有以下特征。

(1) 对告诉才处理的案件,被害人起诉时有证据证明的轻微刑事案件,可以适用简易程序,在基层人民法院由审判员一人独任审判。

(2) 人民法院对告诉才处理的案件和被害人有证据证明的轻微刑事案件,可以在查明事实、分清是非的基础上进行调解。调解应当在自愿、合法的基础上进行。调解达成协议的,人民法院应当制作刑事自诉案件调解书,由审判人员和书记员署名,并加盖人民法院印章。调解书经双方当事人签收后即发生法律效力,调解没有达成协议或者调解书签收前当事人反悔的,人民法院应当进行判决。

(3) 对于告诉才处理的案件,被害人有证据证明的轻微刑事案件,自诉人在宣告判决前可以同被告人自行和解或者撤回起诉。对于已经审理的自诉案件,当事人自行和解的,应当记录在卷。对自诉人要求撤诉的,经人民法院审查认为确属自愿的,应当准许,经审查认为自诉人是被强迫、威吓,不是出于自愿的,应当不予准许。

(4) 人民法院受理自诉案件后,对当事人因客观原因不能取得并提供有关证据而申请人民法院调取证据,人民法院认为必要的,可以依法调取。

(5) 在自诉案件审理过程中,被告人下落不明的,可以中止审理。被告人归案后,应当恢复审理,必要时,应当对被告人依法采取强制措施。自诉案件审理后,应当依法作出判决。

（6）告诉才处理和被告人有证据证明的轻微刑事案件的被告人或其法定代理人在诉讼过程中可以对自诉人提起反诉。反诉必须符合下列条件：第一，反诉的对象必须是本案自诉人。第二，反诉的内容必须是与本案有关的行为。第三，反诉的案件必须是告诉才处理的案件和人民检察院没有提起公诉，被害人有证据证明的轻微刑事案件。反诉案件的审理适用自诉案件的规定，并应当与自诉案件一并审理。

6.1.6 刑事自诉的主要法律规定

1. 《中华人民共和国刑法》

第二百四十六条 以暴力或者其他方法公然侮辱他人或者捏造事实诽谤他人，情节严重的，处三年以下有期徒刑、拘役、管制或者剥夺政治权利。前款罪，告诉的才处理，但是严重危害社会秩序和国家利益的除外。

第二百五十七条 以暴力干涉他人婚姻自由的，处二年以下有期徒刑或者拘役。犯前款罪，致使被害人死亡的，处二年以上七年以下有期徒刑。

第二百五十八条 有配偶而重婚的，或者明知他人有配偶而与之结婚的，处两年以下有期徒刑或者拘役。

第二百六十条 虐待家庭成员，情节恶劣，处二年以下有期徒刑、拘役或者管制。犯前款罪，致使被害人重伤、死亡的，处两年以上七年以下有期徒刑。

第二百六十一条 对于年老、年幼、患病或者其他没有独立生活能力的人，负有扶养义务而拒绝扶养，情节恶劣的，处五年以下有期徒刑、拘役或者管制。

2. 《中华人民共和国婚姻法》

第三条 禁止包办、买卖婚姻和其他干涉婚姻自由的行为。禁止借婚姻索取财物。禁止重婚。禁止有配偶者与他人同居。禁止家庭暴力。禁止家庭成员间的虐待和遗弃。

3. 《中华人民共和国残疾人保障法》

第九条 残疾人的扶养人必须对残疾人履行扶养义务。残疾人的监护人必须履行监护职责，尊重被监护人的意愿，维护被监护人的合法权益。残疾人的亲属、监护人应当鼓励和帮助残疾人增强自立能力。禁止对残疾人实施家庭暴力，禁止虐待、遗弃残疾人。

第六十七条 违反本法规定，侵害残疾人的合法权益，其他法律、法规规定行政处罚的，从其规定；造成财产损失或者其他损害的，依法承担民事责任；构成犯罪的，依法追究刑事责任。

4. 《中华人民共和国未成年人保护法》

第十条 父母或者其他监护人应当创造良好、和睦的家庭环境，依法履行对未成年人的监护职责和抚养义务。

禁止对未成年人实施家庭暴力，禁止虐待、遗弃未成年人，禁止溺婴和其他残害婴儿的行为，不得歧视女性未成年人或者有残疾的未成年人。

第六十条 违反本法规定，侵害未成年人的合法权益，其他法律、法规已规定行政处罚的,从其规定;造成人身财产损失或者其他损害的,依法承担民事责任;构成犯罪的,依法追究刑事责任。

5.《中华人民共和国老年人权益保障法》

第三条 国家保障老年人依法享有的权益。

老年人有从国家和社会获得物质帮助的权利,有享受社会服务和社会优待的权利,有参与社会发展和共享发展成果的权利。

禁止歧视、侮辱、虐待或者遗弃老年人。

第十四条 赡养人应当履行对老年人经济上供养、生活上照料和精神上慰藉的义务,照顾老年人的特殊需要。

赡养人是指老年人的子女以及其他依法负有赡养义务的人。

赡养人的配偶应当协助赡养人履行赡养义务。

第十五条 赡养人应当使患病的老年人及时得到治疗和护理;对经济困难的老年人,应当提供医疗费用。

对生活不能自理的老年人,赡养人应当承担照料责任;不能亲自照料的,可以按照老年人的意愿委托他人或者养老机构等照料。

第十六条 赡养人应当妥善安排老年人的住房,不得强迫老年人居住或者迁居条件低劣的房屋。

老年人自有的或者承租的住房,子女或者其他亲属不得侵占,不得擅自改变产权关系或者租赁关系。

老年人自有的住房,赡养人有维修的义务。

第十九条 赡养人不得以放弃继承权或者其他理由,拒绝履行赡养义务。

赡养人不履行赡养义务,老年人有要求赡养人付给赡养费等权利。

赡养人不得要求老年人承担力不能及的劳动。

第二十一条 老年人的婚姻自由受法律保护。子女或者其他亲属不得干涉老年人离婚、再婚及婚后的生活。

赡养人的赡养义务不因老年人的婚姻关系变化而消除。

第七十五条 干涉老年人婚姻自由,对老年人负有赡养义务、扶养义务而拒绝赡养、扶养,虐待老年人或者对老年人实施家庭暴力的,由有关单位给予批评教育;构成违反治安管理行为的,依法给予治安管理处罚;构成犯罪的,依法追究刑事责任。

6.《中华人民共和国收养法》

第三十一条 借收养名义拐卖儿童的,依法追究刑事责任。

遗弃婴儿的,由公安部门处以罚款;构成犯罪的,依法追究刑事责任。

出卖亲生子女的,由公安部门没收非法所得,并处以罚款;构成犯罪的,依法追究刑事责任。

6.2 案例分析

6.2.1 案例介绍

案例1 家庭暴力案

杨某与陈某系夫妻关系,他俩原先夫妻感情尚好,但在陈某死亡前五六年中,杨某经常殴打、辱骂陈某。2005年8月1日早上,杨某干活回来吃早饭时看到陈某只拿她自己的碗,就骂她,陈某说自己头晕,杨某说,你天天有病,不如去死。吃完饭后杨某即出去干活,晚上回来后仍对陈某进行殴打并不让其出去参加社交活动。

问题:

(1) 本案中杨某是否构成虐待罪?陈某应如何寻求救助?

(2) 若陈某不堪忍受杨某的行为而在家中服农药自杀身亡,应如何处理?

案例2 遗弃案

高某在16岁时患上脊髓炎。2003年9月29日高某与郭某结婚后共同生活。2008年10月7日,高某在生过第二个孩子后,病情加重。2009年1月3日,高某被其母送到保健院治疗,后又转至人民医院治疗。在此期间,郭某并未照看过高某,并且高某在医疗费不足时给郭某打电话要求支付医疗费时遭到明确拒绝,而郭某之前在外打工存有积蓄。2009年1月17日,高某就再也联系不上郭某。2009年3月6日,高某因病情严重贻误治疗,双腿下肢被截掉。

问题:评析本案中郭某是否构成遗弃罪,并确认高某应如何获得救助。

案例3 侮辱案

江苏省南京市溧水县东屏镇徐溪行政村百里自然村村民张某,于2003年将祖坟迁至该村北面的坟地,被告人笪某某认为,张某迁来的祖坟占了他家的坟地,为此两家发生了纠纷。为泄私愤,笪某某于2005年5月20日凌晨4时30分许,携带钉耙等工具悄悄来到东屏镇徐溪行政村百里自然村北面的坟地,将张某迁移至此的15座祖坟挖平,并将其中5座坟中的水泥骨灰盒挖出,弃置于坟坑边。第二天,当地村民发现张某家的祖坟被人挖掘,张家祖坟被挖事件很快为周边村民所知。

问题:请评析本案中笪某某的行为。

6.2.2 案例分析

在案例1中情况分析如下:(1) 本案中杨某的虐待行为属于法律上规定的"告诉才处理"的情形,陈某作为杨某虐待行为的受害人,可以直接向有管辖权的人民法院起诉,要求依法追究杨某的刑事责任。

所谓虐待罪,是指对共同生活的家庭成员,经常以打骂、冻饿、禁闭、有病不给治疗、强迫从事过度劳动等各种方法,从肉体上和精神上肆意进行摧残迫害,情节恶劣的行为。虐待方法有两类:一是肉体上摧残,如殴打、冻饿、禁闭、捆绑、有病不给治疗、强迫过度劳动等；二是精神上折磨，如侮辱、咒骂、讽刺、凌辱人格、限制行动自由、不让参加社会活动等。虐待行为必须具有经常性、一贯性，且情节恶劣。所谓情节恶劣，主要是指虐待手段凶恶残忍，或者虐待动机十分卑鄙，或者虐待延续的时间长等。结合虐待罪的概念，本案中杨某具有刑事责任年龄和刑事责任能力，陈某作为杨某的妻子，其对陈某所实施的虐待行为长达五六年之久，其采取的虐待方法既有肉体上的殴打，又有精神上的咒骂等，给陈某造成身体上的摧残和精神上的伤害，情节恶劣，构成虐待罪。

（2）陈某服毒身亡的结果是因杨某的长期虐待行为引起的，杨某的虐待行为与陈某的自杀死亡结果具有刑法上的因果关系，属于《刑法》第二百六十条第二款规定的虐待致使被害人死亡的情形之一，应当适用该条款规定对杨某从重处刑。

被害人的近亲属可以向公安机关报案，公安机关立案侦查后由人民检察院向人民法院提起公诉。

在案例2中，遗弃罪包括行为人对于患病的人负有扶养义务而拒绝扶养的情形。本案中，高某与郭某系夫妻关系，在高某生病住院期间，郭某不仅没有照顾高某，而且拒绝支付医疗费，对于患病的妻子负有扶养义务并且能够负担而拒绝扶养，给高某的身体健康造成伤害，导致其下肢被截掉，情节恶劣，构成遗弃罪。

对于郭某的遗弃行为，高某或者其近亲属可以直接向人民法院提起自诉，并提供相应的证据，也可以向公安机关报案，由公安机关立案侦查后移送人民检察院向人民法院提起公诉。

在案例3中，侮辱罪是以暴力或者其他方法公然贬低他人人格，破坏他人名誉，情节严重的行为。本案中笪某某的行为应当构成侮辱罪，理由如下：

第一，从笪某某挖掘他人祖坟的目的来看，是为了通过挖掘张某的祖坟达到破坏其祖坟的完整性使张某家不得安宁进而迫使张某迁走祖坟的目的。笪某某作为生活在农村的村民完全知道挖掘他人祖坟的行为会造成对他人的侮辱，但是为达到使受害人张某迁走祖坟的目的，故意挖掘他人祖坟，所以其行为具有侮辱他人的故意。

第二，笪某某挖掘张家祖坟的行为使得张某及其家人直接受辱，因为任何一个有正常情感的人，当得知其祖坟被人故意挖掘之后，感情上都会受到伤害。笪某某故意挖掘他人祖坟数量大，造成了对张某及其家人的侮辱，因此，其侮辱对象是特定的，即侮辱对象直接指向张某及其家人。

第三，侮辱罪必须是行为人造成受害人遭受侮辱，而且这种侮辱结果必须为其他人所知晓。换言之，行为人必须公然侮辱他人，侮辱罪中的"公然侮辱"是强调侮辱行为造成他人受侮之结果的公然性，即侮辱结果是公然的，至于侮辱行为是否公然不影响本罪的成立与否。笪某某挖掘他人祖坟的行为虽然系夜间秘密实施，但其行为造成张某及其家人遭受侮辱的结果为四周乡邻皆知，所以可以认定笪某某的行为系公然侮辱他人的行为。最后，关于情节是否严重的问题。笪某某挖平他人的祖坟15座，并将其中5座坟中的水泥骨灰盒挖出，其行为已经造成了侮辱他人的严重后果，应当认定情节严重。

张某可以向人民法院以侮辱罪对笪某某提起诉讼。

6.2.3 相关文书的拟定

1. 刑事自诉案件起诉状（参考模板）

自诉人：（姓名、性别、年龄、民族、籍贯、职业、家庭住址、联系方式）
被告人：（姓名、性别、年龄、民族、籍贯、职业、家庭住址、联系方式）
案由：（罪名）
诉讼请求：
1. 依法追究被告人××的刑事责任。
2. 请求被告人赔偿损失费××元。
事实与理由：（写明整个案件的起因、经过、造成的后果等，并根据法律和法规，列出追究被告人的刑事责任和要求赔偿的依据。）
证据和证据来源：（包括证人姓名和住址）
此致
××××人民法院

自诉人：
年 月 日

附：本诉状副本　　份
说明：
1. 刑事自诉状是受害人及其法定代理人或亲属对致害人提起刑事自诉时使用的文书。
2. "自诉人""被告人"栏，均应写明姓名、性别、出生年月日、民族、出生地、文化程度、职业、身份证号码或者工作单位和职务、住址等项。对被告人的出生年月日确实不知的，可写其年龄。
3. "诉讼请求和案由"栏，应当写明控告的罪名和具体的诉讼请求。
4. "事实与理由"部分的空格不够用时，可以增加中页。
5. 自诉状副本份数应当按被告人的人数提交。

2. 刑事自诉状

自诉人：李×，男，30岁，汉族，××市××厂××车间技术工人，住×市×街×号，189××××××32
被告人：张××，女，28岁，汉族，××市××厂××车间技术工人，住×市××街××号，139××××××67
案由：诽谤案
诉讼请求：
1. 张××应公开赔礼道歉、澄清事实，消除其言行所造成的恶劣影响。
2. 赔偿医药费××××元。
3. 张××赔偿李×精神损失××××元。
事实与理由：
本人与张××是同事关系，原在一个车间工作。平时相处得还可以，但近来由于单位正常人事变动和工资调整,两人之间出现了裂痕。张××时常小题大做,借机生事,对我冷嘲热讽。2009年10月20日,单位开完会并聚餐,张××也在场,我有事提前离开了。第二天我上班时,发现单位的其他同事均对我十分冷淡,有人甚至还向我投以鄙夷的目光。对这一反常态的情形,我很惊讶,于是急忙向好友王×询问其中原委。原来,在昨日聚餐时,张××趁我不在场,向我的同事们大肆宣扬了一番我的种种"恶习"和"毛病"。例如,张××说我乱搞两性关系,甚至还对她也非礼过,并"指名道姓"地说出我有几个"情人";张××还说,我有"严重的性病",连我的妻子也对我"回避三分"等。张××还散布谣言说我"利用女人升官发财""为了达到目的不惜一切代价",并说我是一个"彻彻底底的伪君子"等。事实上,这些都是捏造出来的,是无中生有的诽谤。我一向生活作风严谨,我的妻子和朋友们是知道的。我身体健康,从未有过什么生理疾病。我的工作作风和态度,单位领导和同事均给予肯定。张××之言,实属捏造事实对我进行诽谤,给我造成了极恶劣的影响,并给我造成了巨大的精神压力,以致我生病卧床达1个月之久。

在此,我请求人民法院依据《中华人民共和国刑法》第二百四十六条关于诽谤罪的规定,并根据《中华人民共和国刑事诉讼法》第一百七十条和第一百七十一条规定,对张××的行为给予法律的惩罚,依法维护我的合法权益。

主要证据和证据来源:
1. 证人证言两份。单位同事王×和李×各出具证言一份。
2. 住院证明一份。住院期间相关医疗费等证明文件一份。

此致
×××人民法院

自诉人:李×
2013年12月20日

附:本诉状副本2份。

6.3 拓展阅读

在我国,各级法院审理案件以起诉作为审判前提条件。如果没有当事人向法院起诉,就没有法院的审理。法院审理刑事案件,分公诉和自诉两种。公诉案件,由人民检察院代表国家向人民法院提起诉讼;自诉案件,是"公诉案件"的对称,由被害人自己或其法定代理人、近亲属向人民法院直接提起诉讼。刑事自诉,根据《刑事诉讼法》第一百一十二条规定,是指被害人、被害人的法定代理人、近亲属为了追究被告人的刑事责任而直接向人民法院提起的诉讼。

6.3.1 刑事自诉特点

根据我国法律的规定,刑事自诉案件主要包括以下四个方面的特点。
(1) 由被害人或者他的法定代理人直接到人民法院起诉,不经过公安或者检察机关。
(2) 在法院审理过程中,适用调解,原告在法院判决前可以同被告人自行和解,也可以撤回起诉。

（3）被告人在自诉案件审理过程中可以提出反诉。所谓反诉，就是被告人作为被害人控告自诉人犯有与本案有联系的犯罪行为，要求人民法院进行审判。

（4）自诉人对一审判决不服（无论是作为被害人还是作为他的法定代理人），有权向上级人民法院提出上诉。对已经生效的判决或者裁定不服，有权提出申诉。①

6.3.2 刑事自诉起诉条件

根据《最高人民法院关于适用〈中华人民共和国刑事诉讼法〉的解释》第二百五十九条规定，人民法院受理自诉案件必须符合下列条件。

1. 有适格的自诉人

在法律规定的自诉案件范围内，遭受犯罪行为直接侵害的被害人有权向人民法院提起自诉。被害人死亡、丧失行为能力或者因受强制威吓等原因无法告诉，或者是限制行为能力以及由于年老、患病、盲、聋、哑等原因不能亲自告诉的，被害人的法定代理人、近亲属有权向人民法院起诉。

2. 有明确的被告人和具体的诉讼请求

自诉案件的刑事诉讼程序由于自诉人的起诉而引起，对于自诉案件，公安机关和人民检察院均不介入，因此没有公安机关的侦查和人民检察院的审查起诉。自诉人起诉时应明确提出控诉的对象，如果不能提出明确的被告人或者被告人下落不明的，自诉案件不能成立。自诉人起诉时还应提出具体的起诉请求，包括指明控诉的罪名和要求人民法院追究被告人何种刑事责任。如果提起刑事自诉附带民事诉讼，还应提出具体的赔偿请求。

3. 属于自诉案件范围

即属于《刑事诉讼法》第一百七十条规定的起诉才处理的案件，被害人有证据证明的轻微刑事案件，被害人有证据证明对被告人侵犯自己人身权利、财产权利的行为应当依法追究刑事责任，而公安机关或者人民检察院不予追究被告人刑事责任的三类案件以及最高人民法院《解释》确定的具体的自诉案件。

4. 被害人有证据证明

被害人提起刑事自诉必须有能够证明被告人犯有被指控的犯罪事实的证据。

5. 属于受诉人民法院管辖

自诉人应当依据刑事诉讼法关于级别管辖和地区管辖的规定，向有管辖权的人民法院提起自诉。根据有关司法解释的规定，刑事自诉案件的自诉人、被告人一方或者双方是在我国港、澳、台地区居住的中国公民或者其住所地是在我国港、澳、台地区的，由犯罪地的基层人民法院审判。港、澳、台同胞告诉的，应当出示港、澳、台居民身份证、回乡证或者其他能够证明本人身份的证明。

---

① http://baike.baidu.com/link?url.

根据最高人民法院《解释》的规定,人民法院受理《刑事诉讼法》第一百七十条第三项规定的自诉案件,还应当符合刑事诉讼法第八十六条、第一百四十五条的规定。《刑事诉讼法》第八十六条规定,人民法院、人民检察院或者公安机关对于报案、控告、举报和自首的材料,应当按照管辖范围,迅速进行审查,认为有犯罪事实需要追究刑事责任的时候,应当立案。认为没有犯罪事实,或者犯罪事实显著轻微,不需要追究刑事责任的时候,不予立案,并且将不立案的原因通知控告人。控告人如果不服,可以申请复议。《刑事诉讼法》第一百四十五条规定,对于有被害人的案件,决定不起诉的,人民检察院应当将不起诉的决定书送达被害人。被害人如果不服,可以自收到决定书7日以内向上一级人民检察院申诉,请求提起公诉。人民检察院应当将复查决定告知被害人。对人民检察院维持不起诉决定的,被害人可以向人民检察院申诉。被害人也可以不经申诉,直接向人民法院起诉。人民法院受理案件后,人民检察院应当将有关案件的材料移送人民法院。①

6.3.3 自诉案件范围

根据我国《刑事诉讼法》第一百七十条的规定和有关司法解释,自诉案件范围有以下几类。

1. 告诉才处理的案件

所谓告诉才处理的案件,是指由被害人及其法定代理人、近亲属等提起诉讼,人民法院才予以受理的案件。告诉才处理的刑事案件具体包括以下几类。

(1)《刑法》第二百四十六条规定的侮辱、诽谤案,但是严重危害社会秩序和国家利益的除外。

(2)《刑法》第二百五十七条第一款规定的暴力干涉婚姻自由案。

(3)《刑法》第二百六十条第一款规定的虐待案。

(4)《刑法》第二百七十条规定的侵占案。

2. 被害人有证据证明的轻微刑事案件

所谓轻微刑事案件,是指犯罪事实、情节较为轻微,可能判处3年以下有期徒刑以及拘役、管制等较轻刑罚的案件。应当注意的是,这类案件强调被害人的举证责任,自诉能否成立在一定程度上取决于被害人等有无证据或者证据是否充分,如果被害人等没有证据的,人民法院将不予受理。如果被害人等提出的证据不充分,不足以支持其起诉主张的,人民法院将裁定驳回自诉。被害人有证据证明的轻微刑事案件具体包括以下几类。

(1)《刑法》第二百三十四条第一款规定的故意伤害案。通常这类案件被称为轻伤案。

(2)《刑法》第二百四十五条规定的非法侵入住宅案。

(3)《刑法》第二百五十二条规定的侵犯通信自由案。

(4)《刑法》第二百五十八条规定的重婚案。

(5)《刑法》第二百六十一条规定的遗弃案。

(6)《刑法》分则第3章第1节规定的生产、销售伪劣商品案,但是严重危害社会秩序和

---

① http://baike.baidu.com/link? url.

国家利益的除外。

(7)《刑法》分则第3章第7节规定的侵犯知识产权案,但是严重危害社会秩序和国家利益的除外。

(8)属于《刑法》分则第4章、第5章规定的,对被告人可能判处3年有期徒刑以下刑罚的案件。

以上八类案件,被害人直接向人民法院起诉的,人民法院应当依法受理。对于其中证据不足、可由公安机关受理的,或者认为对被告人可能判处3年有期徒刑以上刑事处罚的,应当移送公安机关立案侦查。被害人向公安机关控告的,公安机关应当受理。伪证罪、拒不执行判决裁定罪由公安机关立案侦查。

3. 被害人有证据证明对被告人侵犯自己人身、财产权利的行为应当依法追究刑事责任,而公安机关或者人民检察院不予追究被告人刑事责任的案件

依据有关司法解释,所谓公安机关或者人民检察院不予追究被告人刑事责任的案件,是指公安机关或人民检察院已作出不予追究的书面决定的案件。即公安机关、人民检察院已经作出不立案、撤销案件、不起诉等书面决定。

6.3.4 刑事自诉状

1. 刑事自诉状的概念

刑事自诉状是刑事案件的被害人及其法定代理人为追究被告人的刑事责任,直接向人民法院起诉时提交的文书。代理律师应当根据事实和法律帮助自诉人写好刑事自诉状,经自诉人签名后交送人民法院。

2. 刑事自诉状的制作依据

《中华人民共和国刑事诉讼法》规定出现的情形,才可以向人民法院依法提起刑事自诉请求,自诉人提起自诉应当向人民法院提交刑事自诉状。

3. 刑事自诉状在司法实践中的应用

(1)刑事自诉状是被害人欲追究被告人的刑事责任而向有管辖权的人民法院的刑事审判庭提起的诉讼文书,所以要严格按照《中华人民共和国刑事诉讼法》第二百零四条的规定把握刑事自诉案件的范围。

(2)严格区分刑事公诉与刑事自诉案件,避免将不属于自诉案件范围的刑事案件当作自诉案件起诉。

(3)事实和理由部分要把案件当事人之间的关系交代清楚,叙述清楚被告人犯罪行为的关键情节。

(4)自诉人依法负有举证责任,所以应全面、具体、真实地列举被告人犯罪事实的有关证据,并写明证据的来源和证人的姓名、住址。

课 后 练 习

1. 刑事自诉的含义及起诉条件是什么?
2. 遗弃罪、虐待罪的构成条件是什么?
3. 案例分析

(1) 陈某之母黄某(81岁)自几年前生病后一直由陈某和其兄弟三人轮流供养,每10天轮换一次。陈某夫妇因怨恨黄某经常骂他们,并且在外面讲他们的坏话,自1998年上半年起,将黄某安排在厨房隔壁柴间内住。1999年3月份起,黄某的手摔断了,自己不能吃饭,需要喂才能吃到饭。1999年4月24日,黄某轮到陈某供养,陈某将其安顿在厨房隔壁柴间内住,每天只送早餐和中餐,将饭只放在床前的交椅上,没有喂黄某吃过一餐饭,也不过问黄某的情况。4月27日,同村老人龚某发现黄某睡在地上,黄某告诉龚某自己已经在地上躺了三天三夜,没有吃一点东西后,陈某兄弟important将黄某抱到床上。5月2日清晨,黄某被发现已死亡。而陈某竟不知道黄某什么时候死的。①

问题:试分析本案中陈某的行为应该如何定性,是认定为虐待罪还是故意杀人罪?是否数罪并罚?

(2) 2000年1月,河北省辛集市农村妇女薛某计划外怀孕,因患高血压等不宜流产的疾病,只能将孩子生下。因其家境贫寒,且负有许多外债,遂与同村人杨某商议将产后婴儿卖与他人,由杨某联系收养人。同年10月,薛某在医院顺产一男婴,按约定,薛某当日将男婴交与杨某及收养人李某,由李某给付薛某现金6000元。②

问题:试分析薛某是否构成遗弃罪。

(3) 2002年8月间,杨某到太仓市一较大的私营企业总经理黄某的办公室,向黄某提出要求借款50万元。黄某因与杨某素不相识,不同意借款给杨某,黄某并向公安派出所报警,派出所派员将杨某驱赶出该企业。杨某就此怀恨在心,伺机报复。此后杨某将道听途说到的内容,冒用该企业女员工曹乙男朋友的名义落款,编写成大字报称:"黄某与该企业三名女性时某、曹甲、曹乙(曹甲、曹乙系姐妹俩)有不正当两性关系;其中与时某有一私生子;黄某在汽车里同女人乱搞被某镇联防队抓住罚款等;请有关领导挽救一下黄某,不要让他再破坏自己与曹乙的恋爱关系等。"杨某叫人把以上内容抄成大字报,于2002年11月18日凌晨,把上述内容的4张大字报分别贴在黄某个人公司的大门外、该公司员工公寓大门外、该镇政府大门外及该镇菜场大门外。黄某在次日早上发现大字报后,即派人揭下。③

问题:试分析本案中杨某的行为是否构成诽谤罪。

---

① http://china.findlaw.cn/bianhu/gezuibianhu/qfgmrsqlmjqlz/nuenuedaizui/1239762.html.
② http://www.148com.com/html/582/104099.html.
③ http://china.findlaw.cn/bianhu/gezuibianhu/qfgmrsqlmjqlz/feibangzui/2609.html.

任务7 特殊群体纠纷及解决

学习目标

1. 掌握特殊群体的概念与范围。
2. 掌握特殊群体法律保护的规定。
3. 熟悉特殊群体享有的基本权利。
4. 能够为特殊群体的权益纠纷提供法律咨询与法律帮助。

7.1 法律原理

7.1.1 特殊群体

1. 特殊群体的概念

在辨析词典中,"特殊"是指跟同类事物或一般情况有所不同。特殊群体的"特殊"有两层含义:其一是这个群体由于自身或社会原因,属于边缘人群,容易被社会"忽视""遗弃"或"受歧视",因而具有弱势群体的特征;其二是由于种种原因,这个群体带来的社会矛盾和社会问题比较多,甚至可能会影响和破坏良好的社会秩序的形成。

从广义上说,特殊群体包括弱势群体、优抚对象和边缘人群。具体而言,弱势群体是指那些因主客观原因导致政治势力小、经济条件差、社会地位低、在社会竞争中处于劣势的人群,如孤寡老人、残疾人、老年人、未成年人、妇女、最低保障对象、下岗失业人员等。优抚对象包括现役军人家属、革命伤残军人、复员军人、因公牺牲军人家属、病故军人家属、现役军人家属、军队离退休干部等。边缘人群是指那些因为社会流动或者处于社会边缘而导致不适应社会的人群,如外来人口、社会边缘人群等。

本任务所指的特殊群体主要是在生理上存在弱势的群体,是那些由于生理性的原因而在生活的某些方面有所依赖、在社会竞争中处于劣势和容易被伤害的人群,如老年人、未成年人、艾滋病人和精神病人等。由于这些人的生理性弱势,导致他们中的大部分人没有或者丧失劳动能力,面对市场机制所产生的风险,缺乏自我保护能力,容易受到不公平待遇或是伤害,需要社会给予特别的关怀和照顾的群体。

2. 特殊群体的特征

特殊群体由于自身或社会的原因常处于不利地位,呈现出以下四个主要特征。

(1) 经济利益贫困性。特殊群体由于受到自身身体条件的限制,多为失业人员和低收入人员,无经济来源或者经济收入较低,生活较为贫困。

（2）生活质量低层次化。由于特殊群体的经济基础普遍较为薄弱，导致他们的生活质量普遍偏低，有些甚至连基本生活都难以保障，需要社会及国家的帮扶救济。

（3）承受能力的脆弱性。特殊群体的较低身体素质以及经济基础的薄弱，使得他们没有足够的精力能力以及物质基础来应对生活中的各种突发事件，承受能力较差。

（4）社会建设的破坏性。特殊群体因为承受能力的脆弱性，若是对其疏于引导、帮助，当他们无法及时解决生活中的各种问题或是遭受到社会的不公正对待时，他们容易滋生报复他人、报复社会的想法，对社会的建设、稳定及和谐造成一定的威胁。

从这四个特征上看出，特殊人群往往是弱势群体。

7.1.2 精神病人

1. 精神病人的概念

精神病是由于丘脑、大脑功能紊乱及病变而发生的感觉、记忆、思维、感情、行为等方面表现异常的病。精神病人是指患有严重的心理障碍的人，患者的认识、情感、意志、动作行为等心理活动均可出现持久的明显的异常，不能正常地学习、工作、生活，动作行为难以被一般人理解，在病态心理的支配下，有自杀或攻击、伤害他人的动作行为，有程度不等的自制力缺陷。精神病患者往往对自己的精神症状丧失判断力，认为自己的心理与行为是正常的，拒绝治疗。[①]

在法律上如何认定精神病人，《民通意见》第七条规定："当事人是否患有精神病，人民法院应当根据司法精神病学鉴定或者参照医院的诊断、鉴定确认。在不具备诊断、鉴定条件的情况下，也可以参照群众公认的当事人的精神状态认定，但应以利害关系人没有异议为限。"

2. 精神病人的民事行为能力及刑事责任能力

（1）精神病人的民事行为能力。民事行为能力是指民事主体能以自己的行为取得民事权利、承担民事义务的资格。《中华人民共和国民法通则》第十三条规定："不能辨认自己行为的精神病人是无民事行为能力人，由他的法定代理人代理民事活动。不能完全辨认自己行为的精神病人是限制民事行为能力人，可以进行与他的精神健康状况相适应的民事活动；其他民事活动由他的法定代理人代理，或者征得他的法定代理人的同意。"《民通意见》第四条规定："不能完全辨认自己行为的精神病人进行的民事活动，是否与其精神健康状态相适应，可以从行为与本人生活相关联的程度、本人的精神状态能否理解其行为，并预见相应的行为后果，以及行为标的数额等方面认定。"第五条规定："精神病人（包括痴呆症人）如果没有判断能力和自我保护能力，不知其行为后果的，可以认定为不能辨认自己行为的人；对于比较复杂的事物或是比较重大的行为缺乏判断能力和自我保护能力，并且不能预见其行为后果的，可以认定为不能完全辨认自己行为的人。"第六条规定："无民事行为能力、限制民事行为能力人接受奖励、赠与、报酬，他人不得以行为人无民事行为能力、限制民事行为能力为由，主张以上行为无效。"第六十七条规定："间歇性精神病人的民事行

---

① 冯玉，陈长虹. 精神病人的相关法律问题探讨[J]. 中国卫生资源，2011(11).

为,确能证明是在发病期间实施的,应当认定无效。行为人在神志不清的状态下所实施的民事行为,应当认定无效。"

由以上法律条文可知,完全不能辨认自己行为的精神病人的无民事行为能力人纯获利益的行为有效,其余皆无效。不能完全辨认自己行为的精神病人的限制民事行为能力人纯获利益的行为有效,与其精神健康状况相适应的行为有效,合同行为效力待定,单方民事行为如遗嘱无效。间歇性精神病人的民事行为,确能证明是在发病期间实施的,除纯获利益的行为外,应当认定无效。

此外,《中华人民共和国民法通则》第十九条规定:"精神病人的利害关系人,可以向人民法院申请宣告精神病人为无民事行为能力人或者限制民事行为能力人。被人民法院宣告为无民事行为能力人或者限制民事行为能力人的,根据他健康恢复的状况,经本人或者利害关系人申请,人民法院可以宣告他为限制民事行为能力人或者完全民事行为能力人。"《民通意见》第八条规定:"在诉讼中,当事人及利害关系人提出一方当事人患有精神病(包括痴呆症),人民法院认为确有必要认定时,应当按照《民事诉讼法(试行)》规定的特别程序,先作出当事人有无民事行为能力的判决。确认精神病人(包括痴呆症人)为限制行为能力人的,应当比照《民事诉讼法(试行)》规定的特别程序进行审理。"该法律规定明确了在法律程序上认定精神病人无民事行为能力、限制民事行为能力,按照《民事诉讼法》的特别程序中的认定公民无民事行为能力、限制民事行为能力案件办理。

(2) 精神病人的刑事责任能力。刑事责任能力是指行为人辨认和控制自己行为的能力。辨认能力是指一个人对自己行为的性质、意义和后果的认识能力。控制能力是指一个人按照自己的意志支配自己行为的能力。

① 完全无刑事责任能力的精神病人。《刑法》第十八条第一款规定:"精神病人在不能辨认或者控制自己行为的时候造成危害结果,经法定程序鉴定确定的,不负刑事责任,但是应当责令他的家属或者监护人严加看管和医疗;在必要的时候,由政府强制医疗。"由此可以看出:第一,精神病人应否负刑事责任,关键在于行为时是否具有辨认或者控制自己行为的能力;第二,行为时是否有辨认或者控制能力,既不能根据行为人的供述来确定,也不能凭办案人员的主观判断来确定,而是必须经过法定的鉴定程序予以确认;第三,对因不具有刑事责任能力不负刑事责任的精神病人,并不是一概放任不管,而是应当责令他的家属或者监护人严加看管和医疗,必要时也可以由政府强制医疗。①

② 完全有刑事责任能力的精神病人。《刑法》第十八条第二款规定:"间歇性的精神病人在精神正常的时候犯罪,应当负刑事责任。"间歇性精神病人在精神正常的时候,具有辨认或者控制自己行为的能力,因此,应当对自己的犯罪行为负刑事责任。

③ 限制刑事责任能力的精神病人。《刑法》第十八条第三款规定:"尚未完全丧失辨认或者控制自己行为的精神病人犯罪的,应当负刑事责任,但是可以从轻或者减轻处罚。"限制刑事责任能力的精神病人,是介于前两种精神病人之间的一部分精神病人。与完全无刑事责任能力精神病人相比,这种人并未完全丧失辨认和控制自己行为的能力,因此,不能像完全无刑事责任能力的精神病人那样,完全不负刑事责任。但是这种人作为精神病人,其

---

① http://china.findlaw.cn/ask/baike/102196.html.

刑事责任能力毕竟又有所减弱,因此,我国刑法规定对这种人可以从轻或者减轻处罚。

3. 精神病人的监护人

监护人是指对无行为能力或限制行为能力的人的人身、财产和其他一切合法权益负有监督和保护责任的人。精神病人因为行为能力的限制,需要监护人对其进行监护。

（1）对成年精神病人的监护。《中华人民共和国民法通则》第十七条规定:"无民事行为能力或者限制民事行为能力的精神病人,由下列人员担任监护人:配偶,父母,成年子女,其他近亲属,关系密切的其他亲属、朋友愿意承担监护责任,经精神病人的所在单位或者住所所在地的居民委员会、村民委员会同意的。"

对担任监护人有异议的,由精神病人的所在单位或者住所所在地的居民委员会、村民委员会在近亲属中指定。对指定不服提起诉讼的,由人民法院裁决。没有第一款规定的监护人的,由精神病人的所在单位或者住所所在地的居民委员会、村民委员会或者民政部门担任监护人。

（2）对未成年精神病人的监护。《民通意见》第十三条规定:"为患有精神病的未成年人设定监护人,适用民法通则第十六条的规定。"《中华人民共和国民法通则》第十六条规定:"未成年人的父母是未成年人的监护人。未成年人的父母已经死亡或者没有监护能力的,由下列人员中有监护能力的人担任监护人。祖父母、外祖父母,兄、姐,关系密切的其他亲属、朋友愿意承担监护责任,经未成年人的父、母的所在单位或者未成年人住所所在地的居民委员会、村民委员会同意的。

对担任监护人有争议的,由未成年人的父、母的所在单位或者未成年人住所所在地的居民委员会、村民委员会在近亲属中指定。对指定不服提起诉讼的,由人民法院裁决。没有第一款、第二款规定的监护人的,由未成年人的父、母的所在单位或者未成年人住所所在地的居民委员会、村民委员会或者民政部门担任监护人。"

4. 精神病人致害的责任承担

目前,社会上大量存在的精神病人致害案例已经引起了人们的广泛关注,对于精神病人犯罪的刑事责任承担,已在刑事责任能力中阐述,此处主要关注精神病人违法的民事责任承担问题。

《中华人民共和国民法通则》第一百三十三条规定:"无民事行为能力人、限制民事行为能力人造成他人损害的,由监护人承担民事责任。监护人尽了监护责任的,可以适当减轻他的民事责任。有财产的无民事行为能力人、限制民事行为能力人造成他人损害的,从本人财产中支付赔偿费用。不足部分,由监护人适当赔偿,但单位担任监护人的除外。"《侵权责任法》第三十二条规定:"无民事行为能力人、限制民事行为能力人造成他人损害的,由监护人承担侵权责任。监护人尽到监护责任的,可以减轻其侵权责任。有财产的无民事行为能力人、限制民事行为能力人造成他人损害的,从本人财产中支付赔偿费用。不足部分,由监护人赔偿。"

这意味着当精神病人致人损害时,精神病人无独立财产的,由监护人全部承担,但监护人尽了监护责任的,可适当减轻其责任。精神病人有独立财产的,应先从其财产中支付,余额由监护人承担,但单位担任监护人时,单位不承担。

5. 精神病人受害的保护赔偿

在精神病人受到违法犯罪行为侵害时,可通过以下途径维护他的权利、保护他的利益、取得应得赔偿。

(1) 受到违法行为侵害时,《民通意见》第十条规定:"监护人的监护职责包括:保护被监护人的身体健康,照顾被监护人的生活,管理和保护被监护人的财产,代理被监护人进行民事活动,对被监护人进行管理和教育,在被监护人合法权益受到侵害或者与他人发生争议时,代理其进行诉讼。"因而,当精神病人遭受到违法侵害时,应当由其监护人担任代理人进行维权索赔。

(2) 受到犯罪行为侵害时,依据法律规定,当精神病人受到犯罪行为侵害时,如果精神病人由于被告人的犯罪行为而遭受物质损失的,在刑事诉讼过程中,监护人有权代精神病人提起附带民事诉讼。对于自诉案件,监护人有权代精神病人向法院提起,如果不服地方各级人民法院第一审的判决、裁定,监护人有权代精神病人通过书状或者口头形式向上一级人民法院上诉。对于公诉案件,不服地方各级人民法院第一审判决的,自收到判决书后五日以内,监护人有权代精神病人请求人民检察院提出抗诉。对已经发生法律效力的判决、裁定,监护人可以代精神病人向人民法院或者人民检察院提出申诉。

7.1.3 艾滋病人

1. 艾滋病毒与艾滋病患者

艾滋病英语是 Acquired Immunodeficiency Syndrome,简称 AIDS,是获得性免疫缺陷综合征的英文缩写。它是由于感染了人类免疫缺陷病毒(简称 HIV)后引起的一种致死性传染病。

艾滋病毒即为人类免疫缺陷病毒(Human Immunodeficiency Virus,HIV),是造成人类免疫系统的缺陷的一种病毒。1983年,人类免疫缺陷病毒在美国首次发现。它是一种感染人类免疫系统细胞的慢病毒,属反转录病毒的一种。而艾滋病的全称叫获得性免疫缺陷综合征,是一种由免疫缺陷病毒感染引起的疾病。HIV 侵入人体后可潜伏几个月到几年,其间病毒感染者可能会没有任何症状地生活和工作很多年,但能够将病毒传染给其他人。当感染者的免疫系统受到病毒的严重破坏以至不能维持最低的抗病能力时,感染者便发展为艾滋病人。大多数艾滋病人在首次出现症状年内死亡。从感染艾滋病病毒到发病有一个完整的自然过程,临床上将这个过程分为四期,即急性感染期、潜伏期、艾滋病前期、典型艾滋病期。感染病毒者即称为艾滋病病毒感染者,感染者一旦经过病毒潜伏期而出现与艾滋病相关的症状和体征,就进入了艾滋病前期,即称为艾滋病人。目前,世界上还没有经科学证明可以治愈艾滋病的药物和方法,也没有预防艾滋病的疫苗,暂时为不治之症。目前已经研制出的一些药物只能在某种程度上缓解艾滋病人的症状和延长患者的生命。艾滋病仍是至今无有效疗法的致命性传染病。该病毒破坏人体的免疫能力,导致免疫系统失去抵抗力,从而导致各种疾病及癌症得以在人体内生存,发展到最后,导致艾滋病。[①]

---

① http://baike.baidu.com/link? url.

2. 艾滋病人的基本人权

在人权体系中,有一些权利具有核心地位和作用,它们对于公民来说是必不可少的、不可取代、不可转让的,是内在稳定和具有共同性的人权。这些基本人权的特征在于,包括人的生存、活动、自由、尊严等方面的权利,其主体是普遍的、无限的和绝对的。一切人,都应当享有基本人权。艾滋病患者作为人和公民,应当享有如下基本人权。

(1) 生命权。生命权是人们生存的根本权利,也是人们享有其他人权的基础。在艾滋病环境下,生命权更应得到充分的保护,应创造一切可能的条件延缓艾滋病患者的生命,不得随意剥夺艾滋病患者的生命。

(2) 不歧视和法律面前平等的权利。国际人权法保证人人有权在法律面前得到平等保护,保证不受任何理由的歧视,在卫生保健、就业、教育、移民、国际旅行、住房和社会保障领域不得歧视艾滋病患者和给予其不公平待遇等。《艾滋病防治条例》第三条规定:"任何单位和个人不得歧视艾滋病病毒感染者、艾滋病病人及其家属。艾滋病病毒感染者、艾滋病病人及其家属享有的婚姻、就业、就医、入学等合法权益受法律保护。"

(3) 健康权。保证艾滋病患者,尤其是艾滋病患者中社会和法律地位较低的脆弱人群妇女和儿童平等而且充分接受预防、治疗和护理的机会。《艾滋病防治条例》第四十一条规定:"医疗机构应当为艾滋病病毒感染者和艾滋病病人提供艾滋病防治咨询、诊断和治疗服务。医疗机构不得因就诊的病人是艾滋病病毒感染者或者艾滋病病人,推诿或者拒绝对其其他疾病进行治疗。"

(4) 隐私权。隐私权包括尊重生理隐私,如征求艾滋病检测的同意和与艾滋病相关信息等个人隐私面的保密。与艾滋病相关的隐私包括进行艾滋病病毒检查需经艾滋病患者知情并同意,必须对患者感染情况加以保密等。在保证足够的安全措施的情况下,使任何检测都征得个人的同意,并确保艾滋病的信息在没有个人同意的情况下不向第三方透露。《艾滋病防治条例》第三十九条规定:"未经本人或者其监护人同意,任何单位或者个人不得公开艾滋病病毒感染者、艾滋病病人及其家属的姓名、住址、工作单位、肖像、病史资料以及其他可能推断出其具体身份的信息。"

(5) 分享科学进步及其应用所产生的利益的权利。艾滋病患者享有在各国之间和国内所有群体间公平的分享基本药物和治疗的权利,若有可能,应公平地分享更为昂贵和复杂的各种疗法的权利。

(6) 人身自由和安全的权利。任何单位和个人不能以艾滋病病毒状况为由,采用检疫、专门区域拘留或隔离等措施任意干涉艾滋病人的人身自由和安全。国家也不能以保障公共健康为理由而剥夺艾滋病患者的自由。

(7) 受教育的权利。国家应保障艾滋病患者平等而且充分享有接受教育的权利。《中华人民共和国宪法》第四十六条规定:"中华人民共和国公民有受教育的权利和义务。"艾滋病人和其他健康人一样,享有进入高等院校接受高等教育的权利。《艾滋病防治条例》第四十五条规定:"生活困难的艾滋病病人遗留的孤儿和感染艾滋病病毒的未成年人接受义务教育的,应当免收杂费、书本费;接受学前教育和高中阶段教育的,应当减免学费等相关费用。"

(8) 言论和信息自由权。艾滋病患者有权利寻求、接受和传递有关艾滋病病毒预防和诊疗的相关信息。国家有责任倾听艾滋病患者为了维护自己权益，诉求得到更好的保护的言论。

（9）集会和结社的权利。《世界人权宣言》中指出："人人享有和平集会的自由。"在艾滋病领域，集会和结社的自由对艾滋病问题的宣传和权益保护有着重要的意义，所以应保证允许艾滋病人举行集会和参加有关团体，保证艾滋病人团体获准登记。

（10）工作权。各国应保障艾滋病患者的工作权，使其能够尽可能长久地工作，如果因身体状况无法进行工作，则给他们以公平的机会得到现有各种疾病和残疾的保障方法。《艾滋病防治条例》第四十七条规定："县级以上地方人民政府有关部门应当创造条件，扶持有劳动能力的艾滋病病毒感染者和艾滋病病人，从事力所能及的生产和工作。"

3. 艾滋病人在婚姻家庭中的法律问题

这主要涉及离婚时财产分割和孩子的抚养，以及夫妻一方死亡时，感染艾滋病病毒或者患艾滋病的另一方如何继承遗产。

（1）离婚时财产的分割问题。感染艾滋病病毒或者患艾滋病的夫妇离婚时财产分割的原则，同一般离婚案件财产分割的原则是一致的，即"坚持男女平等，保护妇女、儿童的合法权益，照顾无过错方，尊重当事人意愿，有利生产、方便生活的原则，合情合理地予以解决"。《婚姻法》第四十二条规定："离婚时，如一方生活困难，另一方应从其住房等个人财产中给予适当帮助"，如果感染艾滋病毒或患艾滋病一方生活困难，离婚时，另一方应给予适当的帮助。

（2）离婚时孩子的抚养问题。感染艾滋病毒者或艾滋病患者的夫妇离婚时子女抚养问题，应从有利于子女身心健康、保障子女的合法权益出发，结合父母双方的抚养能力和抚养条件等具体情况妥善解决。《最高人民法院关于人民法院审理离婚案件处理子女抚养问题的若干具体意见》（以下简称《意见》）规定："两周岁以下的子女，一般随母方生活。母方有下列情形之一的，可随父方生活。患有久治不愈的传染性疾病或其他严重疾病，子女不宜与其共同生活的……"如果夫妻双方对抚养子女不能达成协议，法院在判决时，一般会判决子女随未感染艾滋病的一方生活。按照《意见》规定，父母双方对10周岁以上的未成年子女随父或随母生活发生争执的，应考虑该子女的意见；对于两周岁以上未满10周岁的未成年子女，父母不能达成一致意见的，如果父母一方感染艾滋病，子女宜随未感染艾滋病的父母一方生活，若父母均感染艾滋病毒或患艾滋病，按照有利于子女利益的原则确定。

7.1.4 未成年人权益的保护

所谓未成年人，是指没有达到法定成年年龄的人。联合国《儿童权利公约》中规定，儿童是指未满18周岁的公民。我国法律规定的"未成年人"与联合国《儿童权利公约》中的规定是基本一致的。中国的"法律对未成年人进行保护"中的未成年人是指18岁以下的人。《中华人民共和国宪法》第三十四条规定："中国公民年满十八周岁，不分民族、种族、性别、职业、家庭出身、宗教信仰、教育程度、财产状况和居住期限，都有选举权和被选举权；但是依照法律被剥夺政治权利的人除外。"据此可知，在我国未成年人是指不满18周岁的人。

1. 未成年人保护法

《中华人民共和国宪法》第四十九条第一款、第四款分别规定："婚姻、家庭、母亲和儿童受国家的保护","禁止破坏婚姻自由,禁止虐待老人、妇女和儿童"。为了保护未成年人的身心健康,保障未成年人的合法权益,促进未成年人在品德、智力、体质等全面发展,根据宪法,我国于1991年制定了《中华人民共和国未成年人保护法》并于2006年、2012年进行了修改,以其为核心,形成了未成年人保护法体系。

保护未成年人的工作应当遵循下列原则:尊重未成年人的人格尊严;适应未成年人身心发展的规律和特点;教育与保护相结合。

2. 未成年人的权利

除法律明确限制未成年人的权利如选举权之外,未成年人享有公民的各项权利和自由。《中华人民共和国未成年人保护法》第三条规定:"未成年人享有生存权、发展权、受保护权、参与权等权利,国家根据未成年人身心发展特点给予特殊保护、优先保护,保障未成年人的合法权益不受侵犯。未成年人享有受教育权,国家、社会、学校和家庭尊重和保障未成年人的受教育权。未成年人不分性别、民族、种族、家庭财产状况、宗教信仰等,依法平等地享有权利。"未成年人的权利具体如下:

(1) 生存权。生存权是指未成年人的生命得以延续的权利,包括生命、健康权、劳动权(年满16周岁的未成年人享有劳动权)、休息权和获得生活救济的权利等。生存权是所有权利中一项基础性的、前提性的权利。

(2) 发展权。发展权是指未成年人获得平等的发展机会的权利,主要有受教育权、进行科学研究、文学艺术创作和其他文化活动的自由以及得到特殊保护的权利等。这意味着创造有益于未成年人发展的条件是国家的重要责任。

(3) 受保护权。受保护权是指未成年人有权获得国家的立法保护、行政保护、司法保护等。

(4) 参与权(参政权)。公民的参政权是参与民主政治而由宪法和法律确立下来的权利。未成年人由于年龄尚未满18周岁,所以在参政权上受到较大限制,如选举权和被选举权的缺失,但仍可以享有一些参与权利,如知情权、监督权(包括批评权、建议权、控告权、检举权四项内容)等。

(5) 平等权。未成年人不分性别、民族、种族、家庭财产状况、宗教信仰等,依法平等地享有权利。未成年人的平等权包括形式平等和实质平等。为达到实质平等,《中华人民共和国未成年人保护法》全面规定了未成年人的家庭保护、学校保护、社会保护和司法保护,构成了未成年人的特殊保护体系。

3. 未成年人的特殊保护体系

根据我国相关法律的规定,未成年人的特殊保护体系主要包括家庭、学校、社会、司法保护。

(1) 未成年人的家庭保护。家庭保护是指父母或其他监护人对未成年人实施的家庭方面的教育和保护,包括对未成年人进行生理上的关心爱护和心理上的帮助教育。家庭保护的内容包括:抚养未成年人,不得虐待遗弃未成年人,不得歧视女性未成年人或者有残疾的未成年人,不得溺婴、弃婴等。此外,监护制度也属于未成年人的家庭保护的一部分。

《中华人民共和国未成年人保护法》第十一条规定:"父母或者其他监护人应当关注未

成年人的生理、心理状况和行为习惯,以健康的思想、良好的品行和适当的方法教育和影响未成年人,引导未成年人进行有益身心健康的活动,预防和制止未成年人吸烟、酗酒、流浪、沉迷网络以及赌博、吸毒、卖淫等行为。"第十二条规定:"父母或者其他监护人应当学习家庭教育知识,正确履行监护职责,抚养教育未成年人。有关国家机关和社会组织应当为未成年人的父母或者其他监护人提供家庭教育指导。"第十三条规定:"父母或者其他监护人应当尊重未成年人受教育的权利,必须使适龄未成年人依法入学并完成义务教育,不得使接受义务教育的未成年人辍学。"第十四条规定:"父母或者其他监护人应当根据未成年人的年龄和智力发展状况,在作出与未成年人权益有关的决定时告知其本人,并听取他们的意见。"第十五条规定:"父母或者其他监护人不得允许或者迫使未成年人结婚,不得为未成年人订立婚约。"

(2) 未成年人的学校保护。学校是有计划、有组织地进行教育活动的场所。未成年人的学校保护可以分为两个重要方面,对未成年人受教育的保护以及对未成年人人身权的保护。学校对在校未成年人承担的是法律规定的人身安全保护的义务,这种义务来源于教育法律法规,以及《中华人民共和国未成年人保护法》《侵权责任法》等的有关规定,不同于父母或其他监护人对未成年人的监护义务。

(3) 未成年人的社会保护。社会保护是指在社会生活环境中对未成年人实施的保护,它与在家庭及学校等特定环境中实施的保护有所不同。首先,在社会中,未成年人以较独立的主体资格和其他社会成员一样,参与各种社会活动,面临更多的风险,因此需要社会从多方面对未成年人进行保护。其保护的内容主要有四个方面,即对未成年人活动场所和设施的引导保护,对未成年人接触出版物的引导,对未成年人卫生保健的保护,对未成年人劳动和就业的保护。

《中华人民共和国未成年人保护法》第三十二条规定:"国家鼓励新闻、出版、信息产业、广播、电影、电视、文艺等单位和作家、艺术家、科学家以及其他公民,创作或者提供有利于未成年人健康成长的作品。出版、制作和传播专门以未成年人为对象的内容健康的图书、报刊、音像制品、电子出版物以及网络信息等,国家给予扶持。

国家鼓励科研机构和科技团体对未成年人开展科学知识普及活动。"

(4) 未成年人的司法保护。司法保护是指公安机关、人民检察院、人民法院以及监狱、少年犯管教所等教育改造执行机关,依法行使权力,履行职责,对未成年人实施的专门保护活动。司法保护主要涉及两个方面的工作:一方面是对直接或间接侵害未成年人合法权益的行为进行法律制裁,通过惩罚行为人和教育其他公民,尽量减少和预防新的侵害行为发生。另一方面是对由于各种原因误入违法犯罪歧途的未成年人,依法进行惩罚改造和教育挽救。司法保护的方针和原则是,对违法犯罪的未成年人,实行教育、感化、挽救的方针,坚持教育为主,惩罚为辅的原则。

《中华人民共和国未成年人保护法》第五十条规定:"公安机关、人民检察院、人民法院以及司法行政部门,应当依法履行职责,在司法活动中保护未成年人的合法权益。"

7.1.5 老年人

1. 老年人的含义

按照国际规定,65周岁以上的人确定为老年人。在中国,60周岁以上的公民为老年人。《中华人民共和国老年人权益保障法》所称老年人是指六十周岁以上的公民。随着社会老龄化的日益加重,中国的老年人越来越多,所占人口比例也越来越高,2014年我国的老年人口总量达到2.12亿人,占总人口比重15.5%。随着数量的不断增加,老年人面临着养老、医疗以及精神赡养等诸多社会问题。

我国将老年人分为三类,分别是自理老人、介助老人、介护老人。"自理老人是指日常生活饮食起居等行为完全能够自理,不依赖他人护理的老年人","介助老人是指依赖扶手、拐杖、轮椅等其他设施帮助才能完成日常生活行为的老年人","介护老人是指日常生活行为完全依赖他人护理的老年人"。

2. 老年人权益保障法

《中华人民共和国宪法》第四十四条规定退休人员的生活受到国家和社会的保障,第四十九条规定禁止虐待老人。为了保障老年人合法权益,发展老年事业,弘扬中华民族敬老、爱老的美德,根据宪法,我国于1996年制定了《中华人民共和国老年人权益保障法》并于2012年进行修订,以其为核心,形成了我国的老年人保护法体系。其基本原则有,国家保障老年人依法享有的权益,老年人有从国家和社会获得物质帮助的权利,有参与社会发展和共享发展成果的权利,禁止歧视、侮辱、虐待或者遗弃老年人。

3. 老年人权利的保护体系

老年人作为特殊群体和弱势群体,除享有一般公民的权利(如政治权利、经济社会文化权利等)外,还享有国家法律法规规定的特殊权益,如受赡养扶助的权利、从国家和社会获得物质帮助的权利、参与社会发展和共享发展成果的权利等。

(1) 老年人受家庭赡养与扶养权利。老年人以居家为基础,家庭成员应当尊重、关心和照料老年人。

《中华人民共和国老年人权益保障法》第十四条规定:"赡养人应当履行对老年人经济上供养、生活上照料和精神上慰藉的义务,照顾老年人的特殊需要。赡养人是指老年人的子女以及其他依法负有赡养义务的人。赡养人的配偶应当协助赡养人履行赡养义务。"

(2) 老年人的社会保障权利。老年人的社会保障主要包括养老、医疗、社会救济、社会福利保障、法律救助等。

① 老年人的养老保障。国家通过基本养老保险制度,保障老年人的基本生活。

② 老年人的医疗保障。国家通过基本医疗保险制度,保障老年人的基本医疗需要。享受最低生活保障的老年人和符合条件的低收入家庭中的老年人,参加新型农村合作医疗和城镇居民基本医疗保险所需个人缴费的部分,由政府给予补贴。

③ 老年人的社会救济。国家对经济困难的老年人给予基本生活、医疗、居住或者其他救助。老年人无劳动能力、无生活来源、无赡养人和扶养人,或者赡养人和扶养人确无赡养能力或者扶养能力的,由地方各级人民政府依照有关规定给予供养或者救助。对流浪乞

讨、遭受遗弃等生活无着的老年人,由地方各级人民政府依照有关规定给予救助。

④ 老年人的社会福利保障。包括住房福利、教育福利、文化福利、交通福利、社区服务和老年福利设施等内容。

⑤ 老年人的法律救助。老年人因其合法权益受侵害提起诉讼交纳诉讼费确有困难的,可以缓交、减交或者免交;需要获得律师帮助,但无力支付律师费用的,可以获得法律援助。

(3) 老年人参与社会发展和共享发展成果的权利。

国家和社会应当重视、珍惜老年人的知识、技能、经验和优良品德,发挥老年人的专长和作用,保障老年人参与经济、政治、文化和社会生活。国家为老年人参与社会发展创造了条件,根据社会的需要和条件的可能,鼓励老年人在自愿和量力而行的情况下,从事社会活动。老年人参与劳动的合法收入受法律保护。老年人有继续受教育的权利。

4. 老年人组织对老年人的保护

基层群众性自治组织(居民委员会、村民委员会)和依法设立的老年人组织应当反映老年人的要求,维护老年人合法权益,为老年人服务。

5. 养老机构

(1) 养老机构的基本概念及类型。养老机构是一种公共服务机构,是非营利性的公益事业,需要国家的政策支持、财政投入,可以享有政府特设的各项优惠。但是不能按市场经营的方式从老年人身上获取丰厚的利润,不得以此作为牟利的工具,而是要根据不同的老年人的具体经济状况设立不同层次的养老机构。在目前的养老市场上,根据老年人的实际的生活需求和客观的物质条件,已经存在为不同需要的老年人设置的养老机构。

① 老年公寓。老年公寓是指符合老年人体能、心态特征的公寓式老年住宅,是具备餐饮、清洁卫生、文化娱乐、医疗保健的服务体系,是综合管理的住宅型养老机构。从这个定义的表述可以看出,入住老年公寓的老年人应该是能够自理,至少是可以半自理的老年人。

② 托老所。托老所是指专门照料老年人日间物质生活,并辅以一定文化娱乐、体育锻炼等精神生活的养老场所。现阶段,我国托老所并不流行,目前托老所的职责多数是日托的形式,应该说这种形式的养老机构同样属于福利机构。

③ 养老院(老年社会福利院)。养老院是指为老年人寄住,并提供以日常生活照料为主的综合性服务的社会养老的福利机构。从广义的角度讲,养老院是所有养老机构的总称。而从狭义的角度说,它是一种老年福利机构,是为老年人提供以日常生活照料为主的综合性服务机构。需要强调的是,养老院所为老年人提供的服务内容可能同其他类型的养老机构有所雷同,并且同样具有社会福利性质,但是在硬件设施的条件上、入住费用的收费标准上与老年公寓等养老机构会有所差别,因为,养老院主要是针对中低收入水平的老年人。

④ 敬老院。敬老院是指以街道、乡(镇)无生活来源、无劳动能力、无赡养人的老年人,以及"五保老年人"入住为主,同时为社会老年人提供托养服务的养老机构。显然,根据这样的定义,敬老院应该是由政府出资来举办的,入住的老年人的生活应该完全由政府供养。

⑤ 老年护理院。老年护理院是指为不能自理,需要护理服务的老年人提供以生活照

料、疾病康复护理为主的养老机构。老年护理院所收住的对象主要是具有某些疾病,几乎已经丧失自理能力而需要特别护理的老年人。所以,这样的养老机构需要有较高标准的医疗硬件设施,以及具有专业护理知识的医护人员来进行服务。

为加强老年人社会福利机构的规范化管理,维护老年人权益,促进老年人社会福利事业健康发展,民政部社会福利和社会事务司起草并发布了《中华人民共和国行业标准老年人社会福利机构基本规范》。该规范对养老机构中的硬件设施标准作出了规定,建筑设计应该具备无障碍设施。硬件设施设备应当进行适当维护、确保设施设备处于完好有效状态。在房舍内应当配备紧急呼叫系统,确保老年人在需要时能够及时呼叫服务人员。在生活方面必须要有基本的设施设备。

养老机构除了必要的硬件条件以外,为了使入住的老年人的生活质量、生命质量有所保障,更重要的是要有良好的软件条件。根据《中华人民共和国行业标准老年人社会福利机构基本规范》,对养老机构主要服务内容的标准包括有膳食、护理、康复、心理等方面进行了规定。同时,该规范针对不同的老年人,如对能自理的老人、生活依赖设施帮助介助老人和日常生活行为依赖他人的介护老人都规定了不同的服务标准。对养老机构的管理的标准也提出了明确要求,其内容主要包括:机构证书和名称、人力资源的配置和制度建设等。

(2) 养老机构责任的承担。《中华人民共和国老年人权益保障法》第七十八条规定:"未经许可设立养老机构的,由县级以上人民政府民政部门责令改正;符合法律、法规规定的养老机构条件的,依法补办相关手续;逾期达不到法定条件的,责令停办并妥善安置收住的老年人;造成损害的,依法承担民事责任。"

6. 老年人维权途径

老年人合法权益遭到损害后,应当及时积极进行维权。《中华人民共和国老年人权益保障法》第七十二条规定:"老年人合法权益受到侵害的,被侵害人或者其代理人有权要求有关部门处理,或者依法向人民法院提起诉讼。人民法院和有关部门,对侵犯老年人合法权益的申诉、控告和检举,应当依法及时受理,不得推诿、拖延。"第七十四条规定:"老年人与家庭成员因赡养、扶养或者住房、财产等发生纠纷,可以申请人民调解委员会或者其他有关组织进行调解,也可以直接向人民法院提起诉讼。人民调解委员会或者其他有关组织调解前款纠纷时,应当通过说服、疏导等方式化解矛盾和纠纷;对有过错的家庭成员,应当给予批评教育。人民法院对老年人追索赡养费或者扶养费的申请,可以依法裁定先予执行。"

7.1.6 特殊群体的主要法律规定

1.《中华人民共和国民法通则》

第十三条　不能辨认自己行为能力的精神病人是无民事行为能力人,由他的法定代理人代理民事活动。不能完全辨认自己行为的精神病人是限制民事行为能力人,可以进行与他的精神健康状况相适应的民事活动;其他民事活动由他的法定代理人代理,或者征得他的法定代理人的同意。

第十九条　精神病人的利害关系人,可以向人民法院申请宣告精神病人为无民事行为能力人或者限制民事行为能力人。被人民法院宣告为无民事行为能力人或者限制民事行为能力人的,根据他健康恢复的状况,经本人或者利害关系人申请,人民法院可以宣告他为限制民事行为能力人或者完全民事行为能力人。

第十七条 无民事行为能力或者限制民事行为能力的精神病人,由下列人员担任监护人:

(一) 配偶;

(二) 父母;

(三) 成年子女;

(四) 其他近亲属;

(五) 关系密切的其他亲属、朋友愿意承担监护责任,经精神病人的所在单位或者住所所在地的居民委员会、村民委员会同意的。

2.《中华人民共和国刑法》

第十八条第一款 精神病人在不能辨认或者控制自己行为的时候造成危害结果,经法定程序鉴定确定的,不负刑事责任,但是应当责令他的家属或者监护人严加看管和医疗;在必要的时候,由政府强制医疗。

第十八条第二款 间歇性的精神病人在精神正常的时候犯罪,应当负刑事责任。

3.《中华人民共和国侵权责任法》

第三十二条 无民事行为能力人、限制民事行为能力人造成他人损害的,由监护人承担侵权责任。监护人尽到监护责任的,可以减轻其侵权责任。有财产的无民事行为能力人、限制民事行为能力人造成他人损害的,从本人财产中支付赔偿费用。不足部分,由监护人赔偿。

4.《艾滋病防治条例》

第三条 任何单位和个人不得歧视艾滋病病毒感染者、艾滋病病人及其家属。艾滋病病毒感染者、艾滋病病人及其家属享有的婚姻、就业、就医、入学等合法权益受法律保护。

第四十一条 医疗机构应当为艾滋病病毒感染者和艾滋病病人提供艾滋病防治咨询、诊断和治疗服务。

第三十九条 未经本人或者其监护人同意,任何单位或者个人不得公开艾滋病病毒感染者、艾滋病病人及其家属的姓名、住址、工作单位、肖像、病史资料以及其他可能推断出其具体身份的信息。

第四十七条 县级以上地方人民政府有关部门应当创造条件,扶持有劳动能力的艾滋病病毒感染者和艾滋病病人,从事力所能及的生产和工作。

5.《中华人民共和国未成年人保护法》

第三条 未成年人享有生存权、发展权、受保护权、参与权等权利,国家根据未成年人身心发展特点给予特殊保护、优先保护,保障未成年人的合法权益不受侵犯。未成年人享有受教育权,国家、社会、学校和家庭尊重和保障未成年人的受教育权。未成年人不分性别、民族、种族、家庭财产状况、宗教信仰等,依法平等地享有权利。

父母对未成年人的监护参见第十一条至第十三条。

第二十条 学校应当与未成年学生的父母或者其他监护人互相配合,保证未成年学生的睡眠、娱乐和体育锻炼时间,不得加重其学习负担。

第二十一条 学校、幼儿园、托儿所的教职员工应当尊重未成年人的人格尊严,不得对未成年人实施体罚、变相体罚或者其他侮辱人格尊严的行为。

第二十二条 学校、幼儿园、托儿所应当建立安全制度,加强对未成年人的安全教育,采取措施保障未成年人的人身安全。

学校、幼儿园、托儿所不得在危及未成年人人身安全、健康的校舍和其他设施、场所中进行教育教学活动。

有关未成年人身心健康成长的保护,参见第三十三条、第三十四条、第三十六条、第四十一条的规定。

有关未成年人合法权益的保护,参见第五十一条至第五十七条规定。

6.《中华人民共和国老年人权益保障法》

老年人赡养的规定参见第十五条、第十八条、第十九条、第二十条、第二十四条、第二十五条。

第二十八条 国家通过基本养老保险制度,保障老年人的基本生活。

第二十九条 国家通过基本医疗保险制度,保障老年人的基本医疗需要。享受最低生活保障的老年人和符合条件的低收入家庭中的老年人参加新型农村合作医疗和城镇居民基本医疗保险所需个人缴费部分,由政府给予补贴。有关部门制定医疗保险办法,应当对老年人给予照顾。

第三十一条 国家对经济困难的老年人给予基本生活、医疗、居住或者其他救助。

老年人无劳动能力、无生活来源、无赡养人和扶养人,或者其赡养人和扶养人确无赡养能力或者扶养能力的,由地方各级人民政府依照有关规定给予供养或者救助。对流浪乞讨、遭受遗弃等生活无着的老年人,由地方各级人民政府依照有关规定给予救助。

第三十三条 ……国家鼓励地方建立八十周岁以上低收入老年人高龄津贴制度。国家建立和完善计划生育家庭老年人扶助制度。

第三十四条 老年人依法享有的养老金、医疗待遇和其他待遇应当得到保障,有关机构必须按时足额支付,不得克扣、拖欠或者挪用。国家根据经济发展以及职工平均工资增长、物价上涨等情况,适时提高养老保障水平。

第五十五条 老年人因其合法权益受侵害提起诉讼交纳诉讼费确有困难的,可以缓交、减交或者免交;需要获得律师帮助,但无力支付律师费用的,可以获得法律援助。

第七十九条 养老机构及其工作人员侵害老年人人身和财产权益,或者未按照约定提供服务的,依法承担民事责任;有关主管部门依法给予行政处罚;构成犯罪的,依法追究刑事责任。

第八十条 对养老机构负有管理和监督职责的部门及其工作人员滥用职权、玩忽职守、徇私舞弊的,对直接负责的主管人员和其他直接责任人员依法给予处分;构成犯罪的,依法追究刑事责任。

7.《中华人民共和国妇女权益保护法》

第十七条 学校应当根据女性青少年的特点,在教育、管理、设施等方面采取措施,保障女性青少年身心健康发展。

第十八条　父母或者其他监护人必须履行保障适龄女性儿童少年接受义务教育的义务。

第二十三条　各单位在录用职工时，除不适合妇女的工种或者岗位外，不得以性别为由拒绝录用妇女或者提高对妇女的录用标准。

各单位在录用女职工时，应当依法与其签订劳动（聘用）合同或者服务协议，劳动（聘用）合同或者服务协议中不得规定限制女职工结婚、生育的内容。

禁止录用未满十六周岁的女性未成年人，国家另有规定的除外。

第二十六条　……妇女在经期、孕期、产期、哺乳期受特殊保护。

第二十七条　任何单位不得因结婚、怀孕、产假、哺乳等情形，降低女职工的工资，辞退女职工，单方解除劳动（聘用）合同或者服务协议。但是，女职工要求终止劳动（聘用）合同或者服务协议的除外。

第三十四条　妇女的人身自由不受侵犯。禁止非法拘禁和以其他非法手段剥夺或者限制妇女的人身自由；禁止非法搜查妇女的身体。

第三十五条　妇女的生命健康权不受侵犯。禁止溺、弃、残害女婴；禁止歧视、虐待生育女婴的妇女和不育妇女；禁止用迷信、暴力手段残害妇女；禁止虐待、遗弃老年妇女。

第三十六条　禁止拐卖、绑架妇女；禁止收买被拐卖、绑架的妇女。

第四十四条　国家保护离婚妇女的房屋所有权。

夫妻共有的房屋，离婚时，分割住房由双方协议解决；协议不成的，由人民法院根据双方的具体情况，照顾女方和子女权益的原则判决。夫妻双方另有约定的除外。

夫妻共同租用的房屋，离婚时，女方的住房应当按照照顾女方和子女权益的原则协议解决。

夫妻居住男方单位的房屋，离婚时，女方无房居住的，男方有条件的应当帮助其解决。

7.2　案例研究

7.2.1　案例介绍

案例1　精神病人侵权纠纷

2009年9月14日晚10时40分许，在福州市仓山区某新村3座楼前某食杂店旁，被告叶某持刀将原告江某某（食杂店老板）捅伤。事件发生后，原告被送往福州市某医院抢救治疗，于2010年3月30日治疗好转经原告要求出院，共住院治疗198天。福建警察学院司法鉴定中心作出司法鉴定意见书，鉴定意见原告伤情属重伤，相当于职工工伤九级伤残。事件发生后，被告的监护人叶某建已先后支付原告人民币21000元。

仓山法院审理认为，被告叶某患有精神分裂，患病期间将原告捅成重伤，事实清楚，证据充分，应予以认定。被告叶某患精神分裂已有三年，其精神症状一直处于发病期，本案人身伤害事件系被告叶某在精神病状态下作案，作案时对自己行为的辨认和控制能力已完全丧失,无责任能力,属于无民事行为能力人。被告叶某患精神病期间致原告损害损失,依法应当由其监护人即被告叶某建、向某某承担民事赔偿责任。依法判决被告监护人叶某建、向某某于判决生效之日起十日内赔偿原告江某某医疗费、误工费、护理费、住院伙食补助费、交通费、营养费、伤残赔偿金、鉴定费、精神抚慰金共计人民币 286 675.64 元,扣除被告叶某建已付的 21 000 元,实付人民币 265 675.64 元。①

问题:请以一名社会工作者的身份,分析法院作出此判决的法律依据。

案例 2 公共场所安全管理侵权纠纷

王某是一个 9 岁的小男孩,上小学四年级,每天放学后他都和小朋友在自己居住的小区玩耍。他们最喜欢去的地方是小区的一处观景台,这个观景台位于小区的中心,整个社区的居民都喜欢在这里休闲健身。

2008 年 2 月 24 日,王某和另一个 7 岁的小朋友在观景台玩耍时,不慎从观景台的缺口处摔落,从 4 米高的平台直接掉在地面上,身旁还有几摊血迹。在大家及小区保安的帮助下,王某被送往医院。经过医院诊断:王某右股骨干粉碎性骨折、颅骨骨折,被鉴定为十级伤残。为此王某先后进行了两次手术,身心受到巨大伤害,终日恐惧,沉默不语。

王某的母亲认为,事发地点的观景台单纯为了观景的方便,没有设置必要的护栏,有六、七米长的缺口,正是在这个缺口处,王某不慎摔落。同时,缺口旁边既没有警示标志,也没有专人看护,存在很大的安全隐患。因而王某的母亲认为小区的管理者应当为王某的受伤负责。但小区物业方面坚持认为,王某还是未成年人,应该由监护人监护,家长负完全责任,物业没有责任。双方经多次协商未果,王某的母亲遂诉至法院,要求小区承担赔偿责任。②

问题:请从社区管理的角度,分析此案的责任主体及此案裁决的法律依据。

案例 3 养老院监护侵权案例

郭甲是郭某的儿子,今年 45 岁,是北京一家外企的部门经理,平时工作比较忙,也没有多少时间照顾自己的老父亲,而父亲郭某患有老年痴呆症,于是郭甲于 2001 年将老父亲送入北京一家养老院,由养老院负责照顾老父亲郭某。郭甲基本上两三个月去养老院看望一次父亲郭某。今年 5 月,郭某在养老院吃早饭时不慎噎食,经抢救无效死亡。郭甲于是以养老院监护失职为由将养老院告上法庭,要求养老院赔偿死亡赔偿金、精神损失费等其他费用共计 10 万元。养老院则认为,郭某曾患有脑血栓后遗症,在送到养老院之前就存在噎食、呛水等症状。为此,养老院特意安排了有护理经验的人员监护。前几次郭某呛水、噎食后,护理员曾建议郭甲带郭某到医院治疗,但郭甲并没有照做。事发时,护理员采用了"噎食急救法"抢救,但因郭某自身病情严重,仍抢救无效死亡。

问题:请分析法院该如何判定该案的责任承担主体,并确认法律依据是什么。

7.2.2 案例分析

在案例 1 中,这是一例典型的无民事行为能力人致他人损害的赔偿案。关于无民事行

---

① http://www.lawtime.cn/article/lll1049341841049392780o230306.
② http://www.chinachild.org/b/al/6152.html.

为能力人致他人损害,由谁承担民事责任问题,《中华人民共和国民法通则》第一百三十三条第一款规定:"无民事行为能力人、限制民事行为能力人造成他人损害的,由监护人承担民事责任。监护人尽了监护责任的,可以适当减轻他的民事责任。"据此规定,凡无民事行为能力人、限制民事行为能力人造成他人损害的,均应由其监护人承担民事责任。即使监护人尽了监护职责,也仅是可以适当减轻其责任,而非免责事由。本案中,被告叶某患精神病是无民事行为能力人,其患精神病期间致原告损害,依法应当由其监护人即被告叶某建、向某某承担民事责任。被告叶某患精神病三年期间,在精神症状的支配下多次向家人等寻求帮助,但被告叶某建、向某某作为被告叶某的法定监护人未尽监护义务,未能警觉及时给予治疗,使其精神症状一直处于发病期,最终引发本案伤人事件,监护人没有尽到监护职责,不存在减轻责任的情形,应完全承担民事责任。

在案例2中,首先,被告放任小区存在安全隐患的情况存在,没有尽到管理责任。

本案事发地点属小区居民公共活动场所,在事发平台两侧均有通行引导的楼梯直通,因而王某在此玩耍的行为并不违规违法。在国家标准《固定式工业防护栏杆》中规定:"4米以下临空高度的防护栏杆高度不应低于1.05米,超过24米临空高度的栏杆高度不应低于1.10米。"同时我国《民用建筑设计通则》中规定:临空高度在24米以下时,栏杆高度不应低于1.05米。但是在本案中,事发地点距离地面约有4米的垂直高度,有6.7米长的临空处,任何居民包括儿童都能够轻易到达临空处,并且没有采取任何防护措施,这与国家标准不符。作为物业管理部门应当对可能危及小区居民生命健康安全的设施加强管理,采取设置警示标志、护栏等措施,以尽其最充分注意义务,从而避免小区居民的人身由此遭受损失。但在本案中,物业没有尽到必要的注意义务,放任小区公共场所存在安全隐患,因此物业应当承担民事赔偿责任。同时王某的母亲也可以将开发商作为第二被告,因其提供的小区公共设施不符合国家的有关规定,要求其承担相应的民事责任。

另外,监护人不应承担责任。在未成年人人身损害赔偿案件中,经常发生监护人应否承担责任的争议,责任人也经常以监护人没有尽到监护责任为由要求免除或减轻自身的责任。

监护制度是针对无民事行为能力人或限制民事行为能力人,为了保护其人身或财产安全而产生的一种法律制度。但是未成年人不可能任何时候均在监护人的管理和控制之下,未成年人不仅仅生活在家庭里,也要生活在学校里、生活在社会里。如果未成年人在日常活动的环境中活动时发生伤害事故,监护人未尽到监护责任,一般多为一般过失。如果公共场所设施管理者未采取妥善的安全防范措施,未尽到高度谨慎义务,过错在先,若没有这个在先的过错,就不会有后面的伤害结果。在此种情况下,公共场所管理者不得以监护人监护不力为由要求免责。本案即为此种情形。在审判实践中,法院遇到类似情形通常较为普遍的做法都是判决监护人承担一定限度内的责任从而减少被告对受害方的赔偿数额。因而,法院应当判决小区的管理者即物业对王某的受伤承担主要责任,并支付治疗费用。

在案例3中,本案的关键在于郭甲将其父亲郭某送入养老院时,他对郭某的监护责任是否也转移至养老院,如果是,那么养老院是否有尽到监护的责任。根据最高人民法院《关于贯彻执行〈中华人民共和国民法通则〉若干问题意见》第二十二条的规定:"监护人可以将监护职责部分或者全部委托给他人。"本案中郭甲由于工作繁忙的原因,将其父亲郭某送进养老院事实上就把监护自己父亲的部分责任转移给了养老院。法院在审理本案时,认为养老院没有按照《养老服务机构服务质量标准》的相关规定为郭某配备医疗保健及监理健康档案等服务,在护理管理上存在一定过错,应当承担相应的责任。也就是说养老院在此次实行监护职责时存在过错,因此养老院需要承担因此而产生的责任。

7.2.3 相关文书拟定

1. 赡养纠纷的民事起诉状

原告:×××,男,汉族,19××年6月18日生,××××,现无固定住所

被告:×××,男,汉族,系原告长子

被告:×××,男,汉族,系原告次子

被告:×××,男,汉族,系原告三子

诉讼请求:

1. 请求判令被告承担原告的赡养费,每月支付××××元。
2. 本案诉讼费由被告承担。

事实与理由:

原告生有三子三女,子女均已成家立户。2008年,原告妻子不幸辞世,因家境贫寒,由几个女儿出钱安葬。此后,原告将主房、承包地留给次子,自己独住小房,由几个女儿接济、生存。长子不但不给一粒粮食,不履行赡养义务,还经常制造家庭矛盾,借故殴打原告。为求家庭安宁,原告一再忍让。2012年3月9日,长子将原告的三棵杨树卖掉,因此引发矛盾并打骂原告,期间长子用木棒致原告头、脸、手多处打伤,把原告打晕一个多小时才苏醒过来,因此引发家庭矛盾。目前原告无家可归,四处借住。原告今年已九十岁高龄,体弱多病,基本丧失劳动能力,平日自己靠刨杨树根卖些零用钱及政府低保接济生活,无任何生活来源,生活不能完全自理,平常饮食起居需要人员护理照顾。羊有跪乳之恩,鸦有反哺之义。原告含辛茹苦把众被告养大成家,只求在古稀之年做儿女的能善待老人,有一个安宁的家,过上平静的日子,安度终身!但被告虽经众多亲属做思想工作,仍拒绝履行赡养义务。

《婚姻法》第二十一条规定,子女对父母有赡养扶助的义务,子女不履行赡养义务时,无劳动能力或者生活困难的父母,有要求子女付给赡养费的权利。《老年人权益保障法》第十五条第二款规定,赡养人不履行赡养义务,老年人有要求赡养人给付赡养费的权利。《老年人权益保障法》第十二条规定,赡养人对患病的老年人应当提供医疗费用和护理。以上法律明确规定,子女有赡养父母的义务,且尊老、敬老是中华民族的传统,故被告应当履行法定的赡养义务。

综上所述,被告不赡养父母的行为违反法律规定和人伦道德,原告为维护自己的合法权益,特向贵院提起诉讼,请求判如诉请。

此致

××××区人民法院

具状人:×××

2012年3月12日

2. 抚养费纠纷的民事起诉状

原告李某某，男，汉族，1999年7月1日生，身份证号码：×××，××中学学生，现住××区××街1号1栋1单元102室。

法定代理人刘某某，女，汉族，1972年8月21日生，身份证号码：×××。

被告李某，男，汉族，1970年10月8日出生，××市××局，现住××区××南大街5号11栋2单元501室。

诉讼请求：

1. 依法将抚养费提高至×××元。
2. 本案诉讼费由被告承担。

事实与理由：

原告与被告系父子关系，是被告(父亲)与刘某某(母亲)之子。被告2008年向×××市桥西区人民法院起诉与刘某某离婚，×××市桥西区人民法院作出(2006)西民一初字第××号判决书，判定原告由刘某某抚养，被告承担抚养费每月300元，刘某某承担抚养费每月200元。刘某某不服，向×××市中级人民法院上诉，×××中级人民法院对此项内容维持原一审判决。

原告认为，自己现在作为一名中学生，正处于身体、学习迅速成长和发展的时期，在此期间需要一定的生活学习费用，仅靠每月500元的抚养费已无法满足正常的学习和生活，且母亲已下岗。而被告作为国家干部，现其收入每月达到7500元。根据《婚姻法》以及相关司法解释，被告应当拿出其收入的20%为原告的抚养费，即每月1500元，直到原告具有独立生活能力为止。

基于以上理由，原告特向贵院提出诉讼，请求变更被告对原告的抚养费。望贵院秉公裁判，以维护原告作为未成年人的合法权益！

此致

××区人民法院

具状人：×××

年　月　日

7.3 拓展阅读

7.3.1 特殊群体概念界定

特殊群体(Special Groups，Special Community)在不同的语境下，其含义也有所不同。特殊群体是指"精神病、智障、肢体残疾、脑瘫等特殊流浪群体"，也有报道中称特殊群体是指"女性特殊工作者"，在关于农民工生存状况的报道中，也称留守儿童被称为"一个不容忽视的特殊群体"，"残疾人、低保对象、低收入困难家庭成员、五保对象、重点优抚对象、社会福利机构政府供养人员"等特殊群体。而国务院新闻办公室2005年公布的《中国的民主政治建设》指出："中国制定了妇女权益保障法、老年人权益保障法、未成年人保护法、残疾人保障法,对妇女、老年人、未成年人等特殊群体和残疾人等弱势群体的保护作出特别规定。"特殊群体被作为一个广泛使用并且具有一定口语化的概念,其具体内涵在不同场合具有较大的差异性。总体而言,对特殊群体的概念主要有广义和狭义两种理解。

广义上的特殊群体是与一般群体相对而言,具有某种特殊性的社会群体。例如,相对于身体健全人士,残疾人是特殊群体;相对于未患病人群,患有艾滋病或精神障碍疾病的人属于特殊群体。

狭义上的特殊群体主要是作为政府推行公共政策、需要给予特殊对待的社会群体。一般是指那些由于自然或者社会的原因,具有某种特殊性(往往是处于社会不利地位,并可能对社会的和谐稳定构成较大影响)的群体。传统意义上的特殊群体,"是指公民中由于生理或体能原因,其权利和一切合法权益受到特殊保护与特殊对待的一部分人,包括妇女、未成年人、老年人、残疾人等。"其特殊性主要表现为性别、年龄等生理方面的原因。

立法意义上的特殊群体,是指建立在社会学的特殊群体概念之上,由于自然或者社会的原因,具有某种特殊性(往往是处于社会不利或者边缘地位,并会对社会的和谐稳定构成较大影响),需要通过立法给予特殊对待,施以特别公共政策的少数人群体。在一定意义上,与国际立法中的"少数人"(Minority)概念比较接近,只不过"少数人"的概念主要限于因种族、宗教、语言等原因区别于主流社会的群体。英国人权问题专家 Sigler 指出:"少数人是数量上具有一定规模,在肤色、宗教、语言、种族、文化等方面具有不同于其他人的特征,由于受到偏见、歧视,或者权利被剥夺,在政治、社会和文化生活中长期居于从属地位,国家应当给予积极援助的群体。"1976年生效的联合国《公民权利和政治权利国际公约》第二十七条确认了少数人的权利。[①]

目前,我国特殊群体主要包括残疾人、未成年人、妇女、老年人、农民工、就业困难人员、少数民族、归侨侨眷、归正人员、艾滋病患者、流浪乞讨人员等。

7.3.2 我国对特殊群体保护的主要立法形式

1. 保护残疾人权益的专门法律法规

《中华人民共和国残疾人保障法》。

2. 保护妇女权益的专门法律法规

我国宪法规定了妇女在政治、经济、文化、社会和家庭的生活等方面享有同男子平等的权利,这是基本权利。根据这个规定,婚姻法在婚姻家庭生活方面使之具体化,规定男女婚姻自由,一夫一妻,夫妻在家庭中地位平等,夫妻双方都有各用自己姓名的权利,夫妻双方都有实行计划生育的义务,夫妻对共同所有的财产都有平等的处理权等。

《中华人民共和国妇女权益保障法》《中华人民共和国母婴保健法》《全国人民代表大会常务委员会关于严惩拐卖、绑架妇女儿童犯罪分子的决定》《女职工劳动保护规定》《女职工禁忌劳动范围规定》。

---

① http://fzb.nantong.gov.cn/art/2012/8/13/art_27062_991235.html.

3. 保护未成年人权益的专门法律法规

《中华人民共和国未成年人保护法》《中华人民共和国预防未成年人犯罪法》《全国人民代表大会常务委员会关于严惩拐卖、绑架妇女儿童犯罪分子的决定》。

4. 保护老年人权益的专门法律法规

《中华人民共和国老年人权益保障法》。

5. 保护艾滋病人权益的专门法律法规

《艾滋病防治条例》。

我国对于残疾人、妇女等传统特殊群体的立法保护，目前已经相当完备，是所有特殊群体中立法保护力度最大、集中法律资源最多、保护措施最完善的特殊群体。而对农民工等新型特殊群体的立法保护则对应较弱，有的目前尚无国家层面的统一立法。一方面，说明对于残疾人、妇女等传统特殊群体，长期以来受到关注，立法方面比较受到重视；另一方面，残疾人、妇女等特殊群体具有专门的法定权益保护组织，如残疾人联合会、妇女联合会，其群体的利益表达能力和维权能力比较强，从而促进了相关立法。

课后练习

1. 特殊群体的法律含义及权益法律保障。
2. 案例分析

（1）2008年2月1日，原告白某花费1万元购买了2万余尾草鱼鱼苗投入其承包的水塘中（水塘可养面积约30亩），水塘地势偏高，上方紧挨着山岭，下方是村民的耕地，包括被告林某家的责任田。2月3日傍晚被告林某（患有间歇性精神病）干了会儿农活便往水塘方向走去，约三十多分钟后在田里干活的另一村民便发现有水顺着灌溉渠流下来，水渠里还发现有些小鱼苗，接着看到被告林某手舞足蹈地跑过来说"我放了白某的水，让他破产"之类的话。原告白某得知后赶到水塘，发现池塘的出水管盖已被人掀开扔至路边草丛里，池塘的水和鱼苗正通过出水管流至灌溉渠，当即将出水管盖好并向村委汇报了此事。后经村委出面协调，林某承认是其将水塘出水管口打开，监护人林妻同意赔偿白某200元。白某不同意，诉至法院后申请对其水塘鱼苗损失进行司法鉴定，鉴定结论为鱼塘内尚余1.3万余尾草鱼苗。庭审中林某矢口否认其掀开了水塘管盖，当时是自己神志不清胡乱承认的；并认为自己属限制民事行为能力人，仅靠农活来维持基本生活和治疗，没有财产，不应承担赔偿责任。另经调查，同为村民的原、被告两家素有积怨，曾多次发生纠纷。

问题：请问法院应当如何处理本案？

（2）刘某原是体校的一名优秀游泳运动员，其父亲是下岗职工，母亲是盲人，家里为了培养刘某游泳，省吃俭用。2001年3月，经过多次选拔、考核、体检，刘某终于以优异的成绩考入专业体校进行游泳的系统学习。

一次在刘某换衣服的时候，其大姨偶然发现刘某的手臂、腿部、背部有多处伤痕，像是殴打所致，经再三追问，刘某承认教练李某经常打他。原来自2001年9月开始，李某多次在训练中用拳脚、滑水板、拖鞋对刘某进行责打，发火时更是会对刘某扇耳光。在非训练时间里，李某也经常在其值班时对学生进行体罚，其中一次因学生未按时熄灯，李某让全宿舍学生在晚上9点罚站两个多小时。经医院检查，刘某患有轻微脑震荡，脊椎第二关节右移，今后无法从事剧烈活动。

刘某一家因为刘某的受伤心痛不已。经过与学校协商，李某承认了曾经殴打过刘某的事实，学校也对李某作出停职一周的处罚，并支付了部分医疗费用8000元。而刘某的父母为其治疗已经实际花费医疗费1.3万余元，而且根据医院诊断，刘某的病情还需要继续治疗一年左右。而此时，学校表示拒绝再承担相应的治疗费用。

问题：请从社会工作的角度为刘某维权提供法律帮助。

（3）吴某与刘某是同住一个院的邻居，吴某比刘某大两岁。在吴某小时候，其父亲不幸因病去世，母亲对其又缺乏管教，致使吴某的性情暴躁，恣意妄为。刘某的父亲刘某某因看不惯吴某的行为，经常对其说教，希望吴某能有所改变。但吴某却对刘某某心生厌烦。

2009年6月18日晚，吴某领了一大群朋友回家聚会。到晚上11点多，聚会达到高潮，一群年轻人将音响搬到了院子里，音量开到最大，在院子里又唱又跳，吵得满院子的人无法正常休息。刘某某感到非常气愤，出去批评了吴某几句。吴某觉得自己在朋友面前丢了面子，再加上平日对刘某某的积怨，便对刘某某进行谩骂，语言十分低俗。致使刘某某心脏病发作，口吐白沫，被紧急送往医院抢救。在医院治疗一个礼拜后，刘某某的病情才有所好转，并花费了大量的医药费。刘某认为父亲发病住院完全是吴某的辱骂所致，因此他多次与吴某进行协商，要求其进行赔偿，但吴某态度蛮横，坚持认为自己没有责任。双方多次协商无果，刘某不得已向法院提起诉讼。

问题：本案法院应当如何处理？法律依据是什么？

任务8 劳动与社会保障法律问题及解决

学习目标

1. 掌握劳动合同的特征和类型。
2. 熟知劳动合同的主要条款。
3. 掌握事实劳动关系的形成。
4. 能够正确分析简单的劳动纠纷并提供法律帮助。
5. 能够为服务对象起草劳动争议仲裁申请书和起诉书。

8.1 法律原理

8.1.1 劳动关系与劳动法律关系

劳动关系是指劳动者与用人单位(包括各类企业、个体工商户、事业单位等)在实现劳动过程中建立的社会经济关系。

从广义上讲,任何个人与任何性质的用人单位之间因从事劳动而形成的社会关系都属于劳动关系的范畴。

从狭义上讲,劳动法律关系是指劳动者与用人单位依据劳动法律规范,在实现社会劳动过程中形成的权利义务关系。是由一方是劳动者、一方是用人单位主体要素,劳动法律关系的主体双方依法享有的权利和承担的义务内容要素,主体双方的权利义务共同指向的对象客体要素三部分构成。

劳动者加入用人单位,成为该单位的一员,承担一定的工种、岗位或职务工作,并遵守所在单位的内部劳动规则和其他规章制度;用人单位则应及时安排被录用的劳动者工作,按照劳动者劳动的数量和质量支付劳动报酬,并且根据劳动法律、法规规定和劳动合同的约定提供必要的劳动条件,保证劳动者享有劳动保护及社会保险、福利等权利和待遇。

8.1.2 劳动合同

1. 劳动合同概述

(1)劳动合同的概念。劳动合同也称劳动契约、劳动协议,一些国家称雇佣合同,是指劳动者与用人单位之间为确立劳动关系,依法协商就双方权利和义务达成的协议。劳动合同是劳动关系建立、变更和终止的一种法律形式。

(2) 劳动合同的特征。劳动合同作为契约的一种,除了具有普通合同的一般特征外,还具有以下法律特征。

① 劳动合同主体具有特定性。我国《劳动合同法》明确规定劳动合同的主体一方是劳动者,另一方是用人单位。劳动者是指依法具有劳动权利能力和劳动行为能力的自然人,包括我国境内与用人单位确立劳动关系的本国公民、外国人和无国籍人;用人单位主要是指企业、个体经济组织,同时也包括与劳动者通过签订劳动合同或其他方式确立劳动关系的国家机关、事业单位和社会团体。

② 劳动合同内容具有权利义务的统一性。劳动合同订立以后,劳动者一方必须加入到用人单位一方去,成为该单位的职工,享受和承担本单位职工的权利和义务;用人单位有权利也有义务组织和管理本单位的职工,把他们的个人劳动组织到集体劳动中去。双方在实现社会劳动过程中形成了支配与被支配、领导与服从的职责上的从属关系。这种职责上的从属关系,使得劳动合同双方当事人既是权利主体,也是义务主体,反映在劳动合同的内容上就具有了权利义务的统一性和对应性的特征,即劳动者的权利就是用人单位的义务,而劳动者的义务则是用人单位的权利。

③ 劳动合同是双务、有偿、诺成合同。双务性表现为劳动合同主体双方都负有义务,即劳动者有完成工作任务,并遵守所在单位的内部劳动规则和其他规章制度的义务。用人单位有支付劳动报酬、提供安全卫生的劳动条件和社会保险、福利待遇及其他保护性条件等义务。有偿性表现为劳动合同主体双方履行义务都有特定的物质性回报,即劳动者以提供劳动为条件获得工资收入和其他待遇,用人单位则以支付工资报酬等为条件获取对劳动力资源的利用,从而获得相应的劳动成果。诺成性表现为劳动合同只需主体双方意思表示一致即可成立,除法律对某些劳动合同有特殊要求外,不需要有实际的行为要件。

④ 劳动合同一般涉及第三人的物质利益关系。劳动者因享有社会保险和福利待遇的权利而附带产生了劳动者的直系亲属依法享有一定的物质帮助权。如劳动者因生育、年老、患病、工伤、残废、死亡等原因,部分或全部、暂时或永久地丧失劳动能力时,用人单位不仅要对劳动者本人给予一定的物质帮助,而且对劳动者所供养的直系亲属也要给予一定的物质帮助。劳动者享有的这种物质帮助权是通过国家立法强制实施的,反映在劳动合同中则体现为必备的社会保险条款,同时双方当事人还可以在劳动合同中明确规定有关福利待遇的条款。

(3) 劳动合同的分类。按照不同的标准,劳动合同可以进行不同的分类。

① 按照劳动合同期限的不同,劳动合同可以分为固定期限劳动合同、无固定期限劳动合同和以完成一定工作任务为期限的劳动合同。固定期限劳动合同是指用人单位与劳动者约定合同终止时间的劳动合同。劳动合同的期限可以是1年、2年、3年,也可以是5年、10年、20年等,由双方当事人根据工作需要和各自的实际情况确定。劳动合同期限届满,劳动关系自行终止。如果双方当事人同意可以续订合同。如果已经续订两次,还要再续订的,劳动者有权提出订立无固定期限劳动合同,用人单位不得拒绝。

无固定期限劳动合同,是指用人单位与劳动者约定无确定终止时间的劳动合同。依照《劳动合同法》第十四条第二款,除了双方协商一致外,只要符合下列三种情形,劳动者单方可以提出订立无固定期限劳动合同,用人单位不得拒绝。一是劳动者在该用人单位连续工作满10年。二是用人单位初次实行劳动合同制度或者国有企业改制重新订立劳动合同时,劳动者在该用人单位连续工作满10年且距法定退休年龄不足10年。三是连续订立两次固定期限劳动合同,且劳动者没有《劳动合同法》第三十九条和第四十条前两项规定的情形下所续签劳动合同的。

以完成一定工作任务为期限的劳动合同,是指双方当事人把完成某项工作任务作为合同终止日期的劳动合同。当约定的工作任务完成后,合同即自行终止。这种劳动合同与固定期限劳动合同的区别在于,固定期限劳动合同的期限是具体、明确的,而以完成一定工作任务为期限的劳动合同的期限则是相对的,具有一定的弹性。根据我国《劳动合同法实施条例》第二十二条规定,以完成一定工作任务为期限的劳动合同因任务完成而终止的,用人单位应当依照《劳动合同法》第四十七条的规定向劳动者支付经济补偿。

② 按照用人方式的不同,劳动合同可以分为录用合同、聘用合同和借用合同等。录用合同是用人单位与被录用劳动者之间,为确立劳动关系,明确双方权利义务的协议。用人单位招收录用劳动者应当按照预先规定的条件,依法通过面向社会、公开招收、择优录用的方式,与被录用劳动者签订劳动合同。录用合同一般适用于招收录用普通劳动者。聘用合同,亦称聘任合同,是指聘用单位与被聘用劳动者之间,为确立劳动关系,明确双方权利义务的协议。聘用合同一般适用于招聘技术业务专长的劳动者,如企业或者事业组织聘请本地或外地的专家、技术顾问、法律顾问、经济顾问等。聘用合同应当明确双方的责、权、利。借用合同,亦称借调合同,是指借用单位、被借用单位与被借用人员之间,为确立借用关系,明确相互之间权利义务的协议。一般适用于借用单位与被借用单位之间,为技术力量的互通有无或人员的缺余调剂、相互协作而签订的劳动合同。在借调期间,被借用人员与原单位的劳动关系不变,但是其岗位和工作条件及福利待遇等随着借用合同而发生变化。

③ 按照就业方式的不同,劳动合同可以分为全日制用工劳动合同和非全日制用工劳动合同。全日制用工劳动合同,又称全职劳动合同,是指劳动者按照国家法定工作时间,从事全职工作的劳动合同。非全日制用工劳动合同,又称部分时间劳动合同,是指劳动者按照国家法律规定,从事部分时间工作的劳动合同。在我国,根据《劳动合同法》第六十八条的规定,非全日制用工,是指以小时计酬为主,劳动者在同一用人单位一般平均每日工作时间不超过4小时,每周工作时间累计不超过24小时的用工形式。从事非全日制工作的劳动者,可以与一个或一个以上用人单位建立劳动关系。非全日制用工是劳动用工制度的一种重要形式,是灵活就业的主要方式。

④ 按照劳动合同的存在形式不同,可以将劳动合同分为书面劳动合同、口头劳动合同。书面劳动合同又称要式劳动合同,是指以法定的书面形式订立的劳动合同。此类劳动合同适用于当事人之间的权利义务需要明确的劳动关系,我国《劳动合同法》强调建立劳动关系必须要签订书面合同,否则用人单位要承担严重不利后果。口头劳动合同又称非要式合同,即由劳动关系当事人以口头约定的形式产生的劳动合同。这类合同适用于当事人之间的权利义务可以短时间内结清的劳动关系,它的履行只能依据当事人的信誉和相互之间的信任。我国《劳动合同法》只允许非全日制用工采用口头合同的形式。

(4) 非典型劳动合同。我国《劳动合同法》首次以法律形式规定了劳务派遣与非全日制工作这种非典型劳动合同。

① 劳务派遣合同。所谓劳务派遣，有时也称劳动租赁，是指劳动派遣机构与劳动者订立劳动合同，但是并不直接使用该劳动者，而是将其派遣到要派企业（第三人）的工作场所，在要派企业的指挥监督下从事劳动的一种用工形式。劳务派遣是非典型劳动关系的一种形式。

劳务派遣单位是被派遣劳动者在法律意义上的用人单位，应当履行用人单位对劳动者的义务。劳务派遣单位与被派遣劳动者应当订立两年以上的固定期限劳动合同，合同中除应当载明《劳动合同法》规定的必备条款以外，还应当载明被派遣劳动者的用工单位以及派遣期限、工作岗位等情况。劳务派遣单位应当将劳务派遣协议的内容告知被派遣劳动者，并且不得克扣用工单位按照劳务派遣协议支付给被派遣劳动者的劳动报酬，不得向被派遣劳动者收取费用，如果劳务派遣单位违反有关劳动法律法规的规定，给劳动者造成损失的，劳动者可以要求用工单位和劳务派遣单位承担连带责任。

用工单位应当承担的法律义务。第一，执行国家劳动标准，提供相应的劳动条件和劳动保护。第二，告知被派遣劳动者的工作要求和劳动报酬。第三，支付加班费、绩效奖金，提供与工作岗位相关的福利待遇。第四，对在岗被派遣劳动者进行工作岗位所必需的培训。第五，连续用工的，实行正常的工资调整机制。第六，用工单位不得将被派遣劳动者再派遣到其他用人单位。

被派遣劳动者的权利。第一，同工同酬的权利。被派遣劳动者享有与用工单位的劳动者同工同酬的权利。用工单位无同类岗位劳动者的，参照用工单位所在地相同或者相近岗位劳动者的劳动报酬确定。第二，参加或组织工会的权利。依照我国《劳动合同法》的规定，被派遣劳动者有权在劳务派遣单位或者用工单位依法参加或者组织工会，维护自身的合法权益。

② 非全日制劳动合同。非全日制用工，是指以小时计酬为主，劳动者在同一用人单位一般平均每日工作时间不超过 4 小时，每周工作时间累计不超过 24 小时的用工形式。非全日制劳动合同与劳务派遣合同一样，都属于非典型劳动合同的重要形式之一。

2. 劳动合同的订立

（1）劳动合同订立的概念和原则。劳动合同的订立是指劳动者和用人单位之间依法就劳动合同条款进行协商，达成协议，从而明确相互权利义务的法律行为。劳动合同的订立涵盖订立过程和订立结果两方面，订立过程通常表现为当事人要约、承诺的过程，订立结果表现为由特定形式承载着特定内容的合同文本。

《劳动合同法》第十七条规定："订立和变更劳动合同，应当遵循平等自愿、协商一致的原则，不得违反法律、行政法规的规定。"我国《劳动合同法》第三条规定："订立劳动合同，应当遵循合法、公平、平等自愿、协商一致、诚实信用的原则。"结合上述法律规定，订立劳动合同必须遵循以下几项基本原则。

① 平等自愿、协商一致原则。所谓平等，是指劳动者和用人单位的法律地位平等，即当事人双方应以平等的身份订立劳动合同。所谓自愿，是指劳动合同的订立，应完全出于合同当事人的意愿，任何一方不得以地位、权势、经济实力等因素或采取欺诈、威胁手段把自己的意志强加于对方，第三人不得干涉劳动合同的订立。协商一致是指劳动合同的双方当事人在充分表达自己意思的基础上，对合同条款进行协商，并对相互的权利义务达成一

致意见,签订劳动合同。

② 合法原则。由于劳动者与用人单位之间缺乏真正平等协商的基础,国家则通过立法进行一定的干预。如法律、行政法规对工作时间、工资、劳动安全的规定。实行合法原则,有利于保护劳动者的合法权益,维系劳动关系的平衡。合法原则主要体现在,一方面劳动合同的主体必须合法。劳动合同的主体双方要有权利能力和行为能力。用人单位作为劳动合同的一方当事人,必须是依法成立并能够以单位的名义与劳动者签订合同;我国《劳动法》第十五条第一款规定:"禁止用人单位招用未满16周岁的未成年人。"另一方面劳动合同的内容必须合法。劳动合同的双方当事人在确定具体的劳动权利义务时,不得违背国家有关法律、法规的规定。如有的劳动合同规定:"发生工伤事故,单位概不负责","劳动者个人自行选择是否参加养老、医疗和失业保险"等,均属于内容违法导致无效的条款,对此用人单位应承担由此产生的法律责任。

③ 诚实信用原则。劳动合同具有一定的人身信任关系,劳动任务的完成,很大程度上需要双方的配合和协作。因此,双方在订立与履行劳动合同时,都必须本着善意与合作的态度行事,根据具体的情势,应当相互承担说明、通知、保护、忠诚、协力、保密等义务。

④ 公平原则。公平原则首先要求劳动合同双方当事人在合同订立、履行、变更、终止与解除等环节,不得利用自身的强势地位,迫使对方接受明显不公平的合同条件。公平原则还要求在用人单位没有过错,甚至是劳动者自身有过错的情况下,用人单位仍然应当为劳动者承担一定的责任。比如在劳动者因违反操作规程而发生工伤的情况下,用人单位仍然应当为劳动者申报工伤,并且支付相应待遇。

(2) 劳动合同的形式。劳动合同的形式分为书面形式和口头形式两种。我国劳动法要求劳动合同必须采用书面形式。我国《劳动法》第十九条对劳动合同订立的形式作了强制性规定:"劳动合同应当以书面形式订立。"我国《劳动合同法》第十条第一款规定:"建立劳动关系,应当订立书面劳动合同。"如果用人单位建立劳动关系之后满1个月不满1年未与劳动者订立书面劳动合同的,应当向劳动者每月支付2倍的工资。超过1年的,视为双方之间已经建立了无固定期限劳动合同。

(3) 事实劳动关系。事实劳动关系是指用人单位与劳动者没有订立书面合同,但双方实际履行了劳动权利义务而形成的劳动关系。

事实劳动关系的特征是,劳动者为用人单位提供劳动,接受用人单位的管理,遵守用人单位的劳动纪律,获得用人单位支付的劳动报酬,受到用人单位的劳动保护等。

3. 劳动合同的效力

(1) 劳动合同效力的概念。劳动合同的效力,是指劳动合同具有对双方当事人及相关第三人的法律约束力。我国《劳动法》第十七条第二款规定:"劳动合同依法订立即具有法律约束力,当事人必须履行劳动合同规定的义务。"我国《劳动合同法》第三条第二款规定:"依法订立的劳动合同具有约束力,用人单位与劳动者应当履行劳动合同约定的义务。"

(2) 无效劳动合同。

① 无效劳动合同的概念。无效劳动合同是指不具有法律约束力的劳动合同。如果当事人订立的劳动合同不符合法定的生效条件,则劳动合同就得不到国家法律的承认和保

护,即归于无效。

② 劳动合同无效的原因。《劳动合同法》第二十六条第一款规定,劳动合同无效的原因主要包括以下三种情形,第一,以欺诈、胁迫手段或者乘人之危,使对方在违背真实意思的情况下订立或者变更劳动合同。劳动合同必须是双方在平等自愿的基础上,意见达成一致而订立的。如果任何一方采用欺诈、胁迫等手段,都会造成相对人不能表达其真实意思的情况,因此所签订的劳动合同也是无效的。第二,用人单位免除自己的法定责任、排除劳动者权利的。如果用人单位利用自身的优势地位,免除自己的法定责任,或者排除劳动者的权利,则事实上该劳动合同并没有真实的合意作为基础,因此也就无法取得法律效力。第三,违反法律、行政法规强制性规定的劳动合同。这种无效劳动合同有两种情况,一是订立劳动合同的主体不符合法律、法规的规定,如用人单位不具有法人资格或者不能独立承担民事责任,劳动者不具备劳动行为能力或者尚不满16周岁等,劳动法第十五条规定,禁止用人单位招用未满十六周岁的未成年人。二是劳动合同的内容违反法律法规的规定。如在劳动合同中规定女性劳动者在几年内不能结婚、怀孕、生育等,延长劳动时间超过法律规定的最长时间,工资低于当地规定的最低工资标准,对女职工和未成年工未实行特殊劳动保护等。

(3) 劳动合同无效的后果。劳动合同的无效可以是整个合同的无效,也可以是一部分条款的无效。如果这些无效的条款与合同的其他部分是可分的,那么这些条款的无效并不影响其余部分的效力。双方当事人对劳动合同的无效或者部分无效有争议的,由劳动争议仲裁机构或者人民法院确认。

《劳动合同法》规定劳动合同双方当事人应当根据过错情况,对合同的无效承担责任。这就意味着劳动者也可能因此而承担赔偿责任。

4. 劳动合同的内容

劳动合同的内容即劳动合同的主要条款,是指劳动合同主体双方经过协商达成的有关劳动权利、义务的具体规定。具体表现为合同条款。

(1) 必备条款。必备条款是指依照法律规定劳动合同应当具备的条款。根据我国《劳动合同法》第十七条的规定,劳动合同应具备以下条款。

① 用人单位的名称、住所和法定代表人或者主要负责人。
② 劳动者的姓名、住址和居民身份证或者其他有效身份证件号码。
③ 劳动合同期限。
④ 工作内容和工作地点。
⑤ 工作时间和休息休假。
⑥ 劳动报酬。
⑦ 社会保险。
⑧ 劳动保护、劳动条件和职业危害防护。
⑨ 法律、法规规定应当纳入劳动合同的其他事项。

(2) 约定条款。约定条款是指双方当事人在劳动合同中协商议定的条款。劳动合同除前款的必备条款外,用人单位与劳动者可以约定试用期、培训、保守秘密、补充保险和福利待遇等其他事项。约定条款的内容只要不违反法律、法规的规定,同法定条款一样,对当事人具有法律约束力。一般常见的约定条款有以下几种。

① 试用期。试用期主要使用在初次就业、新上岗劳动者的劳动合同中。约定试用期的目的,在于使职工和用人单位在试用期限内对彼此的情况作进一步的了解,并根据实际情况和法律规定作出是否履行或解除劳动合同的决定。我国《劳动合同法》将试用期限与劳动合同期限直接挂钩,劳动合同期限3个月以上不满1年的,试用期不得超过1个月;劳动合同期限1年以上不满3年的,试用期不得超过2个月;3年以上固定期限和无固定期限的劳动合同,试用期不得超过6个月。同一用人单位与同一劳动者只能约定一次试用期。试用期包含在劳动合同期限内。我国《劳动合同法》第二十一条规定:"劳动者在试用期的工资,不得低于本单位相同岗位最低档工资或者劳动合同约定工资的80%,并不得低于用人单位所在地的最低工资标准。"另外,用人单位也不得随意解除劳动合同。根据我国《劳动合同法》第二十一条规定,在试用期中,除劳动者有《劳动合同法》第三十九条和第四十条前两项规定的情形外,用人单位不得解除劳动合同。用人单位在试用期解除劳动合同的,应当向劳动者说明理由。

② 服务期。根据《劳动合同法》第二十二条规定:用人单位为劳动者提供专项培训费用,对其进行专业技术培训的,可以与该劳动者订立协议,约定服务期。劳动者违反服务期约定的,应当按照约定向用人单位支付违约金。约定违反服务期违约金的数额不得超过用人单位提供的培训费用。违约时,劳动者所支付的违约金不得超过服务期尚未履行部分所应分摊的培训费用。

在劳动合同期限与服务期限不一致的情况下,如果劳动合同期满,但是用人单位与劳动者约定的服务期尚未到期的,劳动合同应当延续至服务期满,双方另有约定的,从其约定。另外,用人单位与劳动者约定服务期的,服务期约定不影响劳动者按照正常的工资调整机制而应该享受的工资升级待遇。

③ 竞业限制。竞业限制是用人单位为了保护其商业秘密,对负有保守商业秘密的劳动者,在劳动合同中约定,劳动者在解除或者终止劳动合同后的一定期限内不得在生产同类产品、经营同类业务或有其他竞争关系的用人单位任职,也不得自己生产与原单位有竞争关系的同类产品或经营同类业务。限制时间由当事人事先约定,但不得超过二年。竞业限制条款在劳动合同中为延迟生效条款,也就是劳动合同的其他条款法律效力终止后,该条款才开始生效。

《中华人民共和国劳动合同法》第二十四条明确规定,竞业限制的人员限于用人单位的高级管理人员、高级技术人员和其他负有保密义务的人员。竞业限制的范围、地域、期限由用人单位与劳动者约定。

首先,竞业限制的人员限于用人单位的高级管理人员、高级技术人员和其他负有保密义务的人员。对上述负有保密义务的劳动者,用人单位可以在劳动合同或者保密协议中与劳动者约定竞业限制条款。用人单位不得与没有机会接触其商业秘密的普通劳动者约定竞业限制条款。

其次,用人单位在竞业限制条款中还应当与劳动者约定,在解除或者终止劳动合同后,在竞业限制期限内按月给予劳动者经济补偿。经济补偿是劳动者承担竞业限制义务的对价,如果用人单位没有依法支付经济补偿,则竞业限制条款对该劳动者没有约束力,该劳动者有权解除该约定。

再次，劳动者违反竞业限制约定的，应当按照约定向用人单位支付违约金。

最后，竞业限制不得超过2年。竞业限制的范围、地域、期限由用人单位与劳动者约定，竞业限制的约定不得违反法律、法规的规定。

④ 当事人协商约定的其他事项。针对纷繁复杂的劳动过程和劳动项目内容，劳动合同当事人权利义务内容的要求也不同，如职业培训、继续教育等均可能成为劳动合同的一部分内容。这些内容只要不违反国家法律和行政法规的规定，双方一经商定，均构成对劳动合同当事人产生法律约束力的合同条款。

8.1.3 劳动争议

1. 劳动争议概述

劳动争议又称劳动纠纷，是指劳动关系双方当事人之间因劳动权利和劳动义务发生的纠纷和争议。劳动争议按照不同的标准，可以分为不同的类型。

(1) 按照争议标的性质的不同，劳动争议可分为权利争议和利益争议。权利争议是指因为执行劳动法律法规和劳动合同、集体合同规定的劳动条件而发生的争议。争议产生的原因往往是因为劳动关系一方当事人不依法行使权利或履行义务，侵害了另一方的合法权利，或者双方对如何行使权利和履行义务的理解产生分歧。利益争议是指因为确定或变更劳动条件而发生的争议。争议的发生是因为双方当事人对有待确定的权利义务有不同的要求，往往与当事人一方的经济利益密切相关，如增加工资、缩短工时等。争议的目的在于使一方或者双方的某种利益得到合同或法律的确认，从而上升为权利。

(2) 根据劳动争议一方劳动者人数的多少，可分为个人的争议和集体的争议。个人的争议，是指劳动者一方的人数为3人以下与用人单位发生的劳动争议。集体的争议，又称多人争议，是指劳动者一方的人数达到法定人数以上并且基于共同理由与用人单位发生的劳动争议。我国现行法律规定，发生劳动争议的劳动者一方，人数在3人或3人以上，并且具有共同理由的，为集体争议。在集体争议中，劳动者一方有共同的申诉理由，他们对权利义务有共同的请求权，根据《中华人民共和国劳动争议调解仲裁法》第七条规定："发生劳动争议的劳动者一方在十人以上，并有共同请求的，可以推举代表参加调解、仲裁或者诉讼活动。"

(3) 根据劳动争议的当事人不同，可分为个别争议与团体争议。个别争议，是指发生在单个劳动者与用人单位之间的劳动争议。集体合同争议，是集体合同当事人对合同的内容、履行情况和不履行后果产生的争议。如果用人单位侵害多数职工利益或本单位全部职工的利益时，工会有权以代表的身份，与用人单位进行谈判，甚至提起诉讼。

(4) 按照争议发生的法律依据，劳动争议可以分为合同争议和法律争议两类。这两类争议都属于因劳动权利和劳动义务而发生的争议。合同争议是因约定权利而产生的争议，即因解释和履行劳动合同、集体合同而发生的争议。法律争议则是因法定权利而产生的争议，即在执行国家关于工资、工时、劳动保护、社会保险、奖励、惩罚、辞退的规定时发生的争议。在处理争议过程中，属法律争议性质的劳动纠纷，则具有一定的法律强制性，应依法处理，当事人不得自行处分。属合同争议性质的劳动纠纷，则具有一定的任意性，当事人在依照合同的约定和自愿协商的基础上,可以自行处分。①

2. 劳动争议处理

根据《劳动法》第七十七条的规定,在我国,劳动者与用人单位发生劳动争议,可通过以下四种途径解决,当事人之间协商解决、企业劳动争议调解委员会调解、劳动争议仲裁委员会仲裁和人民法院审判。其中,劳动争议诉讼是用人单位和劳动者解决劳动争议的一种重要手段,具有最终的法律效力。

(1) 协商。劳动争议协商是指劳动争议的双方当事人在自愿、平等的基础上,采用协商的方式解决劳动争议。我国劳动法规定,如果当事人协商达成一致,应将订立的协议报请当地劳动行政机关审查备案。协商不是处理劳动争议的必经程序,如果当事人一方或双方不愿协商或者协商不成的,当事人可以选择其他方式解决。

(2) 调解。劳动争议调解是指劳动者和用人单位双方当事人自愿将劳动争议提交企业劳动争议调解委员会。企业劳动争议调解委员会是指在企业内部依法设立的专门处理劳动争议的机构,是专门调解企业内部劳动争议的群众性组织。企业劳动争议调解委员会由职工代表、企业代表和工会代表组成。

企业调解实行自愿原则,因此,企业调解委员会处理劳动争议不是必经程序,当事人可以不经调解而直接申请仲裁。另外,在工会与企业因履行集体合同发生争议的情况下,不适合向企业调解委员会申请调解,当事人应直接申请仲裁。

企业调解委员会依法调解本单位与职工之间发生的下列劳动争议,因单位开除、除名、辞退职工或职工辞职、自动离职发生的争议。因执行国家有关工资、社会保险、福利、培训、劳动保护的规定发生的争议。因履行劳动合同发生的争议。法律、法规规定应当调解的其他劳动争议。

(3) 仲裁。劳动争议仲裁是指劳动争议仲裁委员会根据当事人的申请,依法对劳动争议在事实上作出判断、在权利义务上作出对双方当事人都具有约束力的裁决的一种法律制度。

经单位调解委员会调解,双方达不成协议的,当事人一方或者双方均可以向当地劳动争议仲裁委员会申请仲裁。当事人也可以不经企业调解委员会处理而直接仲裁。仲裁委员会处理劳动争议是必经程序,不经仲裁直接向人民法院起诉,法院不予受理。

(4) 诉讼。劳动争议诉讼是指劳动争议当事人不服劳动争议仲裁委员会的裁决,在规定的期限内向人民法院起诉,由法院对其进行审理并作出裁判。

人民法院是国家的审判机关,亦是处理劳动争议的最终机关,主要负责处理对仲裁委员会裁决不服的劳动争议案件。

劳动争议当事人向法院提起诉讼的条件是,原告是与本案有直接利害关系的公民、法人和其他组织,有明确的被告,有具体的诉讼请求、事实和理由,属于人民法院受理和管辖的范围。

此外,还必须符合诉讼时效的规定,即当事人必须在收到劳动争议仲裁书之日起 15 日

---

① http://zhidao.baidu.com/link?url.

内起诉。劳动争议的仲裁是劳动争议诉讼的前置程序或者说是必经程序。①

8.1.4 社会保障

社会保障是指国家通过立法，积极动员社会各方面资源，保证无收入、低收入以及遭受各种意外灾害的公民能够维持生存，保障劳动者在年老、失业、患病、工伤、生育时的基本生活不受影响，同时根据经济和社会发展状况，逐步增进公共福利水平，提高国民生活质量。

社会保障由社会保险、社会救济、社会福利、优抚安置等组成。其中，社会保险是社会保障的核心内容。全球的社会保障模式，大致可分为国家福利、国家保险、社会共济和积累储蓄四种。目前我国在建的社会保障制度，属于社会共济模式，即由国家、单位（企业）、个人三方共同作为社会保障法律主体为社会保障计划融资。②

社会保险是指国家通过立法实施的，对遭遇年老、疾病、失业、生育、因公伤残或者患职业病等社会风险的社会成员或职业劳动者，提供一定物质补偿和帮助的社会保险制度。我国目前的社会保险制度涵盖养老保险、医疗保险、工伤保险、失业保险、生育保险等领域。

1. 养老保险

养老保险又称"年金保险"，是指劳动者因年老或病残丧失劳动能力而退出劳动岗位后，从国家和社会获得物质补偿和帮助的一种社会保险制度。养老保险是社会保险制度的重要组成部分，是一种最传统、最广泛的社会保险类型。它直接关系着劳动者退出劳动领域后的基本生活，是实现劳动者老有所养的保障。

2. 失业保险

失业保险是指劳动者因失业而暂时中断生活来源的情况下，在法定期间内从国家和社会获得物质帮助的一种社会保险制度。失业保险是社会保险制度中的重要组成部分。

3. 医疗保险

单纯的医疗保险待遇是直接用于医疗服务的费用，医疗保险是保障医疗费支出，其功能是实现医疗费用补偿，又称医疗保健。

4. 工伤保险

工伤保险又称职业伤害保险或职业伤害赔偿保险，是指依法为生产、工作中遭受事故伤害或患职业性疾病的劳动者及其亲属提供医疗救治、生活保障、经济补偿、医疗和职业康复等物质帮助的一种社会保险制度。工伤保险制度建立的基础是劳动者的生命权和健康权。

5. 生育保险

生育保险是指妇女劳动者因怀孕、分娩而暂时中断劳动时，获得生活保障和物质帮助

---

① 李瑜青. 劳动纠纷仲裁与诉讼[M]. 上海：上海社会科学院出版社，2010.
② 尹乃春. 社会保障主体的责任问题与法律完善[J]. 社会保障制度，2008(10).

的一种社会保险制度。生育保险的目的是为了保证生育状态劳动妇女的身体健康，减轻其因生育后而产生的经济困难，同时也是为了保证劳动力再生产的顺利进行，是对妇女生育社会价值的尊重和保护。

8.1.5 劳动与社会保障法律法规

1.《中华人民共和国劳动法》

第三条 劳动者享有平等就业和选择职业的权利、取得劳动报酬的权利、休息休假的权利、获得劳动安全卫生保护的权利、接受职业技能培训的权利、享受社会保险和福利的权利、提请劳动争议处理的权利以及法律规定的其他劳动权利。

劳动者应当完成劳动任务，提高职业技能，执行劳动安全卫生规程，遵守劳动纪律和职业道德。

第十五条 禁止用人单位招用未满十六周岁的未成年人。

文艺、体育和特种工艺单位招用未满十六周岁的未成年人，必须依照国家有关规定，履行审批手续，并保障其接受义务教育的权利。

2.《中华人民共和国劳动合同法》

第二条 中华人民共和国境内的企业、个体经济组织、民办非企业单位等组织（以下称用人单位）与劳动者建立劳动关系，订立、履行、变更、解除或者终止劳动合同，适用本法。

国家机关、事业单位、社会团体和与其建立劳动关系的劳动者，订立、履行、变更、解除或者终止劳动合同，依照本法执行。

第七条 用人单位自用工之日起即与劳动者建立劳动关系。用人单位应当建立职工名册备查。

第八条 用人单位招用劳动者时，应当如实告知劳动者工作内容、工作条件、工作地点、职业危害、安全生产状况、劳动报酬，以及劳动者要求了解的其他情况；用人单位有权了解劳动者与劳动合同直接相关的基本情况，劳动者应当如实说明。

第十条 建立劳动关系，应当订立书面劳动合同。

第十二条 劳动合同分为固定期限劳动合同、无固定期限劳动合同和以完成一定工作任务为期限的劳动合同。

第十七条 劳动合同应当具备以下条款：

（一）用人单位的名称、住所和法定代表人或者主要负责人；

（二）劳动者的姓名、住址和居民身份证或者其他有效身份证件号码；

（三）劳动合同期限；

（四）工作内容和工作地点；

（五）工作时间和休息休假；

（六）劳动报酬；

（七）社会保险；

（八）劳动保护、劳动条件和职业危害防护；

（九）法律、法规规定应当纳入劳动合同的其他事项。

第十九条　劳动合同期限三个月以上不满一年的，试用期不得超过一个月；劳动合同期限一年以上不满三年的，试用期不得超过二个月；三年以上固定期限和无固定期限的劳动合同，试用期不得超过六个月。

第二十三条　用人单位与劳动者可以在劳动合同中约定保守用人单位的商业秘密和与知识产权相关的保密事项。

第二十六条　下列劳动合同无效或者部分无效：

（一）以欺诈、胁迫的手段或者乘人之危，使对方在违背真实意思的情况下订立或者变更劳动合同的；

（二）用人单位免除自己的法定责任、排除劳动者权利的；

（三）违反法律、行政法规强制性规定的。

对劳动合同的无效或者部分无效有争议的，由劳动争议仲裁机构或者人民法院确认。

3.《中华人民共和国劳动争议调解仲裁法》

第二条　中华人民共和国境内的用人单位与劳动者发生的下列劳动争议，适用本法：

（一）因确认劳动关系发生的争议；

（二）因订立、履行、变更、解除和终止劳动合同发生的争议；

（三）因除名、辞退和辞职、离职发生的争议；

（四）因工作时间、休息休假、社会保险、福利、培训以及劳动保护发生的争议；

（五）因劳动报酬、工伤医疗费、经济补偿或者赔偿金等发生的争议；

（六）法律、法规规定的其他劳动争议。

有关劳动争议的解决，参见第四条、第五条、第六条、第七条、第十六条、第二十二条、第二十七条、第二十八条的规定。

4.《中华人民共和国社会保险法》

第二条　国家建立基本养老保险、基本医疗保险、工伤保险、失业保险、生育保险等社会保险制度，保障公民在年老、疾病、工伤、失业、生育等情况下依法从国家和社会获得物质帮助的权利。

有关基本养老保险、医疗保险、工伤保险、失业保险、生育保险的规定，参见第十六条、第十七条、第二十一条、第二十二条、第二十五条、第二十七条、第三十三条、第三十六条、第四十四条、第四十五条、第四十八条、第五十三条至第五十六条。

第三十七条　职工因下列情形之一导致本人在工作中伤亡的，不认定为工伤：

（一）故意犯罪；

（二）醉酒或者吸毒；

（三）自残或者自杀；

（四）法律、行政法规规定的其他情形。

有关工伤费用的支付，参见第三十八条、第三十九条规定。

8.2 案例研究

8.2.1 案例介绍

案例1 工伤保险纠纷

小唐被某私营印刷厂录用,从事三班倒的印刷工作。工作结束后,小唐刚下夜班回宿舍睡觉,就听见车间主任李某喊自己起床,要求加班。小唐珍惜自己的工作机会,立即投入另一班的印刷工作。但不幸出了工伤,被机器切割掉两个手指。印刷厂将小唐送到医院,交付500元押金后离开。当小唐在家人的陪伴下,找到印刷厂老板要求认定工伤并享受相关待遇时,老板却称,小唐出工伤时,并不当班,而且厂里也没有派他加班,所以不能算工伤。厂里有规定,职工操作不当,出工伤事故,厂里概不负责,况且厂里已出了500元钱医药费。为此,小唐向企业所在地劳动争议仲裁委员会申请仲裁。劳动争议仲裁委员会受理小唐的申请后,委托当地工伤鉴定委员会对小唐的受伤情况进行鉴定,并根据小唐是工伤的鉴定意见,裁定企业支付小唐的工伤医疗待遇、医疗期间的生活费待遇和伤残待遇等。

问题:本案争议的焦点是什么?分析劳动争议仲裁委员会裁定的法律依据。

案例2 失业保险纠纷

2001年3月的一天,湖北省某高校劳资处收到了劳动保障部门的失业保险催缴通知单。通知单中核定了该高校1999年以来的失业保险金和滞纳金总额。劳资处任处长觉得不服,马上打电话到劳动保障部门称其学校是事业单位,不存在失业人员,怎么还要缴失业保险。劳动保障部门的工作人员认真解释,学校虽然是事业单位,但按国务院《失业保险条例》的规定仍然要参加失业保险。

问题:劳动保障部门工作人员的解释是否正确?

案例3 劳动合同纠纷

原告葛东芳于1996年3月18日入职被告北京宏悦顺化工厂做操作工,双方曾先后与2004年、2008年和2010年三次订立固定期限劳动合同,最后一份合同于2013年1月16日到期。且自2008年签订劳动合同时起,葛东芳已在宏悦顺化工厂工作满十年。2012年12月11日,宏悦顺化工厂以双方签订的劳动合同将期限届满、单位决定不再续签为由,提前30日通知葛东芳解除劳动合同,并支付葛东芳解除劳动关系经济补偿金9900元。2012年12月31日,葛东芳签字领取该经济补偿金并确认将劳动关系转出。

2012年1月至8月,葛东芳工作时间采用倒班制,每上两班12小时后休息24小时;2012年9月至12月,葛东芳工作时间采用标准工时制,且双休日正常上班。2012年6月至2013年1月期间,宏悦顺化工厂间断性安排葛东芳放假36天。放假期间,宏悦顺化工厂给葛东芳连续缴纳社会保险,但未足额发放加班工资。后葛东芳经仲裁后诉至法院,请求法院判令原被告双方自1996年3月18日至2013年1月16日存在劳动关系,并判令被告支付原告:①2008年1月至2013年1月未签无固定期限劳动合同双倍工资76 542元;②2012年9月至2012年12月双休日加班工资3972元;③2012年1月至2012年8月延时加班工资 6331 元;④2008 年 1 月至 2013 年 1 月未休带薪年休假工资报酬 8797 元;⑤解除劳动关系经济补偿金 2600 元。

问题:请分析法院应依照怎样的法律或政策作出判决。

8.2.2 案例分析

在案例 1 中,争议的焦点是职工被车间主任临时指派是否属于加班,加班负伤是否可以申请工伤认定并享受工伤保险待遇。工伤是职业伤害的简称,主要是指职工在生产工作中因意外事故或职业病造成的伤残和死亡。根据《企业职工工伤保险试行办法》第八条规定,职工由于从事本单位日常生产、工作或者本单位负责人临时指定的工作负伤、致残的,应认定为工伤。本案中,小唐休息期间服从车间主任安排,赶工作任务属于临时加班,可视为从事单位负责人临时指定的工作,依法应认定为工伤。

在案例 2 中,涉及的是事业单位是否缴纳失业保险的问题。失业保险是指国家通过立法强制实行的,由社会集中建立资金,对因失业而暂时中断生活来源的劳动者提供物质帮助的制度。它是社会保障体系的重要组成部分,是社会保险的主要项目之一。

失业保险具有普遍性,它主要是为了保障有工资收入的劳动者失业后的基本生活而建立的,其覆盖范围包括劳动力队伍中的大部分成员。因此确定适用范围时,参保单位应不分部门和行业,不分所有制性质。失业保险的适用范围呈逐步扩大的趋势,从 1986 年《国有企业职工待业保险暂行规定》中规定的四种人到 1993 年《国有企业职工待业保险规定》中规定的七类九种人和企业化管理的事业单位职工,再到《失业保险条例》中规定的城镇企业事业单位。将事业单位纳入失业保险范围,是根据中央关于事业单位改革的精神,事业单位要进行人事制度的改革,势必要按照市场原则优化人员结构、减员增效。将事业单位及其职工纳入失业保险的范围,对事业单位特别是国有事业单位市场用人机制的形成和自身发展具有重要意义。所以本案中,该高校虽然为事业单位,仍然要缴纳失业保险。

对类似问题的处理意见。此案告诉我们,城镇企业事业单位不管是否存在失业人员都应该参加失业保险,这是国家规定的不可逃避的责任。

在案例 3 中,争议焦点为自 2008 年起,原告已在被告宏悦顺化工厂连续工作满十年,符合订立无固定期限劳动合同的法定条件,其后双方订立并履行的固定期限劳动合同是否合法有效,宏悦顺化工厂能否以到期为由终止双方劳动关系。

原告葛东方在宏悦顺化工厂连续工作超过十年,符合应签订无固定期限劳动合同的法定条件,但双方再次订立了固定期限的劳动合同。双方协商一致签订的书面劳动合同属双方真实意思表示,已经达成签订固定期限劳动合同的合意,因此,对于双方两次签订的期限为 2008 年至 2013 年的固定期限劳动合同,法院依法予以认定。双方劳动合同到期后,宏悦顺化工厂在支付经济补偿金的条件下,适用期可以终止。

根据个人的实际工作时间核算,葛东芳工作期间存在延时加班和休息日加班的情况,宏悦顺化工厂应依法支付加班工资,且在职期间,宏悦顺化工厂未安排葛东芳带薪休假,应依法支付未休带薪年休假工资。

8.2.3 相关文书拟定

1. 劳动争议仲裁申请书

申请人：_____,性别_____,年龄_____,工作单位_____

被申请人：_____有限公司

法定代表人：_____

地址：_____

请求事项：

一、请求裁决解除被申请人与申请人之间的劳动合同关系；

二、请求裁决被申请人向申请人支付_____个月经济补偿金_____元；

三、请求裁决被申请人为申请人补缴2013年××月至2014年××月社会保险费。

事实与理由：（包括证据和证据来源,证人姓名和住址等情况）

××××××

此致

_____劳动仲裁委员会

申诉人：
××××年××月××日

附：

1. 副本_____份
2. 物证_____份
3. 书证_____份

2. 劳动争议起诉书

原告：_____,性别____,民族____,住址_____,身份证号_____,联系电话_____。

诉讼代理人：_____,_____律师事务所律师,电话_____。

被告：_____有限责任公司。地址_____;法定代表人：王____;职务：总经理;联系电话_____。

诉讼请求：

请求法院××××××××

事实与理由：

××××××××

此致

_____开发区人民法院

具状人：张××
××××年××月××日

8.3 拓展阅读

8.3.1 社会保障发展历程

社会保障是现代社会普遍使用的一个名词,最早使用于美国1935年的《社会保障法案》,美国1999年出版的《社会工作词典》将社会保障定义为:"一个社会对那些遇到了已经由法律作出定义的困难的公民,如年老、生病、年幼或失业的人提供的收入补助。"《新大不列颠百科全书》对社会保障的定义是:"社会保障是对病残、失业、作物失收、丧偶、妊娠、抚养子女或退休的人提供现金待遇。"国际劳工局对社会保障的界定是:"社会保障即社会通过一系列的公共措施对其成员提供的保护,以防止他们由于疾病、妊娠、工伤、失业、残疾、老年及死亡而导致的收入中断或大大降低而遭受经济和社会困窘,对社会成员提供的医疗照顾以及对有儿童的家庭提供的补贴(1984)。"[①]

1982年,我国在《国民经济和社会发展第七个五年计划》中提出:"我国将逐步地建立起具有中国特色的社会主义社会保障制度雏形",这是我国官方文件首次使用了这一概念。目前社会保障已被确定为我国社会主义市场经济体制基本框架的五大支柱之一。提出的社会保障体系主要包括社会保险、社会救济、社会福利、优抚安置四项内容。其中,社会救济也称社会救助,是指国家和社会对因遭遇意外事件或自然灾害等原因造成生活困难而处于生存困境的社会成员,提供物质帮助,以使其维持最低生活水平的社会保障制度。社会福利是指国家在保障全体社会成员享受基本生存权利的基础上,通过发展福利事业,兴建公共福利设施等政策措施,逐步改善和提高生活水平的社会保障制度。优抚安置又称为社会优抚,是指国家和社会对军人或其家属提供生活救济、伤残抚恤、退伍安置及其他社会优待的保障制度。

由于世界各国政治经济制度、经济发展阶段、价值取向、法律文化传统等方面的不同,社会保障的项目内容体系各有差异,但概括起来,一般包括社会保险、社会救助和社会福利等几大内容体系。

在中国,一些学者根据自己的理解也给社会保障下了不同的定义。陈良瑾教授在《社会保障教程》中将社会保障定义为"国家和社会,通过国民收入的分配与再分配,依法对社会成员的基本生活权利予以保障的社会安全制度"。

葛寿昌教授在《社会保障经济学》中认为:"社会保障是社会(国家)通过立法,采取强制手段,对国民收入进行分配和再分配形成社会消费基金,对基本生活发生困难的社会成员给予物质上的帮助,以保证社会安定的一种有组织的措施、制度和事业的总称。"

郑秉文在《社会保障分析导论》中认为:"社会保障是与社会主义市场经济的体制基础相适应,国家和社会依法对社会成员基本生活予以保障的社会安全制度。"

[①] 孟醒. 统筹城乡社会保障[M]. 北京:经济科学出版社,2005.

8.3.2 我国社会保障制度的历史发展

新中国成立60年来,城镇社会保障制度逐步建立和完善,农村社会保障制度建设也在顺利地向前推进。"老有所养,病有所医"是人民最关心、最直接、最现实的利益问题,也是政府孜孜以求的目标。

党的十八大报告对社会保障工作给予了高度的重视,将社会保障摆在了更加突出的位置,旗帜鲜明地提出来社会保障的基本方针和体系特征,即"要坚持全覆盖、保基本、多层次、可持续方针""以增强公平性、适应流动性、保证可持续性为重点,全面建成覆盖城乡居民的社会保障体系。"对社会保障经办机构及社会保障管理体制提出了明确要求,"健全社会保障经办管理体制,建立更加便民快捷的服务体系。"明确提出"整合城乡居民基本养老保险和基本医疗保险制度"。

第一,紧紧抓住统筹推进城乡社会保障制度改革的重点任务。下一步改革的重点任务是:改革完善企业和机关事业单位社会保险制度,在推进事业单位分类改革的基础上,同步推进机关事业单位社会保险制度改革,实现企业与机关事业单位各项社会保险制度的有效衔接,实现新老制度的合理衔接和平稳过渡;整合城乡居民基本养老保险和基本医疗保险制度,将城镇居民社会养老保险和新型农村社会养老保险整合为城乡居民基本养老保险制度,将城镇居民基本医疗保险和新型农村合作医疗整合为城乡居民基本医疗保险制度,实现城乡居民在基本养老保险和基本医疗保险制度上的平等和管理资源上的共享;逐步做实养老保险个人账户,更好地体现我国养老保险社会统筹和部分积累相结合的制度要求;实现基础养老金全国统筹,更好地发挥社会统筹的调节作用,更好地保障退休人员和老年居民的基本生活;建立兼顾各类人员的社会保障待遇确定机制和正常调整机制,合理确定社会保障待遇水平,实现社会保障待遇的正常调整,处理好各类人员的社会保障待遇关系,使保障水平持续、有序、合理地提高;完善社会救助体系,健全社会福利制度,支持发展慈善事业,更好地保障低收入者和特殊困难人员的基本生活。

第二,健全社会保障经办管理体制和服务体系是更好地适应社会保障事业发展、更好地服务参保人员和保障对象的迫切要求。要加快建立标准统一、全国联网的社会保险管理信息系统,全面推行社会保障卡。

第三,扩大社会保险基金筹资渠道,建立社会保险基金投资运营制度,确保基金安全和保值增值。社会保险基金关系参保人员的切身利益,是参保人员的养命钱和保命钱,既要确保各项待遇当期支付和基金安全,切实加强基金监管,又要加快建立社会保险基金投资运营制度,积极稳妥推进基金投资运营,适当拓宽基本养老保险基金投资渠道和运营方式,努力实现保值增值。①

中国的养老保险事业,从1951年政务院颁布《中华人民共和国劳动保险条例》开始,便和新中国相伴相随。但长期实行的是"企业养老保险",新老企业负担畸轻畸重、苦乐不均。进入80年代中期,我国的养老保险事业进入新中国成立以来最活跃、改革力度最大的时期。其几次改革举措在养老保险史上留下了重重的一笔。到1998年年底,新的社会养老

---

① http://blog.sina.com.cn/s/blog_6332fb9301019kvs.html.

保险制度的覆盖范围包括了国有企业、城镇集体企业、外商投资企业、城镇私营企业和其他城镇企业及其职工,实行企业化管理的事业单位及其职工。

1984年,我国开始了以退休费用社会统筹为主要内容的养老保险制度改革试点。对企业按照工资总额的同一比例征收养老保险费,使退休人员多的老企业从沉重的负担中解脱出来。1991年,国务院颁布《关于企业职工养老保险制度改革的决定》,将社会统筹确定为养老保险制度改革的方向,从而使企业从各自负担退休人员的"自我保险"变为社会互济、共担风险的保险。

1997年7月,国务院《关于建立统一的企业职工基本养老保险制度的决定》确定个人账户规模为本人工资的11%。其中,个人缴费部分全部记入个人账户(个人缴费由5%最终实现8%),其余部分由企业缴费划入。

2015年1月,国务院印发《关于机关事业单位工作人员养老保险制度改革的决定》,决定从2014年10月1日起对机关事业单位工作人员养老保险制度进行改革;同时决定,统一提高全国城乡居民基本养老保险基础养老金最低标准,再次提高全国企业退休人员基本养老金标准。这一系列决定,是贯彻党的十八大和十八届三中、四中全会精神,全面深化改革的重要内容,是统筹推进社会保障体系建设,建立更加公平、可持续养老保险制度的又一重大举措。

《决定》指出,机关事业单位养老保险制度改革要坚持全覆盖、保基本、多层次、可持续方针,以增强公平性、适应流动性、保证可持续性为重点,改革现行机关事业单位工作人员的退休制度,逐步建立起独立于机关事业单位之外、资金来源多渠道、保障方式多层次、管理服务社会化的养老保险体系。

《决定》规定,机关事业单位实行社会统筹与个人账户相结合的基本养老保险制度,由单位和个人共同缴费;改革基本养老金计发办法,待遇水平与缴费相关联,建立多缴多得、长缴多得的激励机制;建立基本养老金正常调整机制,统筹考虑机关、企事业单位退休人员和城乡居民的基本养老金调整;加强养老保险基金管理和监督,确保基金安全;做好养老保险关系转移接续工作,促进人员合理流动;同步建立职业年金制度,形成多层次的养老保险体系;建立健全养老保险筹资机制,确保待遇发放;逐步实行社会化管理服务,不断提高管理服务水平。①

8.3.3 劳动合同范本

甲、乙双方根据《中华人民共和国劳动合同法》和有关法律、法规规定,在平等自愿、公平公正、协商一致、诚实信用的基础上,签订本合同。

一、劳动合同期限

(一)甲乙双方约定按下列_____种方式确定"劳动合同期限":

a. 有固定期限的劳动合同:自_____年_____月_____日起至_____年_____月_____日止,其中试用期自_____年_____月_____日起至_____年_____月_____日止。

---

① http://news.xinhuanet.com/politics/2015-01/14/c_1113994556.htm.

b. 无固定期限的劳动合同：自_____年_____月_____日起,其中试用期自_____年_____月_____日起至_____年_____月_____日止。

c. 以完成_____工作任务为劳动合同期限,自_____年_____月_____日起至完成本项工作任务之日即为劳动合同终止日。

（二）甲方与用工单位所签订的劳务派遣协议约定的派遣期限先于本条约定的合同期限届满的,则劳务派遣协议约定的派遣期届满之日本合同终止。

二、工作内容及工作地点

（一）乙方根据甲方要求,经过协商,从事_____工作。甲方可根据工作需要和对乙方业绩的考核结果,按照合理诚信原则,变动乙方的工作岗位,乙方服从甲方的安排。

（二）甲方安排乙方所从事的工作内容及要求,应当符合甲方依法制定的并已公示的规章制度。乙方应当按照甲方安排的工作内容及要求履行劳动义务,按时完成规定的工作数量,达到规定的质量要求。

（三）甲乙双方约定劳动合同履行地为：_____。

（四）_____。

三、工作时间和休息休假

（一）甲乙双方在工作时间和休息方面协商一致选择确定_____条款,平均每周工作四十小时。

a. 甲方实行每天_____小时工作制。具体作息时间,甲方安排如下：
每周周_____至周_____工作,上午_____,下午_____。每周周_____为休息日。

b. 甲方实行三班制,安排乙方实行_____班_____运转工作制。

c. 甲方安排乙方的_____工作岗位,属于不定时工作制,双方依法执行不定时工作制规定。

d. 甲方安排乙方的_____工作岗位,属于综合计算工时制,双方依法执行综合计算工时工作制规定。

（二）甲方严格遵守法定的工作时间,控制加班加点,保证乙方的休息与身心健康,甲方因工作需要必须安排乙方加班加点的,应与工会和乙方协商同意,依法给予乙方补休或支付加班加点工资。

（三）甲方为乙方安排带薪年休假：_____。

四、劳动保护和劳动条件

（一）甲方对可能产生职业病危害的岗位,应当向乙方履行如实告知的义务,并对乙方进行劳动安全卫生教育,防止劳动过程中的事故,减少职业危害。

（二）甲方必须为乙方提供符合国家规定的劳动安全卫生条件和必要的劳动防护用品,安排乙方从事有职业危害作业的,应定期为乙方进行健康检查。

（三）乙方在劳动过程中必须严格遵守安全操作规程。乙方对甲方管理人员违章指挥、强令冒险作业,有权拒绝执行。

（四）甲方按照国家关于女职工、未成年工的特殊保护规定,对乙方提供保护。

（五）乙方患病或非因工负伤的,甲方应当执行国家关于医疗期的规定。

五、劳动报酬

甲方应当每月至少一次以货币形式支付乙方工资,不得克扣或者无故拖欠乙方的工资。乙方在法定工作时间内提供了正常劳动,甲方向乙方支付的工资不得低于当地最低工资标准。

（一）甲方承诺每月_____日为发薪日。

（二）乙方在试用期内的工资为每月_____元。

（三）经甲乙双方协商一致,对乙方的工资报酬选择确定_____条款。

a. 乙方的工资报酬按照甲方依法制定的规章制度中的内部工资分配办法确定,根据乙方的工作岗位确定其每月工资为_____元。

b. 甲方对乙方实行基本工资和绩效工资相结合的内部工资分配办法,乙方的基本工资确定为每月_____元,以后根据内部工资分配办法调整其工资;绩效工资根据乙方的工作业绩、劳动成果和实际贡献按照内部分配办法考核确定。

c. 甲方实行计件工资制,确定乙方的劳动定额应当是本单位同岗位百分之九十以上劳动者在法定工作时间内能够完成的,乙方在法定工作时间内按质完成甲方定额,甲方应当按时足额支付乙方的工资报酬。

　　d. _____。

（四）甲方根据企业经营效益、当地政府公布的工资指导线、工资指导价位等,合理提高乙方工资。乙方的工资增长办法按照_____（工资集体协商协议、内部工资正常增长办法）确定。

（五）乙方加班加点的工资,以双方经过协商确定的_____工资为基数计算。

六、社会保险和福利

（一）双方依法参加社会保险,按时缴纳各项社会保险费,其中依法应由乙方缴纳的部分,由甲方从乙方工资报酬中代扣代缴。

（二）甲方应当将为乙方缴纳各项社会保险费的情况公示,乙方有权向甲方查询其各项社会保险的缴费情况,甲方应当提供帮助。

（三）如乙方发生工伤事故,甲方应负责及时救治,并在规定时间内,向劳动保障行政部门提出工伤认定申请,为乙方依法办理劳动能力鉴定,并为享受工伤医疗待遇履行必要的义务。

（四）乙方依法享有国家规定的福利待遇,甲方应当执行。

（五）_____。

七、劳动纪律

甲方制定的劳动纪律应当符合法律、法规、政策的规定,履行民主程序,并向乙方公示。乙方遵照执行。

八、协商条款

经甲乙双方协商一致,同意选择_____条约定条款。

  a. 乙方工作涉及甲方商业秘密的,甲方应当事前与乙方依法协商约定保守商业秘密或竞业限制的事项,并签订保守商业秘密协议或竞业限制协议。

  b. 由甲方出资招用或培训乙方,并要求乙方履行服务期的,应当事前征得乙方同意,并签订协议,明确双方权利义务。

  c. 甲方出资为乙方提供其他特殊待遇,如_____(住房、汽车等),并要求乙方履行服务期的,应当事前征得乙方同意,并签订协议,明确双方权利义务。

  d. 甲方同意为乙方办理补充养老保险(年金)和补充医疗保险情况,具体标准为:____
_____。

  e. 甲方同意为乙方提供如下福利待遇:_____。

  f. 甲乙双方需要约定的其他事项:_____。

九、劳动合同终止的条件

经甲乙双方协商约定,出现下列情形之一的,可以终止劳动合同:

1. 劳动合同期满的_____。
2. _____。
3. _____。

十、劳动争议处理

(一)甲乙双方因履行本合同发生劳动争议,可以协商解决。不愿协商或者协商不成的,可以向本单位劳动争议调解委员会申请调解;调解不成的,可以向劳动争议仲裁委员会申请仲裁。甲乙双方也可以直接向劳动争议仲裁委员会申请仲裁。提出仲裁要求的一方应当自劳动争议发生之日起六十日内向劳动争议仲裁委员会提出书面申请。对仲裁裁决不服的,可以自收到仲裁裁决书之日起十五日内向人民法院提起诉讼。

(二)甲方违反劳动法律、法规和规章,损害乙方合法权益的,乙方有权向劳动保障行政部门和有关部门举报。

十一、其他

(一)劳动合同期内,乙方户籍所在地址、现居住地址、联系方式等发生变化,应当及时告知甲方,以便于联系。

(二)本合同未尽事宜,均按国家有关规定执行,国家没有规定的,通过双方平等协商解决。

(三)本合同不得涂改。

(四)本合同如需同时用中文、外文书写,内容不一致的,以中文文本为准。

(五)本合同一式两份,甲乙双方各执一份。

(六)本合同于_____年_____月_____日生效。

甲乙双方自愿申请劳动合同鉴证的,应当在劳动合同签订之日起三十日内向劳动保障行政部门提出。

甲方法定代表人签名：　　　　　　　　　乙方签名：
公章：
××××年××月××日　　　　　　　　××××年××月××日

课后练习

1. 劳动者与用人单位的法律关系是什么？
2. 简述劳动合同的内容。
3. 简述劳动争议的处理途径。
4. 简述社会保险的类型。
5. 简述什么是事实劳动合同。
6. 请根据下列素材，为申请人代写一份劳动仲裁申请书。

申请人××，女，汉族，于2005年3月8日开始至今一直在被申请人×××公司处工作，现担任公司的销售经理，双方已经形成了事实上的劳动关系。申请人在被申请人处工作至今，被申请人从未给申请人缴纳过任何的社会保险，同时也未与申请人签订书面的劳动合同。

申请人认为，根据劳动合同法及相关法律规定，用人单位应当与劳动者签订劳动合同并为劳动者交纳各类法律规定的保险，而被申请人却一直未给申请人交纳各类保险，此行为已违反了法律的规定，为维护申请人的合法利益，申请人曾多次要求其交纳保险，但被申请人却拒绝交纳，致使申请人的保险费用产生了高额的滞纳金。同时，根据劳动合同法的规定，未签订劳动合同的，用人单位应向劳动者支付双倍的工资。为维护申请人的合法利益，现申请劳动争议仲裁，请求裁决被申请人为申请人补交保险及滞纳金并依法向申请人支付双倍的工资。

任务9 侵权纠纷及解决

学习目标

1. 掌握特殊侵权的法律含义及类型。
2. 掌握特殊侵权的归责原则。
3. 掌握承担民事侵权责任的方式。
4. 能够正确分析高度危险责任主体。
5. 能够正确分析物件损害责任主体。
6. 能够正确运用侵权责任的法律原理为权利主体提供法律咨询与法律帮助。

9.1 法律原理

9.1.1 民事侵权行为及分类

1. 侵权行为含义

在法律上,侵权行为一般是指行为人由于过错侵害他人的财产、人身,依法应承担民事责任的行为;行为人虽无过错,但法律特别规定应对受害人承担民事责任的其他致害行为,也属侵权行为。

侵权行为可按不同标准进行分类。以侵害对象不同,可分为侵害财产权行为和侵害人身权行为。按致害人的人数多少,可分为单独侵权行为和共同侵权行为。按侵权人行为的性质不同,可分为积极侵权行为和消极侵权行为。一般的侵权行为都是致害人以积极行为作出的,但对负有法定或职务上积极行为义务的人该行为时不行为,也可构成侵权。如铁路扳道工未实施扳道行为致火车出轨。但一般人见死不救也只是负有道义上的责任,在法律上不承担侵权责任。侵权行为最常用的分类是依据致害人主观上是否有过错,有过错才承担侵权责任的是一般侵权行为,无过错也要承担侵权责任的是特殊侵权行为。

民事责任可以根据不同的标准作不同的分类,根据产生责任的法律根据的不同,可分为违反合同的民事责任与侵权的民事责任两大类。违反合同的民事责任即违约责任。侵权的民事责任,产生的根据是违反了合同之外的民事义务,是指非法侵害公民、法人等的财产所有权(及与所有权有关的财产权)、知识产权和人身权即应承担相应的民事责任。

一般侵权民事责任的构成要件。在一般情况下,构成侵权的民事责任必须具备四个要件,即损害事实、违法行为、违法行为与损害事实之间有因果关系、侵权人有主观过错。缺少任何一个要件,就不能构成侵权民事责任,致损人不必承担民事责任。但法律有特别规定的除外。一般侵权行为构成要件包括以下四个方面。

（1）损害事实。损害事实既包括对财产的损害，也包括对人身的损害。对财产的损害，包括直接的与间接的损害，前者是指现有实际财产的减少，如房屋被侵占、动产被毁损。后者是指受害人可得利益的减少，比如租金收入的减少。对人身的损害包括对生命、健康、名誉、荣誉等的损害。

（2）违法行为。是指行为人实施的行为违反了法律的禁止性规定或强制性规定。根据违法行为的表现形式，又可以分为作为的违法行为与不作为的违法行为。如法律规定禁止毁损他人的财产，行为人实施了毁损他人财产的行为。法律规定在公共场所安装地下设施应按规定设置警示标志，如果施工者没有采取该措施，就构成不作为的违法行为。

（3）因果关系。即损害事实必须是由违法行为所造成的，只有当二者之间存在因果关系时，行为人才应承担相应的民事责任。民事主体只能为自己实施的行为的损害后果承担责任，没有因果关系的侵权责任是不成立的。例如，甲将乙打伤，后乙死亡，但经鉴定乙的死亡是因为癌症晚期，故甲就不应对乙的死亡承担侵权责任。

（4）主观过错。即使具备了损害事实，有违法行为，损害事实也是由违法行为造成的，但如果行为人没有主观过错，一般也不构成侵权责任。主观过错可分为故意与过失。故意是指行为人预见到自己的行为可能产生的损害结果，仍希望其发生或放任其发生。如明知诽谤他人会侵害他人的名誉权仍为之等。过失是指行为人对其行为结果应预见或能够预见而因疏忽未预见，或虽已预见，但因过于自信，以为不会发生，以致造成损害后果。如快餐店应当预见到其热饮可能烫伤顾客，但因疏忽大意未采取防范措施，导致烫伤事件发生。

2. 民事侵权责任的类型

（1）数人侵权行为。是指数人共同不法侵害他人权利或利益之行为，为特殊侵权行为之一。

① 共同侵权行为。共同侵权行为是指两个或两个以上的行为人，基于共同的故意或过失，侵害他人人身或财产权利的行为。如《民法通则意见》第一百四十八条规定，教唆、帮助他人实施侵权行为的人，为共同侵权人，应当承担连带民事责任。教唆、帮助无民事行为能力人实施侵权行为的人，为侵权人，应当承担民事责任。教唆、帮助限制民事行为能力人实施侵权行为的人，为共同侵权人，应当承担主要民事责任。《民法通则》第一百三十条规定，两人以上共同侵权造成他人损害的，应当承担连带责任。

② 教唆行为、帮助行为。教唆行为是指利用一定方式对他人进行开导、说服，或者通过怂恿、刺激、利诱等办法使被教唆者接受教唆意图的行为。帮助行为是指通过提供工具、指示目标或者以语言激励等方式在物质或者精神上帮助他人实施侵权行为的行为。

③ 共同危险行为。共同危险行为又称准共同侵权行为，是指两个或两个以上的行为人，共同实施可能导致他人权利受损的危险行为，造成了损害后果，但不能准确判定谁为加害人的行为。如甲乙共同向空中抛掷石块，导致丙受伤，但加害人与受害人均不能证明是甲还是乙的石块将丙击伤，甲乙两人的行为即为共同危险行为。

确立共同危险行为，可以更充分地保护受害人，不会因实际加害人的无法确定而使受害人的权利无法得到救济，也能更有效地遏制侵权行为。

④ 无意联络的数人侵权行为。无意联络的数人侵权行为是指数个行为人并无共同的过错，但由于数个行为的结合而导致同一损害后果发生的侵权行为。

(2) 各类特殊民事侵权行为。根据我国法律的规定,有关特殊民事侵权行为主要分为以下十三种。

① 职务侵权行为。职务侵权行为是指职务行为的实施侵害了第三人的合法权益,对第三人构成侵权的职务行为。

国家机关及其工作人员的职务侵权行为。是指国家机关或者国家机关工作人员,在执行职务中侵犯他人合法权益并造成损害的行为。国家机关及其工作人员职务侵权行为的构成要件有以下几点。第一,职务侵权行为的主体是国家机关或者国家机关工作人员。所谓的国家机关,是指依法享有国家权力的行政机关、审判机关、检察机关以及军事、警察机关的总称。国家机关的工作人员,是指一切在国家机关中依法从事公务的人员,包括接受国家机关委任、聘任或者选任而负有对国家机关忠实服从和执行职务的文职(包括行政人员、司法人员,也包括专业技术人员)或者武职的工作人员。另外,临时受国家机关委托,以国家机关的名义从事一定行为的人,也属于国家机关工作人员。第二,职务侵权行为发生在执行职务之中。国家机关或者国家机关工作人员,只有在执行职务过程中实施的侵权行为,才称为职务侵权行为。所谓执行职务,是指以国家机关的名义行使相关职权,并由国家机关承担后果的行为。第三,职务侵权行为侵犯他人的合法权益。第四,执行职务的行为与损害之间有因果关系。

用人单位工作人员职务侵权行为。《侵权责任法》第三十四条第一款规定,用人单位的工作人员因执行工作任务造成他人损害的,由用人单位承担侵权责任。根据本条规定,只要工作人员因执行工作任务实施了侵权行为,侵权责任就由用人单位来承担。在用人单位和工作人员的内部关系方面,采无过错责任;在用人单位和第三人的外部关系方面,则根据有关法律规定来确定归责原则。用人单位是否承担侵权责任,取决于致人损害的行为是否是执行工作任务即职务行为。职务行为由用人单位承担责任,非职务行为则由行为人自己承担责任。

在劳务派遣的场合,被派遣人员出现了两个用人单位。《侵权责任法》第三十四条第二款规定,劳务派遣期间,被派遣的工作人员因执行工作任务造成他人损害的,由接受劳务派遣的用工单位承担侵权责任;劳务派遣单位有过错的,承担相应的补充责任。据此,被派遣人员行为的后果由接受派遣单位承担。劳务派遣单位仅在自己过错的范围内承担相应的补充责任。

个人劳务关系中的侵权行为。《侵权责任法》第三十五条规定,个人之间形成劳务关系,提供劳务一方因劳务造成他人损害的,由接受劳务一方承担侵权责任。提供劳务一方因劳务自己受到损害的,根据双方各自的过错承担相应的责任。民事主体之间形成劳务关系的情形很多。此处所讨论的仅仅是自然人之间形成的劳务关系。在个人劳务关系中,一方提供劳务,另一方接受劳务同时支付报酬。

个人劳务关系中的侵权行为与责任分为对外和对内两种情况。对外情况是指提供劳务一方因劳务造成第三人损害的情形。提供劳务一方的劳务活动的成果由接受劳务一方享有,提供劳务一方因劳务造成他人损害,产生的责任也由接受劳务一方承担。提供劳务一方是行为主体,接受劳务一方是责任主体。因为劳务关系的存在,接受劳务一方为提供劳务一方的行为承担责任具有了正当性。对内情况是指提供劳务一方因劳务自身受到损害的情形。提供劳务一方因劳务受到损害的情形,要根据提供劳务一方和接受劳务一方各自的过错来分配责任。

② 产品责任。产品缺陷致人损害的侵权行为是指产品的制造者和销售者,因制造、销售的产品造成他人的人身或财产损害应承担民事责任的行为。

构成产品缺陷致人损害的侵权行为的要件包括以下几点。第一,产品有缺陷。所谓产品,是指经过加工、制作,用于销售的产品。所谓缺陷,则是指产品存在危及人身、他人财产安全的不合理的危险,如此产品有保障人体健康和人身、财产安全的国家标准、行业标准的,则是指不符合该标准的产品。第二,人身、财产遭受损害。产品缺陷致人损害的事实包括人身伤害、财产损失和精神损害等。人身伤害包括致人死亡和致人伤残。第三,须有因果关系。产品的缺陷与受害人的损害之间存在引起与被引起的关系,亦即产品缺陷是损害的原因,损害是产品缺陷的后果。确认该因果关系,一般应由受害人举证,一方面要证明缺陷产品被使用或者消费;另一方面要证明使用或者消费该缺陷产品导致了损害的发生。

③ 高度危险责任。高度危险作业是指从事高空、高速、高压、易燃、易爆、剧毒及放射性等对周围的人身或者财产安全具有高度危险性的活动。因从事高度危险作业造成他人损害所应承担民事责任的行为就是高度危险作业致人损害的侵权行为。《民法通则》第一百二十三条规定,从事高空、高速、高压、易燃、易爆、剧毒、放射性、高速运输工具等对周围环境有高度危险的作业造成他人损害的,应当承担民事责任;如果能够证明损害是由受害人故意造成的,不承担民事责任。

认定高度危险作业致人损害侵权行为的构成要件,行为人从事了高度危险的作业,行为人从事高度危险作业与损害之间存在因果关系,高度危险作业致人损害的侵权行为适用无过错责任。

④ 环境污染责任。污染环境是指由于人为原因而使人类赖以生存发展的空间和资源发生化学、物理、生物特征上的不良变化,以致影响人类健康的生产活动或生物生存的现象。污染环境致人损害的侵权行为,是指污染环境造成他人财产或者人身损害而应承担民事责任的行为。

污染环境致人损害适用无过错责任。其构成要件包括,行为人污染环境与损害之间存在因果关系,行为人污染环境的行为违反了国家保护环境防止污染的规定,污染环境责任采无过错责任原则。

⑤ 施工致人损害责任。施工致人损害的侵权行为是指在公共场所或者道路上挖坑、修缮安装地下设施等,因没有设置明显标志和采取安全措施而造成他人损害的侵权行为。在公共场所、道路上进行施工,等于给他人的行为安全带来威胁,使损害发生的概率上升,此时就要求造成危险的人采取一定措施预防、避免损害的发生。如果施工人没有采取预防措施,因此造成损害的,应当承担民事责任。该侵权行为的构成要件有,行为人在公共场所、道路上实施了挖坑、修缮安装地下设施等作业,行为人没有设置明显标志和采取安全措施,未设置明显标志、未采取安全措施与损害之间存在因果关系。

⑥ 物件损害责任。物件致人损害侵权行为是指建筑物或者其他设施以及建筑物上的搁置物、悬挂物等物件发生倒塌、脱落、坠落造成他人损害的侵权行为。

认定物件致人损害侵权行为的构成要件有,建筑物或者其他设施以及建筑物上的搁置物、悬挂物等物件发生倒塌、脱落、坠落,存在被侵权人遭受损害的事实,物件致害行为与损害事实之间存在因果关系,物件所有人或者管理人主观上存在过错。如设置、管理、设计、施工等存在缺陷。不同类型物件致人损害行为采不同归责原则。有的采过错推定,有的采无过错责任。对于难以确定具体侵权人的,除能够证明自己不是侵权人的外,由可能加害的建筑物使用人给予补偿。建筑物的使用人则指侵权行为发生时建筑物的实际使用人。

《侵权责任法》第11章规定了以下7种物件损害责任类型,建筑物等脱落、坠落致害责任,建筑物等倒塌致害责任,高空抛物责任,堆放物倒塌致害责任,公共道路上堆放、倾倒、遗撒物品致害责任,林木折断致害责任,地下设施致害责任。

⑦饲养动物致人损害的侵权行为。是指因饲养的动物造成他人人身或者财产损害而依法由动物饲养人或者管理人承担损害赔偿责任的行为。该行为的构成要件包括,该损害是由饲养的动物造成的,该损害是由动物独立动作造成的。

《侵权责任法》第10章规定了以下5种饲养动物损害责任类型,饲养动物损害的一般责任,违反管理规定时的动物损害责任,禁止饲养的危险动物损害责任,动物园动物损害责任,遗弃、逃逸的动物损害责任。

⑧监护人责任。无民事行为能力人、限制民事行为能力人致人损害的侵权行为也称为被监护人的侵权行为。这种致害行为的构成要件包括,行为主体是无民事行为能力人、限制民事行为能力人,即被监护人。关于无民事行为能力人、限制民事行为能力人致人损害侵权行为的归责原则为无过错责任原则。

⑨医疗损害责任。医疗侵权行为是指因医疗机构及其医务人员的过错,致使患者在诊疗活动中受到损害,由医疗机构承担赔偿责任的行为。认定医疗侵权行为,应注意以下几点。

第一,医疗机构及其医务人员实施了医疗行为。医疗侵权行为发生在医务人员以医疗机构名义从事的医疗活动中。因此,医务人员是行为主体,医疗机构是责任主体。

第二,患者遭受非正常的损失。大多数医疗行为都具有侵袭性。患者同意医疗机构为其实施治疗行为,视为患者同意接受这种侵袭行为及后果。但是,这种侵袭必须是正常医疗行为导致的正常损失,如果超出了合理范围,则构成了非正常损失。

第三,医疗机构存在过错。医疗机构在诊疗活动中负担一定的义务。没有尽到这些义务,则构成过错。

第四,医疗过失行为与患者遭受的非正常损失之间具有因果关系。

⑩道路交通事故责任。道路交通事故侵权行为是指道路交通参与人因违反交通安全法律法规发生交通事故,导致他人人身或者财产损失、应当承担侵权责任的行为。道路交通参与人包括机动车驾驶人、非机动车驾驶人及行人,道路交通事故侵权行为必须发生在道路通行时。

⑪违反安全保障义务的责任。安全保障义务是指宾馆、商场、银行、车站、娱乐场所等公共场所的管理人或者群众性活动的组织者,应尽的合理限度范围内使他人免受损害的义务。安全保障义务属于法定的基础性义务,当事人可以约定更高的注意义务,但是不得低于或者排除安全保障义务的约定。

公共场所的管理人、群众性活动的组织者必须对他人负担安全保障义务。《侵权责任法》第三十七条,宾馆、商场、银行、车站、娱乐场所等公共场所的管理人或者群众性活动的组织者,未尽到安全保障义务,造成他人损害的,应当承担侵权责任。因第三人的行为造成他人损害的,由第三人承担侵权责任;管理人或者组织者未尽到安全保障义务的,承担相应的补充责任。据此,安全保障义务人直接侵害他人民事权益的,应当承担侵权责任。如饭店地板上有油渍,客人来了以后摔倒了,则是饭店服务管理没有尽到安全保护义务,应当承担责任。

安全保障义务人间接侵害他人民事权益的,应当承担相应的补充责任。这种补充责任有两个特点,第一,应先由第三人承担侵权责任,在无法找到第三人或者第三人没有能力全部承担侵权责任时,才由安全保障义务人承担侵权责任。第二,安全保障义务人承担的是在其未尽到安全保障义务范围内容承担相应的补充责任,而不是全部责任。

⑫ 校园伤害责任。校园伤害侵权行为主要是指导致未成年人在学校、幼儿园以及其他教育机构的教育活动中受到伤害的侵权行为。其内容既包括未成年人在幼儿园、学校以及其他教育机构受到来自幼儿园、学校及其他教育机构以及第三人的伤害,也包括未成年人在幼儿园、学校以及其他教育机构中对其他未成年人造成的伤害。

⑬ 网络侵权责任。网络侵权行为是指一切发生于互联网空间的侵权行为。《侵权责任法》第三十六条规定,网络用户、网络服务提供者利用网络侵害他人民事权益的,应当承担侵权责任。网络侵权有以下构成要件,第一,网络侵权行为的主体是网络用户或者网络服务提供者。网络服务提供者包括技术服务提供者和内容服务提供者。第二,网络侵权行为发生在互联网空间,否则就不属于网络侵权行为。第三,网络侵权行为给受害人在现实世界中造成了损害。

网络用户利用网络服务实施侵权行为的,被侵权人有权通知网络服务提供者采取删除、屏蔽、断开链接等必要措施。网络服务提供者接到通知后未及时采取必要措施的,对损害的扩大部分与该网络用户承担连带责任。网络服务提供者知道网络用户利用其网络服务侵害他人民事权益未采取必要措施的,与该网络用户承担连带责任。

根据上述规定,首先网络用户、网络服务提供者利用网络侵害他人民事权益,应当承担侵权责任,这是一般侵权行为。例如,一个网友在网上发帖子去诽谤他人,如果知道他是谁,他应该承担侵权责任。其次网络用户、网络服务提供者承担部分连带责任。网络用户利用网络服务实施侵权行为的,被侵权人有权通知网络服务提供者采取删除、屏蔽、断开链接等必要措施。如果网络服务提供者,也就是网站,接到通知以后,没有及时地采取必要措施,使损害后果扩大了,对损害扩大部分,网站要与该网络用户承担连带责任。再次承担全部连带责任(明知规则)。网络服务提供者,知道网络用户利用其网络服务侵害他人民事权益,未采取必要措施的,与该网络用户承担连带责任。①

9.1.2 承担民事侵权责任的方式

1. 侵权纠纷责任的承担原则

根据我国法律的规定,侵权纠纷责任的承担,主要包括三个原则。

---

① http://www.chinacourt.org/article/detail/2013/10/id/1104276.shtml.

(1) 过错责任原则。过错责任原则也称为过失责任原则,是指以行为人的过错作为归责根据的原则。过错责任原则是侵权行为的一般归责原则,在法律没有特别规定的情况下,都适用过错责任原则。过错责任原则包含以下内容。第一,它以行为人的过错作为责任的构成要件,行为人具有故意或者过失才可能承担侵权责任。第二,它以行为人的过错程度作为确定责任形式、责任范围的依据。在过错责任原则中,不仅要考虑行为人的过错,也会考虑受害人的过错或者第三人的过错。如果受害人或者第三人对损害的发生也存在过错的话,则要根据过错程度来分配损失,因此可能减轻甚至抵销行为人承担的责任。在承担连带责任的场合,连带责任人的过错程度可能成为其内部分担损失的依据。

过错推定原则。过错责任原则还包括过错推定。所谓过错推定,是指在某些侵权行为的构成中,法律推定行为人实施该行为时具有过错。过错推定仍属于过错责任原则,即构成要件中要求包括行为人的过错。行为人可以通过证明自己没有过错来获得免责的效果,过错推定也被称为过错举证责任的倒置。因为在一般过错责任原则下,是要由受害人来证明行为人存在过错,而在过错推定的情况下,受害人不需要对行为人的过错举证证明,法律推定行为人存在过错,除非行为人能够证明自己没有过错。适用过错推定的情况,需要有法律的明确规定。

(2) 无过错责任原则。无过错责任原则也称为无过失责任原则,是指不问行为人主观是否有过错,只要有行为、损害后果以及二者之间存在因果关系,就应承担民事责任的归责原则。无过错责任原则只有在法律有明确规定的情形下才能够适用。

无过错责任原则的含义包括以下几层。第一,无过错责任原则不以行为人的过错为构成要件,行为人不能通过证明自己没有过错来免责。第二,无过错责任原则的适用必须有法律的明确规定。第三,在无过错责任原则下,仍然存在免责事由,无过错责任将更多的责任配置给了行为人一方,但是,如果对方存在重大过失,尤其是故意的场合,往往会免除行为人的责任。

(3) 公平责任原则。公平责任原则是指在当事人对造成的损害都无过错、不能适用无过错责任要求加害人承担赔偿责任,但如果不赔偿受害人遭受的损失又显失公平的情况下,由人民法院根据当事人的财产状况及其他实际情况,责令加害人对受害人的财产损失给予适当补偿的一种责任形式。公平责任原则仅适用于特殊的、有限的案件,只适用于法律没有规定适用无过错责任,而当事人对造成的损害又都没有过错的情况。

公平责任原则具有以下特点。
① 公平责任原则是以公平观念作价值判断标准来确定责任的归属。
② 公平责任原则适用于当事人均无过错而法律又没有规定适用无过错责任的情况。
③ 公平责任原则主要适用于侵害财产权案件。
④ 公平责任原则只有在法律没有特别规定适用无过错责任原则,而按过错责任来处理有关案件又显失公平的情况下才能适用。

2. 承担侵权责任的方式

《侵权责任法》第十五条规定,承担侵权责任的方式主要有以下几种。

(1) 停止侵害。侵害他人民事权益的,被侵权人有权请求侵权人停止侵害。停止侵害责任适用于正在进行和继续进行的侵害行为,而不论继续时间的长短。停止侵害责任的核心是侵害的"停止",一般来说,对尚未发生和已经终止的侵害行为不适用停止侵害责任。停止侵害的主要目的是制止侵害行为,防止扩大侵害后果,它可以适用于各种侵权行为。

民事权益受到侵害可分为两类:一类是在侵害的同时就造成了民事权利的损害;另一类是没有造成损害,但是侵害法律保护的其他利益(法益)。

(2) 排除妨碍。妨碍他人行使民事权利或者享有民事权益的,被侵权人有权请求侵权人排除妨碍。排除妨碍的主要构成要件是存在妨碍他人行使民事权利或者享有民事权益的状态。妨碍状态具有不正当性。妨碍状态具有不正当性是指没有法律根据,没有合同约定,缺乏合理性。有些妨碍同时造成他人财产损失,有些妨碍是给他人造成不便。认定妨碍状态主要是看妨碍是否超过了合理的限度,轻微的妨碍是社会生活中难免的,不承担排除妨碍责任。妨碍状态是否超过了合理的限度,应当结合当时当地人们一般的观念判断。

(3) 消除危险。造成危及他人人身或者财产安全的危险的,被侵权人有权请求侵权人消除危险。危险的存在是由某人的行为或者其管理物造成的。危险需要及时消除,以免人身或财产遭受损害,但又要慎重,因为消除危险往往花费较多,判断和处理错误会给另一方造成不应有的损失。

(4) 返还财产。侵占他人财产的,被侵权人有权请求侵权人返还财产。返还财产是指返还动产或不动产。有侵占或者以其他不合法方式占有他人的物的行为。侵占他人的物是指非法占有他人的物,抢劫、盗窃、强行占有他人的物属于侵占。以其他不合法的方式占有他人的物的行为主要是指擅自长期占有或者使用他人的物。对以其他不合法方式占有他人的物的行为的认定要慎重。原物存在才适用返还原物责任,原物不存在的不适用返还原物责任。如果原物已经损坏,物权人请求返还原物的,也适用返还原物责任。如果原物被损坏,物权人同时请求赔偿损失的,应当同时适用赔偿损失责任,但赔偿损失责任不属于返还原物责任的范围。

(5) 恢复原状。损坏他人的动产或者不动产的,被侵权人有权请求侵权人恢复原状。在我国,恢复原状实际上是赔偿损失的特殊方式,因为恢复原状需要支出一定的费用。

动产或者不动产受到损坏是指其外在形态被破坏、变形或者内在质量降低,影响原有的使用功能,降低了原有的价值。

恢复原状有可能和有必要。恢复原状有可能是指将被损坏的物恢复到受侵害前的状态,无法修复的不适用恢复原状责任。恢复原状有必要主要是从成本角度考虑的。如果恢复原状花费过巨,远远超过了被损坏的物的价值,一般不适用恢复原状责任。

(6) 赔偿损失。造成他人财产损失的,被侵权人有权请求侵权人赔偿损失。

赔偿损失是指侵权人向被侵权人支付一定数额的金钱。侵害他人人身权益,造成他人严重精神损害的,被侵权人可以请求精神损害赔偿。

(7) 赔礼道歉。赔礼道歉是指侵权人向被侵权人承认侵权,表示歉意。赔礼道歉对于抚慰被侵权人的精神伤害,增强侵权人的道德意识,化解矛盾,具有其他责任方式不可替代的作用。

赔礼道歉的功能主要不是制裁,而是教育和预防,重在尊重人格。赔礼道歉是很严肃的责任方式,主要适用于故意侵害人格权益的行为。赔礼道歉的强制方式有特殊性,主要是在报刊等媒体上刊登经法院认可的致歉声明或者判决书,其费用由侵权人承担。赔礼道歉责任的承担也可以分为自动承担、请求承担和强制承担三种方式,不一定必须通过诉讼程序强制承担。

(8) 消除影响,恢复名誉。给他人造成不良影响的,被侵权人有权请求侵权人消除影响。贬损他人名誉的,被侵权人有权请求侵权人为其恢复名誉。消除影响和恢复名誉有制止财产损失和防止财产损失扩大的功能,消除影响和恢复名誉难以用其他责任方式替代。

以上承担侵权责任的方式,可以单独适用,也可以合并适用。

3. 民事侵权责任免责事由

侵权责任的免责事由,是在具备某些条件时,免除或者减轻侵权责任的条件。一般认为,侵权责任的免责事由可以分为两大类:正当理由和外来原因。①

(1) 正当理由。正当理由的免责事由是指损害虽然是由行为人的行为所致,但其行为具有合法性,因此可以依法不承担责任。

① 依法执行公务。是指造成他人损害的侵权行为是依照法律授权执行公务的行为。依法执行公务作为免责事由,必须具备以下条件,第一,执行公务的行为必须有合法根据。第二,执行公务的行为必须有合法程序。第三,造成他人损失的行为必须为执行公务所必需,即只有造成他人损失方可依法完成公务行为。

② 正当防卫。是指为了保护本人或者他人的民事权益或者公共利益,对于现实的不法侵害采取的防卫行为。正当防卫作为免责事由,必须具备以下条件,第一,有不法侵害。第二,须为现实的不法侵害,不是过去或者将来的。第三,正当防卫只能针对不法侵害人,不能对侵害人以外的人实施。第四,防卫是为了达到保护本人或者他人的合法民事权益或者公共利益的目的。第五,正当防卫不得超过必要的限度。

③ 紧急避险。是指为了避免本人或者他人的民事权益或者公共利益受到急迫的危险而不得已所采取的行为。紧急避险作为免责事由,必须具备以下条件,第一,须有急迫现实的危险存在。第二,须是关系到本人或者他人的民事权益或者公共利益的急迫的危险。第三,避险的行为不得超过危险所能造成损害的程度。

④ 受害人同意。是指在不违背法律及公序良俗的情况下,受害人于损害发生前明确表示自愿承担某种不利后果的行为。作为免责事由,受害人同意必须具备以下特征,第一,受害人自愿承担某种不利后果。第二,受害人的自愿是其真实意思的表示。第三,受害人自愿承担不利后果的表示不违背法律及公序良俗。第四,受害人的同意应当在不利后果发生前作出。如果受害人在损害发生后表示自愿承担该不利后果,应当视为受害人对加害人侵权责任的事后免除。

⑤ 自助行为。是指权利人为保护自己的权利,在来不及请求公力救济的情况下,对义务人的财产予以扣押或者对其人身自由予以约束等行为。我国民法对自助行为尚无明文规定,实践中存在自助行为。作为免责事由,自助行为一般需要的条件有四点。第一,为保护自己的权利。第二,情势紧迫来不及通过法院或者其他国家机关解决。第三,采取的方法适当。第四,自助行为不能超过必要的限度。

---

① http://wenku.baidu.com/link? url.

（2）外来原因。外来原因的免责事由是指损害不是由于被告的行为所致，而是由外在于其行为的独立原因造成，因为此行为与损害结果之间不具有因果关系，所以被告不应承担侵权责任。

① 不可抗力。是指不能预见、不能避免并不能克服的客观情况。因不可抗力不能履行合同或者造成他人损害的，不承担民事责任，法律另有规定的除外。

② 意外事件。也被称为意外事故，是指通常情况下无法预见的小概率事件。由于意外事件无法预见，因此通常也无法避免。或者说，为了预防和避免意外事件，需要太多的成本，因此，意外事件可以作为侵权责任的免责事由。

③ 受害人过错。作为免责事由的受害人过错，是指当受害人对于损失的发生或者扩大存在过错时，可以减轻或者免除行为人的侵权责任。

④ 第三人过错。作为免责事由的第三人过错，是指第三人对于损害的发生或者扩大存在过错时，可以减轻或者免除行为人的侵权责任。

9.1.3 侵权纠纷的主要法律规定

1. 《中华人民共和国民法通则》

第一百一十七条 侵占国家的、集体的财产或者他人财产的，应当返还财产，不能返还财产的，应当折价赔偿。

损坏国家的、集体的财产或者他人财产的，应当恢复原状或者折价赔偿。

受害人因此遭受其他重大损失的，侵害人并应当赔偿损失。

第一百一十九条 侵害公民身体造成伤害的，应当赔偿医疗费、因误工减少的收入、残废者生活补助费等费用；造成死亡的，并应当支付丧葬费、死者生前扶养的人必要的生活费等费用。

第一百二十一条 国家机关或者国家机关工作人员在执行职务中，侵犯公民、法人的合法权益造成损害的，应当承担民事责任。

第一百二十二条 因产品质量不合格造成他人财产、人身损害的，产品制造者、销售者应当依法承担民事责任。运输者、仓储者对此负有责任的，产品制造者、销售者有权要求赔偿损失。

第一百二十三条 从事高空、高压、易燃、易爆、剧毒、放射性、高速运输工具等对周围环境有高度危险的作业造成他人损害的，应当承担民事责任；如果能够证明损害是由受害人故意造成的，不承担民事责任。

第一百二十四条 违反国家保护环境防止污染的规定，污染环境造成他人损害的，应当依法承担民事责任。

第一百二十五条 在公共场所、道旁或者通道上挖坑、修缮安装地下设施等，没有设置明显标志和采取安全措施造成他人损害的，施工人应当承担民事责任。

第一百二十六条 建筑物或者其他设施以及建筑物上的搁置物、悬挂物发生倒塌、脱落、坠落造成他人损害的，它的所有人或者管理人应当承担民事责任，但能够证明自己没有过错的除外。

第一百二十七条 饲养的动物造成他人损害的，动物饲养人或者管理人应当承担民事责任；由于受害人的过错造成损害的，动物饲养人或者管理人不承担民事责任；由于第三人的过错造成损害的，第三人应当承担民事责任。

免除或减轻侵权责任，参见第一百二十八条至第一百三十三条的规定。

2.《中华人民共和国侵权责任法》

第四条　侵权人因同一行为应当承担行政责任或者刑事责任的，不影响依法承担侵权责任。

因同一行为应当承担侵权责任和行政责任、刑事责任，侵权人的财产不足以支付的，先承担侵权责任。

第七条　行为人损害他人民事权益，不论行为人有无过错，法律规定应当承担侵权责任的，依照其规定。

二人以上实施侵权行为的，参见第八条、第十条、第十一条、第十二条。

第九条　教唆、帮助他人实施侵权行为的，应当与行为人承担连带责任。

教唆、帮助无民事行为能力人、限制民事行为能力人实施侵权行为的，应当承担侵权责任；该无民事行为能力人、限制民事行为能力人的监护人未尽到监护责任的，应当承担相应的责任。

第十六条　【人身损害赔偿】侵害他人造成人身损害的，应当赔偿医疗费、护理费、交通费等为治疗和康复支出的合理费用，以及因误工减少的收入。造成残疾的，还应当赔偿残疾生活辅助具费和残疾赔偿金。造成死亡的，还应当赔偿丧葬费和死亡赔偿金。

第十七条　【以相同数额确定死亡赔偿金】因同一侵权行为造成多人死亡的，可以以相同数额确定死亡赔偿金。

第十八条　【被侵权人死亡或者合并、分立时请求权人的确定】被侵权人死亡的，其近亲属有权请求侵权人承担侵权责任。被侵权人为单位，该单位分立、合并的，承继权利的单位有权请求侵权人承担侵权责任。

被侵权人死亡的，支付被侵权人医疗费、丧葬费等合理费用的人有权请求侵权人赔偿费用，但侵权人已支付该费用的除外。

第十九条　【财产损失计算】侵害他人财产的，财产损失按照损失发生时的市场价格或者其他方式计算。

第二十条　【侵害人身权益造成财产损失的赔偿】侵害他人人身权益造成财产损失的，按照被侵权人因此受到的损失赔偿；被侵权人的损失难以确定，侵权人因此获得利益的，按照其获得的利益赔偿；侵权人因此获得的利益难以确定，被侵权人和侵权人就赔偿数额协商不一致，向人民法院提起诉讼的，由人民法院根据实际情况确定赔偿数额。

不承担责任和减轻责任的情形，参见第二十六条至第三十一条规定。

关于责任主体的特殊规定，参见第三十二条至第三十七条的规定。

第三十八条　无民事行为能力人在幼儿园、学校或者其他教育机构学习、生活期间受到人身损害的，幼儿园、学校或者其他教育机构应当承担责任，但能够证明尽到教育、管理职责的，不承担责任。

第三十九条　限制民事行为能力人在学校或者其他教育机构学习、生活期间受到人身损害,学校或者其他教育机构未尽到教育、管理职责的,应当承担责任。

第四十条 无民事行为能力人或者限制民事行为能力人在幼儿园、学校或者其他教育机构学习、生活期间,受到幼儿园、学校或者其他教育机构以外的人员人身损害的,由侵权人承担侵权责任;幼儿园、学校或者其他教育机构未尽到管理职责的,承担相应的补充责任。

产品责任,参见第四十一条至第四十七条。

机动车交通事故责任,参见第四十八条至第五十三条。

医疗损害责任,参见第五十四条至第六十四条。

环境污染责任,参见第六十五条至第六十八条。

高度危险责任,参见第六十九条至第七十七条规定。

饲养动物损害责任,参见第七十八条至第八十四条规定。

物件损害责任,参见第八十五条至第九十一条规定。

9.2 案例研究

9.2.1 案例介绍

案例1 物业侵权责任纠纷

姜先生系本市国权东路某小区的业主,今年3月起开始对房屋进行装修。在此之前,小区物业公司为规范装修管理及小区外立面的整洁、美观,曾贴出告示,要求业主在封闭北阳台时做到统一有序,并推荐选用无框玻璃。由于姜先生所购房屋位于10楼,出于安全及家中老人使用方便的考虑,他在封闭北阳台时安装了塑钢窗。

今年5月21日,物业人员未经姜先生同意,就擅自闯入姜先生的家,将其安装在北阳台上的塑钢窗强行拆下并取走。之后,他与物业交涉,物业却坚持要求其保证安装无框玻璃后才能取走塑钢窗。姜先生感到其合法权益受到了侵害,遂向杨浦区法院提起诉讼,要求被告归还塑钢窗并装回原处,赔偿其支付的律师费1000元。

审理中,物业罗列出《××市商品房预售合同》附件中"住宅使用公约""小区装修管理规定""小区物业管理条例"及2002年10月25日物业公司出具的告示等证据,认为其作为物业管理企业,有权对业主装修房屋活动进行指导和监督,如遇违反物业装修制度的情形,根据有关规定、公约及为了整个小区业主的共同利益,他们有权采取相应措施制止,故请求法院驳回原告诉请。[①]

问题:针对上述案例,作为社区负责民事调解工作的你,认真思考分析法院应作出怎样的裁决。

案例2 公共设施安全责任纠纷

2004年,马某到体育局设立的全民健身设施上进行体育运动,在形体训练器上锻炼

---

① http://www.btdcw.com/btd-bbd7a68171fe910ef12d8c7-3.html(社区物业管理纠纷案例).

时,马某没有坐在通常的位置上,而是坐在旁边的一个小凳子上,当马某离开时,形体训练器的上部翻转,将马某的右手拇指砸断,造成粉碎性骨折,被迫截指。经查,形体训练器下面用以防止翻转的铁链已经损坏,体育局查看多次,但一直没有维修。事故发生后,马某诉至法院,要求公共设施的维护人——体育局承担赔偿责任。

【提示】 建筑物或者其他设施以及建筑物上的搁置物、悬挂物发生倒塌、脱落、坠落造成他人损害的,它的所有人或者管理人应当承担民事责任,但能够证明自己没有过错的除外。

问题:请问体育局是否应当承担责任?法律依据是什么?

案例3 动物致害侵权纠纷

2008年10月30日上午,甲从乙处租借一头耕牛使用,因甲的家人不会用牛,长年雇佣丙为其代耕土地。耕作休息时,丙将牛拴在丁的责任田边的一棵树上。10时左右,丁到自家责任田田埂上摘扁豆时,发现牛正在吃其责任田中种植的山芋藤,经询问是谁将牛拴在此处无人应答后,便上前去解牛绳,欲将牛牵走。不料此牛发怒用牛角将丁戳倒在地,致其受伤,当即送往医院治疗,共用去医疗费等3000元,经法医鉴定,丁的损伤为伤残9级。

问题:请从社会工作者的角度,为丁如何行使权利提供法律帮助。

案例4 未成年人人身伤害侵权纠纷

2006年6月29日12时15分午自习前,原告(系被告某中学初二年级学生,十六周岁)跟随几个同学从教学楼后的车棚走向教室,这时天上开始刮风,突然从学校的教学楼上坠落下一块玻璃,砸到走在最后的原告头上,原告当即倒在距教学楼东北角往南1米左右的地上。原告受伤后即被送往高明镇医院抢救,后转××市人民医院,又因伤情严重转××大学附属医院抢救,经诊断,原告右顶骨凹陷骨折、右顶脑内异物、右顶脑挫裂伤,右额颞硬膜下血肿等,住院治疗57天,累计支出医疗费65 978.33元,其中被告垫付39 698.29元,另外××市教育局通过被告转交给原告父母慰问金1000元。

又查明:被告坐北朝南的教学楼共有四层,其中第三层是初三年级的教室,当时因初三学生已经参加了中考,部分学生按学校要求到校接受职业技术培训,但学校对该部分学生的到校时间并不作严格要求,在每一个初三班级也未安排专门的值日老师值班。当天部分初三班级的教室窗户(均为木窗)未能关严实,有些窗户被打开用风扣固定着。

问题:请分析承担原告伤害责任的主体及法律依据。

9.2.2 案例分析

在案例1中,此案是物业服务企业在不当行使管理权情况下引发的侵权纠纷。根据《侵权责任法》的规定,物业服务企业应当承担侵权民事责任。当然物业服务企业在侵害业主财产所有权的同时,在一定意义上亦违反了物业服务企业应承担的安全保障义务,存在责任竞合。

实践中的一般过错责任纠纷,一方经常以对方侵权在先进行抗辩,针对抗辩理由,法官应当审查受损害一方的行为(包括作为和不作为)对损害发生或损失扩大有无因果关系,是否存在过错,并根据过错程度相应减轻侵权人的责任,抗辩一方应当对受损害方存在过错负有举证证明的责任。物业服务企业在行使抗辩时应当对其主张的业主存在过错负有举证责任，如果其不能举证证实业主对损害的发生或扩大存在过错，那么就不能减轻其损害赔偿责任。

共有部分使用权的主体共同活动在建筑区划内，他们之间行为方式、生活习惯、对公共部分的需求各式各样，难以通过法律规定的形式对公共部分的合理使用作出详细列举、严格界定。发生此类纠纷时，法官在审查法律、法规、管理规约的基础上，要充分尊重业主自治，在相关规定均无明确禁止限制的情况下，以一个自然人的视角审视各主体行为的合理性，行使法官的自由裁量。

在案例2中，从案情介绍来看，原告的人身损害不是被告的直接行为造成的，而是由设施翻转坠落导致的，因此本案不属于一般的侵权行为，而属于特殊侵权行为。对于这种设施致人损害的民事责任，设施的管理人只有证明设施的坠落是因下列原因造成的，才能够证明没有过错：①不可抗力；②第三人的过错；③受害人自身的过错。本案不存在前两种因素。受害人的自身过错表现为，受害人明知或应知有危险而不予避开，或者说有意放任损害结果的发生。作为马某来讲，他仅是一个体育器械使用人，他没有也不可能故意让设施处于危险的状态而使自己受伤。马某没有按照使用说明进行锻炼，引起的后果只能是没有锻炼效果，或者说没有达到特定的锻炼目的，而不能说损害是自己造成的。原告尽管使用不当，但不能构成人身损害发生的过错。

本案中，由于形体训练器用以防止设施翻转的铁链已经损坏，该形体训练器存在危及人身安全的可能，被告在明知的情况下，却没有进行维修，这就构成法律意义上的过错。因此被告有义务承担因没有维修而导致的危害后果。

公共设施的安全责任是一种严格责任，由于公共设施面对的是不特定的受众，使用者没有义务对公共设施是否安全进行审查，或要求使用者必须具备使用公共场所设置的健身器材的专业知识。体育局提供了有安全缺陷的设施，它应对使用者的人身损害后果承担民事责任。

在案例3中，动物致害侵权行为，是指饲养的或者豢养的动物致人损害，该动物的所有人、占有人等应当承担赔偿受害人人身损害和财产损害责任的侵权行为。

《中华人民共和国侵权责任法》第七十八条、第八十二条规定，饲养的动物造成他人损害的，动物饲养人或者管理人应当承担侵权责任，但能够证明损害是因被侵权人故意或者重大过失造成的，可以不承担或者减轻责任。遗弃、逃逸的动物在遗弃、逃逸期间造成他人损害的，由原动物饲养人或者管理人承担侵权责任。这一规定表明，饲养动物致人损害原则上采用无过错责任，但当具备法律规定的免责条件时，动物的饲养人或管理人可不承担民事责任。

本案中，当牛的饲养人与管理人为不同人时，管束牛的义务由饲养人转移给管理人，这时的赔偿主体应为管理人甲，丁的损害应由责任主体即管理人甲承担。

在案例4中，原告作为在被告就读的未成年学生，被告依法对其负有教育管理保护义务，原告在就读的学校学习期间遭到教学楼坠落下的玻璃砸伤，被告作为教学楼的所有人，如不能证明自己没有过错，则应当对原告由此产生的全部合理损失承担赔偿责任。

纵观本案被告方的举证情况，被告所举证据不能充分证明该起伤害事故系因不可抗力所致，被告对该教学楼的教室使用的是木窗，事发当天部分班级的教室窗户未能关严，且学校未安排值日老师在教室值班,这些疏漏在事发当天的暴雨大风天气来临时导致事故的发生,由此可见,被告在履行管理保护未成年学生职责上存在明显过错。《民法通则》第一百二十六条明文规定,建筑物或者其他设施以及建筑物上的搁置物、悬挂物发生倒塌、脱落、坠落造成他人损害的,它的所有人或者管理人应当承担民事责任,但能证明自己没有过错的除外。对未成年人依法负有教育管理保护义务的学校、幼儿园或者其他教育机构,未尽职责范围内的相关义务致使未成年人遭受人身损害,或者未成年人致他人人身损害的,应当承担与其过错相应的赔偿责任。《侵权责任法》第三十九条规定,限制民事行为能力人在学校或者其他教育机构学习、生活期间受到人身损害,学校或者其他教育机构未尽到教育、管理职责的,应当承担责任。第八十五条规定,建筑物、构筑物或者其他设施及其搁置物、悬挂物发生脱落、坠落造成他人损害,所有人、管理人或者使用人不能证明自己没有过错的,应当承担侵权责任。所有人、管理人或者使用人赔偿后,有其他责任人的,有权向其他责任人追偿。

9.2.3 相关文书拟定

1. 一般侵权法律文书的书写格式

一般侵权法律文书的书写,应包括以下几部分内容。

(1) 首部

首部应注明文书名称,在首页正上方居中标明民事起诉状。当事人的基本情况:当事人是公民的,写明其姓名、性别、年龄、民族、工作单位和住址。如果当事人不具有民事诉讼行为能力,应写明法定代理人的基本情况,并写明其与当事人的关系;当事人是法人或其他组织的,应写明其全称、地址、法定代表人姓名、职务、电话、企业性质、工商登记核准号、经营范围和方式、开户银行及账号等项内容。当事人应分原告、被告、第三人依次写明,如果有数个原告、被告、第三人,则依据他们在案件中的地位和作用,分别依次排列。当事人委托了诉讼代理人,应在各自委托人后写明其姓名及所在律师事务所名称或其职业。

制作起诉状首部时,应注意:第一,被告的基本情况原则上应与原告基本情况所列事项一样。但由于案件具体情况不同,原告并不一定都能清楚地知悉被告的情况,因而允许原告知道多少写多少。第二,关于住址和地址的确定。公民的住址一般指户籍所在地的地址,如其户籍所在地与经常居住地不一致,则可写经常居住地的地址。法人或其他组织的地址则指其住所地,即主要营业地或主要办事机构所在地的地址。

(2) 正文

正文包括诉讼请求、依据的事实和理由及有关证据材料。

诉讼请求。诉讼请求是民事纠纷当事人通过人民法院向对方当事人所主张的具体权利,在起诉状中则表现为原告请求法院审理的具体事项。诉讼请求的提出应当明确、合法、具体,应根据事实和法律,慎重、周密地提出请求,切忌含糊、笼统,更不可无视事实和法律提出无理或非法要求。

事实和理由。这是民事起诉状的核心部分,是请求人民法院裁决当事人之间权益纠纷和争议的重要依据。首先,应针对诉讼请求,全面、客观、详细地阐明当事人双方争议的事实或被告侵权的事实。主要写清当事人之间的法律关系,双方纠纷的发生和发展情况,当事人之间争执的主要焦点和双方对民事权益争执的具体内容,与案件有直接关联的客观情况和实质性分歧意见。然后,依据事实,分析出双方纠纷的性质,被告所应承担的责任;根据有关法律规定阐明理由,分清是非责任,以论证其诉讼请求的合情、合理、合法。阐明事实和理由时应注意:第一,事实、理由的陈述要与诉讼请求一致,不能相互矛盾,也不可脱离诉讼请求。第二,事实的叙述应具体、清晰、层次分明、详略得当,交代清楚与争议有关的关键情节,以便使法院迅速了解双方争议焦点所在,明确调查、审理的重点。第三,叙述事实应实事求是,不可脱离实际任意歪曲事实。第四,阐明理由时,应以事实为依据,以法律为准绳,针对所述事实阐明理由,并以法律规定为依据,证明其诉讼请求的合理性和合法性,从事实和法律上有力地支持其诉讼请求,切不可胡编乱造、强词夺理。第五,案情简单的,事实和理由可以合写,边叙述事实边阐述理由。第六,证据。写明向人民法院提供的能够证明案情的证据的名称、件数或证据线索,并写明证据来源。有证人的,则应写明证人的姓名和住址(案件事实是否存在需要证据的证明,《民事诉讼法》规定了原告的举证责任。因此原告在书写起诉状时对提出的诉讼请求和提出这种请求的理由都应该提供证据证明。证据包括书证、物证、视听资料和其他证据,若系证人证言须注明证人姓名和住所,以备人民法院查对证言和通知其出庭作证。证据来源是指获取证据的地点、时间和途径。当事人提供证据比较多时为了便于自己在庭上举证和便于法官了解,应当依据一定的标准进行分类、编号,比如依据证明的对象不同而分类、编号,这样有助于法官更清晰地了解你的主张)。

(3) 尾部

致送人民法院名称,起诉人签名(如果是法人或其他组织则应加盖公章。如果起诉状是委托律师代书,则在起诉日期下写明代书律师姓名及其所在律师事务所名称),起诉日期,附项(应附上本起诉状副本,副本份数应按被告〈包括第三人〉的人数提交。随起诉状一起提交证据的,列明证据名称、数量等)。

2. 人身损害赔偿案件起诉状事实和理由部分的书写技巧

人身损害赔偿诉讼是指民事主体的生命权、健康权、身体权受到不法侵害,造成伤、残、死亡及其他损害,请求人民法院依法要求侵权人以财产赔偿等方法进行救济和保护的侵权法律制度。

人身损害赔偿案件起诉状事实和理由部分,首先应着重书写被损害的事实、证据、赔偿依据以及赔偿数额的计算。如被损害时间、地点、方式、起因、经过及在场证人或证据(包括被损坏的衣物、财产、加害人使用的工具等),证明损害程度的验伤报告,诊断记录,治疗进展情况,门诊及住院病历,治疗费、医疗费单据,以及计算误工减少收入,专事护理的依据等。如果伤害致残或死亡的需要赔偿必要生活费或抚养费的,还应提供证明材料。

人身损害赔偿标准及计算公式如下:

- 城镇单位在岗职工年平均工资×××××元。
- 城镇居民人均可支配收入×××××元,城镇居民人均消费支出×××××元。
- 农村居民人均纯收入××××元,农村居民人均生活消费支出××××元。

赔偿项目及计算公式。

人身损害的一般赔偿范围。

受害人没有达到残疾或者死亡后果的：
- 医疗费赔偿计算公式：医疗费赔偿金额＝诊疗费＋医药费＋住院费＋其他医用费用。
- 住院伙食补助费赔偿计算公式：住院伙食补助费赔偿金额＝每天多少元×住院天数。
- 营养费赔偿计算公式：营养费赔偿金额＝根据伤残情况参照医疗机构意见确定。
- 受害人误工费赔偿计算公式：误工费赔偿金额＝受害人固定收入（天/月/年）×误工时间；或者最近三年的平均收入或受诉法院所在地相同（近）行业上一年度职工的平均工资÷365日×误工天数。
- 陪护费赔偿计算公式：陪护费赔偿金额＝陪护人的原收入×陪护时间；或者同等级别护工报酬标准×陪护时间。
- 交通费赔偿计算公式：交通费赔偿金额＝实际发生的交通费用（凭票据）。
- 住宿费赔偿计算公式：住宿费赔偿金额＝一般公职人员出差住宿标准×住宿天数。

受害人因伤致残的赔偿范围：
- 残疾赔偿金计算公式。

受害人在60岁以下：城镇居民残疾赔偿金＝城镇居民人均可支配收入××××元×20年×伤残赔偿指数。

农村居民残疾赔偿金＝农村居民人均纯收入××××元×20年×伤残赔偿指数。

受害人在60～74岁之间：城镇居民残疾赔偿金＝城镇居民人均可支配收入××××元×[20年－（受害人实际年龄－60岁）]×伤残赔偿指数；农村居民残疾赔偿金＝农村居民人均纯收入××××元×[20年－（受害人实际年龄－60岁）]×伤残赔偿指数。

受害人在75岁以上：城镇居民残疾赔偿金＝城镇居民人均可支配收入××××元×5年×伤残赔偿指数；农村居民残疾赔偿金＝农村居民人均纯收入×××元×5年×伤残赔偿指数。

- 残疾辅助器具费计算公式：残疾用具费＝普通适用器具的合理费用。
- 被抚养人生活费赔偿计算公式。

被抚养人在18周岁以下：城镇居民被抚养人生活费赔偿金额＝城镇居民人均消费支出×××××元×（18岁－被抚养人实际年龄）÷对被抚养人承担扶养义务的人数×伤残赔偿指数（受害人死亡的，不乘以伤残赔偿指数）。[1]

其次要准确地分析加害人的主观状态。因过错导致人身损害赔偿的，应准确证明加害人的过错及依法承担相应责任；因无过错导致特殊人身损害赔偿的，应重点证明行为人即使无过错但也要依法对损害后果承担法律责任；因双方均无过错，但适用公平原则引起的人身损害赔偿的，应重点依据公平原则以及共同生活规则的要求，公平合理地提出对方应分担的损失，因为这是一种补偿性质而不是惩罚性质的责任。

---

[1] www.chinalawedu.com/new/21604a23307aa2011-11-02.

9.3 拓展阅读

　　侵权案件起诉状的书写技巧，其写作的重点应放在侵权损害赔偿责任的确定和承担上。首先，确定行为人的行为已经构成侵权。具体条件包括以下四个方面的内容：行为人已经实施了侵权行为，且该行为已经实施完毕；行为人实施的侵权行为产生了损害后果；侵权人的侵权行为与损害结果存在因果关系；行为人的行为侵害的恰好是为民法通则或侵权责任法等法律保护的合法的民事权益。其次，根据侵权责任法的归责原则和法律的其他规定确定侵权责任。即分析行为人承担民事责任的主观心理状态，确定适用过错侵权还是无过错侵权责任。最后，因侵权引起民事损害赔偿诉讼时，确定侵权责任双方也是写作重点。一般情况下，原告就是因侵权行为受到损害的公民、法人或其他组织，但当受害人死亡其近亲属或损害结果导致权益受到损害的相关人员或组织也可以成为原告。被告一般是侵权行为实施人。但特殊情况下则应根据归责原则或法律的其他规定具体确定承担侵权责任的组织或个人。比如监护责任，行为人即小孩和责任人即监护人均为被告主体；雇主责任中，在雇员受到伤害时，雇主为被告；雇员违法致人损害的，由雇员担责，雇员没有赔偿能力的，由雇主担责，这种情况下，雇主、雇员均为被告。安保义务中，直接侵权人为被告，补充责任人为共同被告，在直接侵权人找不到的情况下，可以仅将补充责任人列为被告，但承担的责任仍然只是补充责任；多人实施一个侵权行为均为共同被告，根据地位、作用确定侵权责任；不能确定具体地位、责任的，行为人承担连带责任。

　　司法实践中，因侵权的性质或类型的不同，起诉状的事实和理由也有各自的侧重点。

9.3.1　环境污染侵权诉讼民事起诉状的书写重点

　　环境污染侵权责任是指由于行为人的行为致使环境发生化学、物理、生理等特征上的不良变化，造成他人的人身或财产损害，行为人所应承担的民事责任。《民法通则》第一百二十四条规定："违反国家保护环境防止污染的规定，污染环境造成他人损害，应当依法承担民事责任。"

　　民事起诉状的重点首先是确定诉讼主体。一般情况下在环境污染侵权诉讼中，原告方是受污染侵害的受害者，特点是人数众多且相对不确定，原告方就需要推选代表人进行诉讼。但特殊情况下如因环境污染而导致受害人死亡的，受害人的继承人或遗赠人有权在继承受害人财产的同时，依法享有追偿权，可以受害人名义提起诉讼，请求法院判令加害人给予赔偿。被告方应是造成环境污染的加害方。但在日常生活中经常出现两个或两个以上的加害企业的排污行为导致他人人身或财产权益遭受同一的、不可分割的损害的情况，这时只要原告能够提供初步证据证明该污染行为可能为被告共同为之，法院即可认定它们为共同被告，至于各被告人是否是真正侵权人、是否与本案存在直接的利害关系，则是审理中所要解决的问题，不是审查起诉所需要认定的。

　　危害事实的证据材料。环境污染损害的对象，一般包括人身权、财产权和环境权三部分。损害事实已经发生，由受害人对损害事实负证明责任，由受害人证明加害人有污染环境的行为(如由环保监测或其他有关专业机构的技术人员按规范进行，现场取样、送样、封存和鉴定的全过程，并由公证人员进行现场法律监督的公证文书等)。

请求赔偿的范围和数额。环境污染侵权诉讼中举证责任采取倒置原则，只要加害人不能举证证明污染事实不存在，即推定污染损害因果关系成立，加害人依法应承担侵权的赔偿责任。所以，按照全面赔偿的原则，应准确计算遭受的实际物质损失，加害人不仅应赔偿受害人所遭受的直接损失，即现有财产损失，也要赔偿间接损失，即"可得利益"。所谓可得利益，是指当事人尚未得到，在未来应当得到的，但因环境污染而未得到的收入。因环境污染损害人体健康所支付的医疗费、护理费、必要的营养费，误工工资、奖金、交通费以及因受害人自行消除污染、排除危害而实际支付的费用。如果被害人生前还有抚养人和赡养人，则加害人还需依法支付抚养人和赡养人必要的生活费。精神损害的赔偿。请求排除危害。

9.3.2 道路交通事故损害赔偿诉讼民事起诉状的书写重点

道路交通事故是指车辆在道路上因过错或者意外造成人身伤亡或者财产损失的事件。因道路交通事故引起的损害赔偿案件，起诉状的事实和理由部分的写作重点是：

第一，确定道路交通事故的损害赔偿主体。具体有：对事故后果负直接责任的驾驶员，驾驶员本身就是车主，就由驾驶员负责赔偿；驾驶员并非车主，而是在办私事过程中发生交通事故的，驾驶员应当承担赔偿责任，无力赔偿的，应由机动车的所有人负责代为赔偿；驾驶员在执行职务中发生交通事故，负有交通事故责任的，由驾驶员所在单位或者机动车所有人承担赔偿责任；如果机动车已经转卖但是尚未办理过户，由事故责任者和车辆所有人共同承担赔偿责任。

第二，事故责任认定的相关资料文件：交警部门出具的事故责任认定书，这是所有赔偿责任依据的开始；由办案人员提供的有关证据：包括事故现场图、现场拍摄的照片以及鉴定结论等。

请求赔偿项目、数额的证据材料：道路交通事故造成伤残的，应提交《伤残鉴定报告》；在公安机关处理道路交通事故时未作伤残鉴定的，在向人民法院提起民事诉讼时，应提交书面申请，要求人民法院做伤残鉴定。根据伤残评定的等级，要求对方赔偿残疾者生活补助费。因交通事故造成残疾的，需要配制补偿功能的器具的，应提交医院的证明，凭医院的证明按照普及器具来计算残疾用具费；误工费、护理费、营养费的鉴定，简称"三费"鉴定。在公安机关处理道路交通事故时未作"三费"鉴定的，在向人民法院提起民事诉讼时，应提交书面申请，要求人民法院作"三费"鉴定，根据鉴定的报告要求对方误工费、护理费和营养费；医疗费的凭据，是指当事人的交通事故创伤治疗所必需的费用；处理交通事故的交通费、住宿费等凭据，包括其亲属参加处理交通事故的交通费、住宿费等凭据及误工费证明。

对于因交通事故引起的致人人身损害，主要赔偿范围包括医疗费、住院费、护理费、营养费、误工费、一次性伤残补助金、精神损害赔偿等。建立的基础是在伤残等级鉴定基础之上。伤残等级鉴定是由专门的鉴定机构鉴定。

第三，伤残等级确认后，依据当地的上年度职工平均工资，以及受害人的年龄、户籍来确认各项赔偿责任。

第四,如果机动车与非机动车、行人发生交通事故,造成人员死亡或者重伤,机动车一方无过错的,应赔偿对方10%的损失。

第五,关于交通事故的精神损害抚慰金,其为赔偿义务人法定的赔偿项目,法院一般结合受害人的请求、损害后果和加害人的过错、赔偿能力以及当地经济发展水平等因素来确定赔偿数额,多等级伤残情况应考虑损害后果因素适当增加此项赔偿数额。此项赔偿当事人可以在不超出保险责任限额的情况下主张承保交强险的保险公司先行赔付,不足部分由加害人承担。

第六,如果在交通事故中死亡:一是提起附带民事诉讼,在要求追究肇事者刑事责任的同时请求民事赔偿调解,以调解促和解,以和解促赔偿。二是在肇事者不被追究刑事责任时提起包括精神损害赔偿在内的独立民事诉讼,请求全面赔偿。

案例1:交通事故

被告谢某某系西安某某客运有限责任公司司机。2009年7月21日,谢某某驾驶陕A3×××号大型普通客车沿含光路由北向南行驶至崇业路十字,因其观察不周,将杨某某撞倒致伤,造成道路交通事故。根据西安市公安局交警支队雁塔大队交通事故认定书认定,在该起交通事故中,谢某某负事故主要责任。

该事故致使杨某某十级伤残;更为残酷的是还致其外伤性癫痫,至今已多次发病,发病时不省人事。即使是在未发病时,亦精神恍惚、头痛头晕、反应迟钝。根据医生的明确嘱咐,服药期至少不低于两年。还需要经常复查。毫无疑问这些创伤已经并将继续给杨某某本人的工作、生活都带来极其严重的恶劣影响。同时,也给其家庭和年迈双亲带来了极其严重的精神打击,尤其是父亲杨某某本就患病的身体受此打击后更是雪上加霜。该事故同时也使已经独立生活,需要承担较重家庭供养义务的杨某某失去了经济收入;该事故更是给无稳定收入的原告父母带来了无法承受的经济困难,失去了杨某某的赡养,也就失去了稳定的生活来源和晚年的生活依靠。杨某某和两位老人今后的生活困难,常人恐难以想象。

然而,在此情形下,被告人谢某某和西安某某客运有限责任公司并未积极履行相应善后义务,这无疑进一步加剧了杨某某家人的困境。迫于诸多困苦的压力,原告人不得不起诉维权,恳请人民法院秉公裁判。

证据和证据来源:西安市公安局交警支队雁塔大队交通事故认定书。[①]

9.3.3 医疗纠纷侵权诉讼民事起诉状的书写重点

患者或者死亡患者的近亲属,以患者的合法权益受到错误医疗行为损害为由,向人民法院提起诉讼,要求依法予以赔偿的活动。在《侵权责任法》颁布实施后,已无医疗事故与非医疗事故之分,医疗纠纷的诉讼统一为医疗侵权诉讼,统一适用《侵权责任法》关于医疗损害赔偿范围和计算标准的规定。患者只要有证据证明自己或已死亡的亲属接受过医疗机构的诊断、治疗,并因此受到损害,就可以直接向人民法院起诉要求损害赔偿,人民法院

---

① www.9ask.cn/blog/group.asp? gid=1656&pid=1 2012-08-05.

就应当立案受理。患者(原告)只承担证明医疗损害赔偿事实的初步举证责任,否则其请求权不能得到人民法院支持。

上述问题,患者(原告)用门诊或者住院病历、检查诊疗报告单、诊断结论或者诊断证明等就足可以证明。鉴于此,患者在第一时间应及时向医方要求复印病历、保存第一手资料尤为重要。而医疗机构(被告)在抗辩其医疗行为与损害结果之间不存在因果关系,并证明其医疗行为不存在过错时,必须拿出确凿的证据证明。反之,人民法院就会依照法律的规定推定医疗机构(被告)的医疗行为存在过错,并推定其医疗行为与损害结果之间存在因果关系,医疗机构(被告)就要承担败诉的结果。所以,一般情况下,作为患者(原告)不应主动申请进行医疗事故技术鉴定;而通过申请医疗事故技术鉴定来获得证明,是医疗机构较为有利的选择。

另外,医疗纠纷案件中,原告应把握好诉讼时效。因医疗过失致人损害的侵权行为引发的民事赔偿纠纷,适用的是《民法通则》关于人身损害的诉讼时效规定,其诉讼时效期间为一年。时效从"受伤害之日起"或从"伤势确诊之日起"计算。另外,知道或应当知道还包括以下两个方面的内容:一是知道自己被侵害了;二是还要知道自己是被谁侵害了。所以,诉讼时效期间还应当包括自查清侵害人之日起计算。

案例2:事实与理由

××××年××月××日凌晨××时××分,控告人之妻张××因产前大出血被送至××区卫生院急诊(前胎曾作剖腹产术),该院院长刘××听取了经管医师吴××诊断病情后的汇报。吴××提出由妇产科唯一的医师凡××参加剖腹产手术的建议,并通知天明即做手术(因当夜停电)。××月××日上午×时,被告刘××来到病房见张下肢浮肿已至腹股沟部,宫底在脐下四指,无宫缩等症状,在场保健员朱××建议即行手术,同日下午5时,产妇全身水肿,宫缩无进展,病情严重,经管医师吴××建议立即转院或即行剖腹产手术。但是,被告刘××对医护人员的上述正确意见均置若罔闻,未采取任何具体措施。被告明知产妇病情严重,唯妇产科医师凡××参加会诊,方能保障安全,否则应当立即转院。但被告不顾产妇家属的请求,仍安排凡××继续下乡搞计划生育工作。更为严重的是××日上午××时,产妇宫缩加强,胎心音消失,病情危急,但刘××仍然让凡××下乡,而未采取及时的抢救措施。至10时,产妇岌岌可危,院方派人寻找凡××。同日下午1时40分凡仍未归,产妇张××终因未被及时剖腹,子宫破裂合并低血容量休克,于1时45分死亡。××××年××月××日,原×县医疗事故鉴定小组认定产妇张××之死为"一级医疗责任技术事故"。

被告刘××,身为医院院长,竟玩忽职守,对病危产妇漠不关心,不积极组织会诊小组,让妇产科唯一医师离院下乡,置病危产妇于不顾;不采纳医护人员的合理建议,及时为产妇作剖腹产手术或及时转院,致使产妇张××长达36个小时之久未得到及时医治,以致病情恶化死亡。后果严重,影响极坏。有关机关给予其行政处分并不能代替政法机关依法追究其刑事责任。为了保障公民的生命安全,维护医疗卫生正常秩序,根据《中华人民共和国刑法》第一百八十七条,《中华人民共和国刑事诉讼法》第五十三条第一款及第十三条第二项之规定,特告于你院,请依法立案、侦查、起诉。①

课后练习

1. 侵权责任主体的特殊规定是什么?
2. 产品责任、机动车交通事故责任、医疗损害责任、环境污染责任、高度危险责任、饲养动物损害责任、物件损害责任的归责原则及责任主体是什么?
3. 案例分析

(1) 李某带12岁儿子小李暑假从深圳回老家某村走亲戚。2013年8月11日,该村11岁的小军凭着对本村环境的熟悉,带着同是来本村走亲戚年龄13岁的小兵与小李在离村约2公里的野外一山塘附近玩耍,山塘为该村第二村民小组所有。因天气热小军提出一同下山塘洗澡。由于小李对山塘的水位深浅不知,又不会游泳,下塘后便沉入了水中,小军和小兵看到小李下塘后就不见了,随即一同赶回家叫大人去施救。后小李因施救不及时而溺水身亡。李某将小军、小兵及他们的法定代理人和第二村民小组列为被告,提起诉讼,要求五被告承担小李死亡的赔偿金、丧葬费、精神损害抚慰金合计人民币231 811元。②

请分析,根据我国法律的规定,小军、小兵及他们的法定代理人和第二村民小组(山塘管理人)能否承担小李溺水身亡的侵权责任呢?

(2) 萌萌和飞飞是某幼儿园大班的同班小朋友。一日,教师王某带领幼儿到户外活动,在排队时,王老师一再交代:"小朋友排队下楼梯时,不要拥挤、打闹。"下楼梯时,飞飞站在萌萌的背后,两人均在队尾,趁队伍行走拉开距离时,二人嬉闹,萌萌背飞飞时摔倒,导致飞飞的左股骨中段发生斜形闭合性骨折。事故发生后,幼儿园及时送飞飞到医院治疗,飞飞住院两个月后临床愈合。飞飞住院期间共花去医疗费5 680元,飞飞的父母误工费、住宿费、医院伙食费、护理费、交通费及必要的营养费等4 450元。飞飞的父母与幼儿园及萌萌的父母就医疗费和赔偿问题多次进行协商,要求幼儿园和萌萌的父母赔偿上述费用共计10 130元。

萌萌的父母认为,萌萌入园意味着自己已经将萌萌及对其的监护责任托付给了幼儿园。萌萌在幼儿园时,自己作为法定监护人不可能直接行使监护人责任,只有幼儿园才能监护孩子,因此,自己不应承担任何赔偿责任。

幼儿园则提出,在孩子下楼之前老师已经一再强调"不要拥挤、打闹",且事故发生之后幼儿园及时送飞飞到医院治疗,幼儿园主观和客观上都不存在过错,不应独自承担如此巨额的赔偿费用。

协议未果,飞飞的父母作为代理人,以幼儿园及萌萌的父母为被告,提起诉讼,要求幼儿园及萌萌的父母赔偿医疗费、误工费等共计10 130元。

请分析,在上述案例中,应由谁来承担这次意外事故的责任呢?从法律上弄清以下几

---

① www.xiao688.com/cms/article/id-138082.html 2012-08-17.
② http://www.chinacourt.org/article/detail/2014/07/id/1329064.shtml.

个问题：幼儿园是不是在园幼儿的监护人？对幼儿的监护职责是否随着幼儿入园转移到了幼儿园？在园幼儿发生意外伤害事故，幼儿园究竟应该按什么原则来承担民事责任？①

4. 拓展训练

（1）根据《侵权责任法》的相关规定，分析本案例中的核心权利、法律根据，并替杨小姐起草一份民事起诉状。

杨小姐与刘先生原为一对情侣，但在相处一段时间之后，杨小姐觉得两人性格不合，便提出了分手。刘先生在苦苦哀求仍然无法挽回爱情的情况下，便发狠将两人交往期间其所偷拍的杨小姐洗澡的相片上传到了博客上。网友在看过相片后，又转载到了其他网页上。杨小姐在获知此事后，便马上致电部分网站的管理方，要求其将网页删除。而网站管理方却对其未予理睬。此后，由于网络转载流传的速度过快，杨小姐未能一一致电所有登载了其照片的网站，在迫于无奈之下，杨小姐便将刘先生和已致电及未致电的刊登了其照片的网站一并告上法院，要求他们共同承担停止侵权、赔偿精神损失等责任。

（2）请根据民法、侵权责任法的有关规定，分析下列案例中的侵权责任主体及适用的归责原则。

① 2011年3月12日，周口市区七一中路开茶叶店的齐女士和朋友在店里闲聊时，忽然听到"砰"的一声：一台空调外机从天而降，重重砸在人行道上一辆电动自行车上。原来，临街单元楼的3楼住户把空调当废品卖了，收废品的男子在拆卸空调时一时不慎，空调外机掉落。事发当时，一位老太太刚刚走过去，老太太见空调外机"躺"在离自己不到1米的地方，吓得好久没有缓过神儿来。

② 3月23日上午，周口市区中州大道一家饭店门前，大风刮倒了一块广告牌，砸伤了在路边聊天的王××，致使其额头有明显外伤，脑颅出血。目击者说，事发前，她和王××两人在路边聊天。突然，竖在路边的广告牌被风吹倒，把王××连同自行车一起砸倒在地。王××被送到附近医院抢救。事发后，王××找到广告牌的所有方这家饭店。饭店工作人员让其先行治疗，再协商处理。

③ 女职员坠楼身亡砸伤女童。4月25日下午，周口市某单位一名30多岁的离异女职员从单位办公楼五楼坠下，砸伤一名正在楼下玩耍的10岁小女孩，坠楼女子当场身亡。有关人员介绍，坠楼女子出事前在五楼接电话，具体坠楼原因不详。被砸伤的女孩随后被送往医院接受治疗。

---

① http://wenku.baidu.com/link?url=mKynu5g.

任务 10 社区服务与管理纠纷及解决

学习目标

1. 掌握社区的分类及法律地位。
2. 了解社区工作常用法律法规。
3. 掌握业主委员会的职责。
4. 熟悉社区纠纷的类型。
5. 能够正确分析和判断居民与社区、业主与物业之间的纠纷,并提供法律帮助。

10.1 法律原理

10.1.1 社区的法律地位

1. 社区的含义

社区是指由生活在一定的地域范围内的人群通过多种形式的互动,逐步形成的在生活方式和文化心理上具有一定同质性和彼此依存性的人类社会共同体。它一般表现为一定地域内的规模较小的基层社会组织。我国目前所称的社区,在城市一般指街道办事处下辖的基层社会组织单元,即经过社区体制改革后作了规模调整的居民委员会辖区,在农村则指自然村。在社区的地域范围内存在着家庭、业主委员会、居民委员会、党政机关、学校、医院、生产部门、商业服务部门以及其他社区居民自治组织等各类社会群体。由于共同生活的需要,每个社区都有由国家颁布的或由社区成员依法制定的,要求本社区的各个组织和成员必须遵守的行为规范和准则。

2. 社区的分类

社区按照不同的标准,可以作出不同的分类。

(1) 按照社区的形成方式不同来划分为法定社区、自然社区、专项职能社区。

① 法定社区。它是通常所说的地方行政社区,是由政府依法划定的正式社区。如城市中的各街道办事处所辖的社区,农村中的乡、镇等行政单位所辖的社区等。法定社区一般由基层政府或基层政府的派出机构来主导其管理工作,并负责协调社区内的其他管理主体对社会进行综合管理。

② 自然社区。它是人们在生产和生活中自然形成的村落和聚居地。如农村的自然村落,因重大工程而大规模搬迁的居民的聚居地,农村人口向城市流动过程中形成的自然迁移人口的聚居地等。在这类社区中,社区成员的血缘、亲缘、地缘关系密切,宗族势力较大,乡规民约和宗教家法构成了社区的主要约束规则。

③ 专项职能社区。它是指人们因从事某些专门活动而形成的聚居区。如上海浦东新区的陆家嘴金融贸易区、外高桥保税区、张江高科技园区、金桥出口加工区、孙桥现代工业园区等，就是这类社区。

（2）按照社区主导产业的不同来划分农村社区、城市社区、集镇社区。

① 农村社区。它是指以从事农业生产为主要谋生手段的农民所形成的社区。此类社区成员的同质性强，关系密切，流动性小，其社会心理受家庭影响明显，结构要素比较简单，物质条件比较薄弱。

② 城市社区。它是指城市区域内，由各种从事非农业劳动的人群所组成的社区。其特征表现为，人口密集，异质性强；成员关系既复杂又松散，其心理受社区组织和社区外的环境影响大；结构要素复杂，物质要素齐全，管理水平较高。

③ 集镇社区。它是指由生活在集镇范围内部分从事农业生产劳动、部分从事非农业劳动的人群所形成的社区。它具有农村社区向城市社区过渡的特征。它的人口要素与城市接近，结构要素和社会心理要素与农村社区的特征相类似，物质要素介于这两类社区之间。近年来出现的涉农社区也可以归入这一类。

社区是我们生活中不可缺少的一个综合基础的群众基础机构。它为居住在一个固定区域的居民群体范围内的居民，起着一种媒介桥梁作用。在为我们广大居民群众做着一些日常生活中所需与社会团体衔接沟通连贯的作用。是我们信任的一个基础机构，是与居民群众生活有着息息相关的关联基层组织。

3. 当前我国存在的几种主要社区管理组织及其法律地位

（1）街道办事处。街道办事处作为区人民政府的派出机构是社区管理的基层行政组织，是基层社会管理的直接实施者，在社区工作中集行政、事业、资源供应等职于一身，发挥着重要作用。现在街道办事处具有管理、指导、协调、服务、监督、宣传教育六大职能。

我国 1954 年颁布的《城市街道办事处组织条例》规定：10 万人口以上的市辖区和不设区的市，应当设立街道办事处；10 万人口以下 5 万人口以上的市辖区和不设区的市，如果工作需要，也可以设立街道办事处；5 万人口以下的市辖区和不设区的市，一般不设街道办事处。可见，街道办事处是市辖区或不设区的市人民政府根据市级行政工作需要，经市人民政府批准，在某一指定区域内设立的派出机构，并接受市辖区和不设区的市人民政府的领导。

（2）居民委员会。居民委员会是我国城市基层群众性自治组织，在城市社区中具有重要的地位，发挥着极其重要的作用。居民委员会是实现人民民主的重要组织形式；是城市基层政权的重要依靠力量；是党和政府联系群众的桥梁和纽带；是文明建设的重要力量。根据我国现行宪法和《中华人民共和国城市居民委员会组织法》以及有关法规的规定，社区居民委员会通常是指社区民委会及其下属各项工作委员会和居民小组，它们构成了完善的社区居民委员会组织体系。

1983 年第五届全国人民代表大会第五次会议通过的《中华人民共和国宪法》第一百一十一条规定：城市和农村按居民居住地区设立的居民委员会或者村民委员会是基层群众性自治组织。1989 年颁布的《中华人民共和国城市居民委员会组织法》第二条规定：居民委员会是居民自我管理、自我教育、自我服务的基层群众性自治组织。

根据《中华人民共和国城市居民委员会组织法》规定，宣传宪法、法律法规和国家的政策，维护居民的合法权益，教育居民履行依法应尽的义务，爱护公共财产，开展多种形式的社会主义精神文明建设活动；办理本居住地区居民的公共事务和公益事业；调解民间纠纷；协助维护社会治安；协助人民政府或者它的派出机关做好与居民利益有关的公共卫生、计划生育、优抚救济、青少年教育等工作；向人民政府或者它的派出机关反映居民的意见、要求和提出建议；开展便民利民的社区服务活动，可以兴办有关的服务事业；多居民居住社区的居民委员会，应当教育居民相互帮助、互相尊重，加强民族团结。

居民委员会的自治权力主要是用来处理与居民利益有关的事务，具体体现在：财产自治权、财务自治权、人事自治权、管理自治权、教育自治权和服务自治权。

（3）业主委员会。业主委员会是由业主代表组成，经业主大会选举产生，在物业管理区域内代表全体业主对物业实施自治管理的组织。业主委员会是业主大会的执行机构，具体实施业主大会的决议。业主大会是由全体业主组成，决定物业重大管理事项的业主自治管理组织。

业主委员会具有以下权利：召集和主持业主大会；制定和修订业主公约、业主委员会章程、物业管理区域的管理制度；决定聘请物业管理企业；审议物业管理服务费收取标准及使用办法；审议物业管理企业的年度管理计划、年度费用概预算；检查、监督物业管理企业的工作；监督公共建筑、公共设施的合理使用，负责物业维修基金的筹集、使用和管理。

业主委员会的义务：向业主大会报告工作；执行业主大会通过的各种决议，接受广大业主的监督；贯彻执行并督促业主遵守物业管理及其他有关法律、政策规定，协助物业管理企业落实各项管理工作，对住户开展多种形式的宣传教育；严格履行物业管理委托合同，保障物业各项管理目标的实现；接受政府行政管理机构的监督指导，执行政府部门对本物业的管理事项提出的指令和要求；业主委员会作出的决定不得违反法律法规政策，不得违反业主大会的决定，不得损害业主公共利益。

（4）非营利组织。非营利组织是在政府体系和以营利为目的的企业之外，具有法人资格，以公共服务为目的和使命，享有税法优惠但所得盈余不作分配的民间自治组织。

10.1.2 社区与居民的法律关系

社区中存在着家庭、业主委员会、居民委员会、党政机关、学校、医院、生产部门、商业服务部门以及其他社区居民自治组织等各类社会群体。由于共同生活的需要，每个社区都有由国家颁布的或由社区成员依法制定的，要求本社区的各个组织和成员必须遵守的行为规范和准则。社区为我们居住在一个固定区域的居民群体范围内的居民，起着一种媒介桥梁作用。是我们信任的一个基础机构，与居民群众生活有着息息相关的关联基层组织。

根据《物权法》第八十一条的规定，业主可以选择物业服务企业或者其他管理人对建筑区划内的建筑物及其附属设施进行管理。选聘物业服务企业或者其他管理人的办法、程序等，应当依据第七十六条的规定由业主共同决定。业主选好物业服务企业或者其他管理人后，应当签订物业管理合同，将自己对建筑物及其附属设施的管理权利委托给选聘的物业服务企业或者其他管理人。《物业管理条例》第三十五条规定，业主委员会应当与业主大会选聘的物业管理企业订立书面的物业服务合同。因此，业主与物业服务企业或者其他管理人之间是一种合同关系。在物业服务合同中,业主应当将自己委托物业服务企业或者其他管理人的权限范围、双方的权利义务、合同期限、违约责任等作出规定。《物业管理条例》规定,物业服务合同应当对物业管理事项、服务质量、服务费用、双方的权利义务、专项维修资金的管理与使用、物业管理用房、合同期限、违约责任等内容进行约定。物业服务企业或者其他管理人与业主签订委托合同后,应当按照合同的约定向业主提供相应的服务。《物业管理条例》第三十六条规定,物业管理企业未能履行物业服务合同的约定,导致业主人身、财产安全受到损害的,应当依法承担相应的法律责任。物业管理企业承接物业时,应当与业主委员会办理物业验收手续。物业管理企业可以将物业管理区域内的专项服务业务委托给专业性服务企业,但不得将该区域内的全部物业管理一并委托给他人。物业管理企业可以根据业主的委托提供物业服务合同约定以外的服务项目,服务报酬由双方约定。物业管理区域内,供水、供电、供气、供热、通信、有线电视等单位应当向最终用户收取有关费用。物业管理企业接受委托代收上述费用的,不得向业主收取手续费等额外费用。对物业管理区域内违反有关治安、环保、物业装饰装修和使用等方面法律、法规规定的行为,物业管理企业应当制止,并及时向有关行政管理部门报告。物业管理企业应当协助做好物业管理区域内的安全防范工作。发生安全事故时,物业管理企业在采取应急措施的同时,应当及时向有关行政管理部门报告,协助做好救助工作。物业管理企业雇请保安人员的,应当遵守国家有关规定。保安人员在维护物业管理区域内的公共秩序时,应当履行职责,不得侵害公民的合法权益。[①]

近几十年来,经济的不平衡发展拉大了贫富差距,刺激了人们的需求心理,加剧了社会矛盾。人们为了改善自身的生活条件,满足自我的需要谋取资源,人与人之间的利益冲突纠纷比过去表现得更明显。在这其中,社区对于化解社区纠纷就显得极为重要。

社区冲突产生的原因,首先在于公民财产权利意识和参与意识的觉醒。当个人的房产和家庭生活的安宁受到侵害时,公民有极强烈的愿望去保护财产、捍卫权利,这种维权意识的增强是社区纠纷增多极为重要的方面。此外,社区自身的人际关系的交流也极大地影响到社区的纠纷产生,由于社区的居民楼建造早,年久失修,缺少一些应有的基本设施,比如渗水漏水现象较为普遍。部分居民只顾及自身的利益,没有社区的大家庭意识。比如居民在装修时噪声污染严重,环境危害大。居民素质层次参差不齐。不少来源于老城区的棚户或农村人口的城市迁移,在过去的生活中形成的不良生活习惯及行为方式,如往下扔垃圾、倒水、擅自占用楼道公共部分、违章搭建造成的安全隐患等。

10.1.3 社区纠纷的类型

社区纠纷从不同的角度可做不同的划分。

1. 从纠纷涉及的内容进行划分

这可以分为家庭纠纷、邻里纠纷、物业服务纠纷、拆迁纠纷、小额债权债务纠纷、群体性纠纷等。

---

① http://www.110.com/ziliao/article-187694.html.

(1) 家庭纠纷。家庭纠纷是家庭成员之间有关感情、金钱、子女学业、家务、权利、生活习惯等，没有得到合理解决的纠纷。家庭纠纷的成因主要有经济问题、学业问题、生活习惯不同、性格不合、家中地方挤迫、子女反叛、婚外情、欠缺沟通、不良嗜好等。

(2) 邻里纠纷。社区里容易引发邻里纠纷的事件有噪音扰民、高空掷物、小区停车位混乱，此外还有因为相邻设施引发的纠纷，比如空调滴水、楼层渗水问题等引发的纠纷不断。

(3) 物业服务纠纷。目前物业纠纷的类型包括：业主拖欠物业费、供暖费纠纷，公共费用分摊纠纷，小区车位收费引发的纠纷，业主在小区人身财产丢失所受到侵害引起的纠纷，开发商、前期物业管理公司拒不撤出管理区域引起的纠纷等。

(4) 拆迁纠纷。随着中国城市面貌的日新月异，拆迁也成为既普遍而又棘手的问题。拆迁不仅事关国家发展、城市建设，而且处理不当也极易侵犯公民基本权利，容易引发纠纷。

(5) 小额债权债务纠纷。在社区中，居民之间的小额债权债务关系引发的纠纷也随之增多。这一类利益冲突在邻里之间、物业管理公司和业主之间相对频繁。

(6) 群体性纠纷。群体性纠纷是以群体为主体形成的分歧、对立、争执与冲突。其主体通常有一定的规模，数目众多，利益联系广泛，极易产生各种冲动性的过激行为。

2. 从产生纠纷的当事人的角度可以划分

这可分为居民与居民之间的纠纷、居民与商户之间的纠纷、商户与商户之间的纠纷、物业与业主之间的纠纷等。

(1) 居民与居民之间的纠纷。居民与居民之间的纠纷多是家庭、邻里、小额债权债务方面的纠纷，这类纠纷数量大，相对并不复杂，并且解决途径相对多样。

(2) 居民与商户之间的纠纷。居民和商户引发的纠纷经常发生，比如饭店排烟情况严重，影响到居民的生活环境，当双方的沟通交流出现问题时，容易使矛盾激化，引发纠纷。

(3) 商户与商户之间的纠纷。商户与商户之间也会产生纠纷，对于相邻权的侵犯是其中一个较为普遍的问题。

(4) 物业与业主之间的纠纷。物业管理的职能涉及居民日常生活的多个方面，涉及各种日常事务，因此引发的纠纷也就随之增多。加之物业管理公司的规范化程度还不高，与社区居民的纠纷也就日益加剧。

3. 解决纠纷途径的选择

(1) 当事人自行协商解决纠纷，如和解、谈判。该途径具有灵活性、直接性、简便性、自主性的特点，经济高效且有利于缓和矛盾。

(2) 申请人民调解组织调解。可根据纠纷的类型申请当地居委会调解组织、企事业单位调解组织、镇和街道调解组织、农贸市场调解组织等来调解，其特点是快捷、不收费，调解协议也具有民事合同的法律效力。社区工作人员进行调解要注意以下几个方面，第一，做好社区矛盾和民间纠纷的排查调解工作，及时化解社会不安定因素，调解民间纠纷，促进邻里团结，维护社会稳定。第二，坚持调防结合、以防为主的工作方针。积极做好预防工作，减少纠纷发生。第三，坚持以事实为依据，以法律政策为准绳，妥善调处矛盾纠纷，防止激化,防止发生民转刑案件。第四,积极宣传国家法律、法规和党的方针政策、教育公民遵纪守法,尊重社会公德。第五,及时向社区居委会和有关单位反映民间纠纷和调解工作情况,依靠群众和各级组织共同做好矛盾纠纷的化解工作,创造一个文明和谐的社会环境。第六,做好社区归正人员的帮教工作。

(3) 请求行政部门或相关组织进行调处。按照行政部门及相关组织的职责范围,可视纠纷的类型请求派出所、婚姻登记管理部门、妇联、消协等部门或组织调解,而主持单位的特殊地位也具有一定的权威性。

(4) 通过诉讼解决。该途径是解决纠纷的最后选择,具有专业性、程序严谨性、终局性、权威性等特点。

10.1.4 社区的主要法律规定

1.《中华人民共和国宪法》

第一百一十一条 城市和农村按居民居住地区设立的居民委员会或者村民委员会是基层群众性自治组织。

2.《中华人民共和国城市居民委员会组织法》

第二条 居民委员会是居民自我管理、自我教育、自我服务的基层群众性自治组织。

不设区的市、市辖区的人民政府或者它的派出机关对居民委员会的工作给予指导、支持和帮助。居民委员会协助不设区的市、市辖区的人民政府或者它的派出机关开展工作。

第三条 居民委员会的任务

(一) 宣传宪法、法律、法规和国家的政策,维护居民的合法权益,教育居民履行依法应尽的义务,爱护公共财产,开展多种形式的社会主义精神文明建设活动;

(二) 办理本居住地区居民的公共事务和公益事业;

(三) 调解民间纠纷;

(四) 协助维护社会治安;

(五) 协助人民政府或者它的派出机关做好与居民利益有关的公共卫生、计划生育、优抚救济、青少年教育等项工作;

(六) 向人民政府或者它的派出机关反映居民的意见、要求和提出建议。

第十二条 居民委员会成员应当遵守宪法、法律、法规和国家的政策,办事公道,热心为居民服务。

第十三条 居民委员会根据需要设人民调解、治安保卫、公共卫生等委员会。居民委员会成员可以兼任下属的委员会的成员。居民较少的居民委员会可以不设下属的委员会,由居民委员会的成员分工负责有关工作。

3.《物业管理条例》

第六条 房屋的所有权人为业主。

业主在物业管理活动中,享有下列权利:

(一) 按照物业服务合同的约定,接受物业管理企业提供的服务;

(二) 提议召开业主大会会议,并就物业管理的有关事项提出建议;

（三）提出制定和修改业主公约、业主大会议事规则的建议；

（四）参加业主大会会议，行使投票权；

（五）选举业主委员会委员，并享有被选举权；

（六）监督业主委员会的工作；

（七）监督物业管理企业履行物业服务合同；

（八）对物业共用部位、共用设施设备和相关场地使用情况享有知情权和监督权；

（九）监督物业共用部位、共用设施设备专项维修资金（以下简称专项维修资金）的管理和使用；

（十）法律、法规规定的其他权利。

有关业主大会、业主委员会的规定，参见《物业管理条例》第八条至第二十条。

第六十七条 违反物业服务合同约定，业主逾期不交纳物业服务费用的，业主委员会应当督促其限期交纳；逾期仍不交纳的，物业管理企业可以向人民法院起诉。

第六十八条 业主以业主大会或者业主委员会的名义，从事违反法律、法规的活动，构成犯罪的，依法追究刑事责任；尚不构成犯罪的，依法给予治安管理处罚。

4.《中华人民共和国物权法》

第七十五条 业主可以设立业主大会，选举业主委员会。

地方人民政府有关部门应当对设立业主大会和选举业主委员会给予指导和协助。

第七十六条 下列事项由业主共同决定：

（一）制定和修改业主大会议事规则；

（二）制定和修改建筑物及其附属设施的管理规约；

（三）选举业主委员会或者更换业主委员会成员；

（四）选聘和解聘物业服务企业或者其他管理人；

（五）筹集和使用建筑物及其附属设施的维修资金；

（六）改建、重建建筑物及其附属设施；

（七）有关共有和共同管理权利的其他重大事项。

决定前款第五项和第六项规定的事项，应当经专有部分占建筑物总面积三分之二以上的业主且占总人数三分之二以上的业主同意。决定前款其他事项，应当经专有部分占建筑物总面积过半数的业主且占总人数过半数的业主同意。

有关业主、业主大会的相关规定，参见《中华人民共和国物权法》第七十七条至第八十三条。

10.2 案例研究

10.2.1 案例介绍

案例1 社区（街道）计划生育管理纠纷

原告于1977年5月和殷金莲结婚，1978年3月8日生育一儿子陈幸梓。当时已办理独生子女证。编号 604 号。1990 年 4 月原告与殷金莲离婚。儿子陈幸梓由原告抚养。陈幸梓 1994 年 7 月出国留学至今。原告于 1991 年 4 月与龙再英再婚。龙再英再婚前育有一女，1973 年 8 月 1 日生，当时已年满 17 岁零 8 个月，原名戴军现名龙军。离婚调解约定归龙再英抚养。原告于 1996 年与龙再英离婚。由于再婚后未生育子女，所以法院调解书未涉及子女抚养问题。由于龙再英不搬走，原告为社会的安定和谐也没采取强硬措施，故双方一直同居。但保持各自独立的生活。双方于 2010 年 4 月分居。

原告依据上述情况，按照"湖南省人口与计划生育条例"有关规定于 2010 年 6 月 4 日，向被告申领《独生子女父母光荣证》，其后，被告未履行发证职责。于 2010 年 8 月 13 日再次向被告请求补发"独生子女父母光荣证"。2010 年 8 月 16 日被告复函原告，不予补发"独生子女父母光荣证"。双方协商不成，起诉至法院。被告答辩：按《独生子女父母光荣证》补办程序，原告应当提供单位发给独生子女保健费的名单、档案记录等原始证明材料。因原告未提供，被告可以拒绝补发。[①]

原告陈步清向被告申请补办《独生子女父母光荣证》，被告以原告不符合补办条件为由拒绝补办，导致原告起诉湘潭市岳塘区书院路街道办事处计划生育行政管理纠纷一案。

问题：请结合相关法律法规及有关政策的规定，分析此案应如何解决。

案例 2 社区物业管理纠纷

原、被告住所同在宜昌市××路××花园×号楼，系楼上楼下的邻居关系。2004 年 9 月 25 日晚，被告屋内漏水，同为该楼住户的原告另一邻居 A 下班回家时发现被告家漏水，敲被告家中的门无人，遂告诉一楼住户 B 赶快去联系小区物业管理人员来关掉该楼的进水总闸，B 找到小区物业管理人员一起去关该楼总闸，由于总闸生锈用了一个多小时仍毫无结果，小区管理人员遂去想别的办法，经多方查找联系上被告，才知被告在外地工作，家中房屋一直空着，无奈中直到晚上把整个小区的总水闸关掉才止住漏水。晚上原告回家才得知漏水事件，进家后发现房屋客厅、饭厅及一间卧室屋顶及墙面多处渗水，以及一些物品因浸水而毁损。事发后原告即联系某报社的记者到了现场，并联系了被告商量解决问题，被告因其在外地工作遂委托其家人前去处理，经查看发现水管破裂之处虽在被告室内，但处于单户水表之前。此后因原告提出巨额索赔数额而导致无法调解，原告向人民法院提起诉讼，请求法院判令被告承担原告为此造成的房屋装修费用、误工损失、精神损失及诉讼费等所有为此而发生的费用。[②]

问题：请分析人民法院该作出怎样的判决，法律依据是什么？

10.2.2 案例分析

在案例 1 中，首先应明确原告陈步清与龙再英离婚后，与继子女龙军是否存在抚养关系，是认定陈步清是否可以享有《独生子女父母光荣证》之关键所在。继父母与继子女之间是一种姻亲关系，又称拟制血亲。当生父与继母或生母与继父离婚时，继父母与继子女关系自然消除，但已形成抚养关系的继父母与继子女关系不能自动解除，必须以诉讼方式，经

---

① http://www.110.com/panli/panli_13389219.html.
② http://www.66law.cn/topic2010/xlqjfal/13679.shtml?source=1.

法院调解和判决解除。抚养始于被抚养人出生，止于被抚养人成年。继父母与继子女之间形成事实上的抚养关系在继子女未成年之前方可形成。继父母与继子女是否形成抚养关系，最高人民法院的司法解释规定了两个标志：一是继父或继母有愿意抚养继子女的意思表示，并长期共同生活，继父或继母负担了继子女生活费、教育费的一部分或全部；二是已独立生活的成年继子女对继父母承担了主要的赡养义务。其中长期共同生活，在计划生育工作中一般以五年为界。根据法庭调查查明的事实，本案中原告陈步清与龙军之间不存在事实上的抚养关系。理由是：(一)原告陈步清与龙再英再婚时龙军还有3个月零23天满18周岁。原告陈步清对龙军成年前的抚养时间短。我国法律规定，年满18周岁是独立享受民事权利和承担民事义务的年龄界限，即法律意义上的成年。那么如何界定继父母与继子女的范围呢？根据《婚姻法》第二十七条第二款的规定，可以理解为：具备继子女受继父或继母抚养教育的就是特定的继父母与继子女。需要抚养教育的继子女，显然是未成年的继子女。继子女成年后，继父或继母对继子女在生活、教育或事业上予以关照或资助，不是法律意义上的抚养教育，属于继父母对成年子女的扶养，不能形成具有抚养关系的继父母子女关系。因此也无须通过法律途径解除。(二)原告陈步清与龙再英婚姻关系已经解除，与继女龙军的拟制血亲关系也随之解除，且至今未再婚。其子陈幸梓仍然是陈步清的独生子。此外，龙军在陈步清、龙再英再婚后于1994年9月参加了工作，有了固定的收入。不需要其亲生父母或继父的扶养。

综上所述，原告陈步清与龙军未形成事实上的抚养关系，双方的继父女关系因继父与生母婚姻关系的解除而解除。原告之子陈幸梓的独生子女身份可以确定。根据湖南省人口计生委对《省人大常委会关于修改〈湖南省人口与计划生育条例〉的决定》的应用解释第六条第二款规定：原办理过《独生子女证》或者《光荣证》的，后来遗失，子女数量没有发生变化的独生子女父母，可以申请补办《光荣证》。……由原发证机关或者现工作单位的街道办事处、乡人民政府予以补办。由于原发证机关已破产，原告陈步清要求户籍所在地被告书院路办事处补发《独生子女父母光荣证》的请求符合法律规定，且所提交的材料完备，被告应当履行向原告补发《独生子女父母光荣证》的法定职责。原告的诉讼请求合法，本院予以支持。被告在答辩中称原告应提交单位发给独生子女保健费的名单、档案记录等原始证明材料。因原告工作单位早已破产，其独生子女保健费已停发，原告提交的退休证及退休档案材料中足以证明其已享受了独生子女的优惠政策，对被告的论点不予采纳。根据《中华人民共和国行政诉讼法》第五十四条第(三)项及最高人民法院关于执行《中华人民共和国行政诉讼法》若干问题的解释第六十条第二款之规定，判决被告湘潭市岳塘区书院路街道办事处在本判决生效后十五日内为原告陈步清办理并补发《独生子女父母光荣证》。

在案例2中，表面上是一个常见的关于邻里之间纠纷的案子，由于楼上住户漏水浸湿了楼下的住户，给其财产带来了损失，但直至审理过程中，原告也并未真正查明侵权对象和原因。在相邻关系中构成损害赔偿责任应具备三个要件：损害事实的存在；损害事实与相邻一个行使相邻的行为有因果关系；行为人有过错或虽无过错但依法应当承担法律责任。相邻权行为行使人在本案中到底是谁，即本案损害事实发生结果究竟由谁承担呢？从表面上看，原告家中确被从被告家中流出的自来水淹，这似乎只是两个相邻房屋所有人之间的损害赔偿纠纷，但通过调查我们发现事实并非如此简单。根据被告证据可以证实双方居住小区自来水供应未安表到户,而是由房地产开发商为小区居民安装了分水表,在小区总水表之后,各户分水表之前供水设备属全体业主共有,只是由于设计上不合理,使共有供水设备有一部分设置于业主室内,但据此仍可证实该供水设备并非业主个人所有的财产性质;破裂的供水管在被告家中分水表之前,因此致害的水源所有权此时并非由被告个人所有,由此可见本案被告并非相邻权行使人,不应当成为本案被告;小区业主已将公用设备委托给物业公司管理,因此被告对于自己室内的公用设备既无管理权利,也无管理职责,物业管理公司才是相邻权行使人,即本案中的侵权人。

本案系由原、被告及物业管理公司作为相邻权行使人这三方形成的法律关系,因物业公司管理不善,在通过被告室内的共用进水管部分破裂,而导致了原、被告双方财产损失,因此应该说被告与本案的唯一联系只是因为水管流经被告家中渗入原告家中,实则原、被告都是受害人,被告不应为此承担法律责任。正是由于一方面原告在未查明相关事实的情况下,简单地判断水从何人家中流出即起诉谁;而被告方在案件处理过程中不放过任何一个细节,尽责的现场调查发现了这起看似简单的相邻权纠纷中的特殊之处,并且作出了正确的法律判断,最终导致了案件的戏剧性变化。

10.2.3 相关文书拟定

1. 首次业主大会会议召开工作方案(示范文本)[①]

根据《中华人民共和国物权法》《物业管理条例》和北京市的有关规定,在____区(县)街道办事处(乡镇政府)的指导下,由____区(县)____社区居民委员会代表、____派出所代表、____开发建设单位代表、业主代表,共_____人,于_____年_____月_____日组建_____物业区域(以下简称本物业区域)首次业主大会会议筹备组(以下简称筹备组),经筹备组研究决定,制定本工作方案如下。

一、筹备组决定于_____年_____月_____日至_____年_____月_____日,在本物业区域以____方式召开首次业主大会会议。逾期未完成,则自动延期,但最长不超过_____月。

二、筹备组研究拟定《_____物业区域业主大会议事规则(草案)》《_____物业区域管理规约(草案)》;确认业主身份、业主专有部分面积、建筑物总面积。

三、首次业主大会会议决议事项如下。

1. 选举产生业主委员会委员;
2. 表决《本物业区域业主大会议事规则》;
3. 表决《本物业区域管理规约》。

四、本物业区域业主委员会委员名额为_____名,候补委员名额为_____名,任期自_____年_____月_____日至_____年_____月_____日,届期_____年。

五、业主委员会委员应当符合下列条件。

1. 本物业区域内的业主。
2. 遵守国家法律、法规。

[①] http://www.docin.com/p-93007536.html.

3. 遵守业主大会议事规则、管理规约,履行业主义务。
4. 热心公益事业、责任心强、公正廉洁。
5. 具有一定的组织能力。
6. 具备必要的工作时间。

六、有以下行为之一的业主,建议不被选举为业主委员会委员。
1. 不遵守业主大会议事规则。
2. 违章搭建建筑物、构筑物。
3. 擅自拆改房屋承重结构。
4. 擅自改变住宅外立面,在非承重外墙上开门、窗。
5. 擅自拆改燃气管道和设施。
6. 其他。

七、本着公平、公开、公正的原则,业主可以自荐,也可以联名推荐业主委员会委员候选人,由筹备组协商确定,或投票决定。

八、自荐或推荐人应到筹备组领取《本物业区域业主委员会委员候选人自荐表》或《本物业区域业主委员会委员候选人推荐表》,时间为_____年_____月_____日至_____年_____月_____日,地点_____,过期不予登记。

九、业主表决权数按其拥有物业登记的专有部分建筑面积计算。住宅物业区域的人防、停车库等不计算表决权数。

十、公示方式。
筹备组将于_____年_____月_____日至_____年_____月_____日,在本物业区域显著位置公示《本物业区域首次业主大会会议召开工作方案》《业主委员会委员候选人名单及简历》《本物业区域业主大会议事规则(草案)》《本物业区域管理规约(草案)》《本物业区域业主及其专有部分面积明细表》《本物业区域业主大会会议表决书(票样)》。

十一、选票送达方式。
筹备组将于_____年_____月_____日至_____年_____月_____日以书面表决方式召开业主大会会议。由筹备组派_____名工作人员将《本物业区域业主大会会议表决书》共同送达,由业主签收。

业主本人应当按照《本物业区域业主大会会议表决书》中的要求和形式进行表决,经本人签字后,由筹备组工作人员收集,也可由业主投放到指定地点。

业主可以书面委托代理人参加业主大会,委托书应载明委托事项和业主专有部分建筑面积,一名代理人可同时代理业主不得超过____人。委托书应交筹备组予以核实。

十二、业主委员会委员、《本物业区域业主大会议事规则》《本物业区域管理规约》,应当经专有部分占建筑物总面积过半数的业主且占总人数过半数的业主同意。

业主可以以楼或单元为单位推选业主代表作为监票人,也可以聘请无利益相关的第三方作为监票人。

十三、选票结果统计方式。
筹备组于_____年_____月_____日,在监票人的监督下公开验票,由筹备组对收集的《本物业区域业主大会会议表决书》进行审核和统计,形成《本物业区域首次业主大会会议决议》，并由筹备组召集人和监票人签字确认。

十四、业主委员会第一次会议。

验票结束后 3 日内，由筹备组组织召开本物业区域业主委员会第一次会议，由筹备组宣布《本物业区域首次业主大会会议决议》，公布当选的业主委员会委员名单和业主委员会候补委员名单；当选的业主委员会采用集体讨论方式选举业主委员会主任委员 1 名，副主任委员____名。

十五、业主委员会备案。

业主委员会自选举产生之日起 30 日内，由业主委员会持相关材料到物业所在地的街道办事处备案，并自备案之日起履行职责，筹备组职能终止，自动解散。

业主委员会备案后，应在小区显著位置公示本物业区域业主委员会委员名单、分工及联系方式。

十六、本工作方案由筹备组负责解释。

筹备组全体成员签字：

物业区域首次业主大会会议筹备组

（社区居委会代章）

_____年____月____日

2. 物业服务合同（示范文本）[①]

根据《中华人民共和国合同法》及国家、地方有关物业管理法律、法规和政策，在平等、自愿、协商一致的基础上，就甲方委托乙方对（物业名称）实行专业化、一体化的物业管理订立本物业服务合同范本。

第一条　物业基本情况

坐落位置：_____市_____区_____路（街道）_____号；占地面积：_____平方米；建筑面积：_____平方米；其中住宅：_____平方米；物业类型：_____（住宅区或组团、写字楼、商住楼、工业区、其他/低层、高层、超高层或混合）。

第二条　委托管理事项

1. 房屋建筑本体共用部位（楼盖、屋顶、梁、柱、内外墙体和基础等承重结构部位、外墙面、楼梯间、走廊通道、门厅、设备机房）的维修、养护和管理。

2. 房屋建筑本体共用设施设备（共用的上下水管道、落水管、垃圾道、烟囱、共用照明、天线、中央空调、暖气干线、供暖锅炉房、加压供水设备、配电系统、楼内消防设施设备、电梯、中水系统等）的维修、养护、管理和运行服务。

3. 本物业规划红线内属物业管理范围的市政公用设施（道路、室外上下水管道、化粪池、沟渠、池、井、绿化、室外泵房、路灯、自行车房棚、停车场）的维修、养护和管理。

4. 本物业规划红线内的附属配套服务设施和公共环境的维修、养护和管理及清洁卫生。

5. 交通、车辆行驶及停泊。

[①] http://www.chddh.com/hetong/post/371.html.

6. 配合和协助当地公安机关进行安全监控和巡视等保安工作(但不含人身、财产保险保管责任)。

7. 社区文化娱乐活动。

8. 物业及物业管理档案、资料。

9. 法规和政策规定由物业管理公司管理的其他事项。

第三条 合 同 期 限

本合同期限为___年。自___年___月___日起至___年___月___日止。

第四条 甲方的权利和义务

1. 与物业管理公司议定年度管理计划、年度费用概预算、决算报告。

2. 对乙方的管理实施监督检查,每年全面进行一次考核评定,如因乙方管理不善,造成重大经济损失或管理失误,经市政府物业管理主管部门认定,有权终止合同。

3. 委托乙方对违反物业管理法规政策及业主公约的行为进行处理:包括责令停止违章行为、要求赔偿经济损失及支付违约金、对无故不缴交有关费用或拒不改正违章行为的责任人采取停水、停电等催缴催改措施。

第五条 管 理 目 标

乙方根据甲方的委托管理事项制定出本物业"管理分项标准"(各项维修、养护和管理的工作标准和考核标准),与甲方协商同意后作为本合同的必备附件。乙方承诺,在本合同生效后年内达到管理标准,并获得政府主管部门颁发的证书。

第六条 管理服务费用

1. 本物业的管理服务费按下列第____项执行。

2. 管理服务费标准的调整按下列第____项执行。

3. 乙方对物业产权人、使用人的房屋自用部位、自用设备的维修养护及其他特约服务,采取成本核算方式,按实际发生费用计收;但甲方有权对乙方的上述收费项目及标准进行审核和监督。

4. 房屋建筑(本体)的共同部位及共用设施设备的维修、养护与更新改造,由乙方提出方案,经双方议定后实施,所需经费按规定在房屋本体维修基金中支付。房屋本体维修基金的收取执行市政府物业管理主管部门的指导标准。甲方有义务督促业主缴交上述基金并配合维护。

5. 本物业的公用设施专用基金共计_____元,由甲方负责在_____时间内按法规政策的规定到位,以保障本物业的公用配套设施的更新改造及重大维护费用。

6. 乙方在接管本物业中发生的前期管理费用_____元,按下列第____项执行。

7. 因甲方责任而造成的物业空置并产生的管理费用,按下列第____项执行。

第七条 奖 惩 措 施

1. 乙方全面完成合同规定的各项管理目标,甲方分别下列情况,对乙方进行奖励。

2. 乙方未完成合同规定的各项管理目标,甲方分别下列情况,对乙方进行处罚。

3. 合同期满后,乙方可参加甲方的管理招投标并在同等条件下优先获得管理权,但根据法规政策或主管部门规定被取消投标资格或优先管理资格的除外。乙方全部完成合同责任并管理成绩优秀,多数业主反映良好,可以不参加招投标而直接续订合同。

第八条 违约责任

1. 如因甲方原因,造成乙方未完成规定管理目标或直接造成乙方经济损失的,甲方应给予乙方相应补偿;乙方有权要求甲方限期整改,并有权终止合同。

2. 如因乙方原因,造成不能完成管理目标或直接造成甲方经济损失的,乙方应给予甲方相应补偿。甲方有权要求乙方限期整改,并有权终止合同。

3. 因甲方房屋建筑或设施设备质量或安装技术等原因,造成重大事故的,由甲方承担责任并负责善后处理。因乙方管理不善或操作不当等原因造成重大事故的,由乙方承担责任并负责善后处理。(产生事故的直接原因,以政府有关部门的鉴定结论为准)

4. 甲、乙双方如有采取不正当竞争手段而取得管理权或致使对方失去管理权,或造成对方经济损失的,应当承担全部责任。

本合同正本连同附件共一页,一式三份,甲、乙双方及物业管理主管部门(备案)各执一份,具有同等法律效力。

本合同自签订之日起生效。

甲方签章:　　　　　　　　　　　　　乙方签章:

法人代表:　　　　　　　　　　　　　法人代表:

　　　　　　　　　　　　　　　　　　年　月　日

10.3 拓展阅读

10.3.1 物业服务合同概述

1. 物业服务合同概念

物业服务合同是指物业服务企业与业主委员会订立的,规定由物业服务企业提供对房屋及其配套设备、设施和相关场地进行专业化维修、养护、管理以及维护相关区域内环境卫生和公共秩序,由业主支付报酬的服务合同。

《物权法》第八十一条第一款规定:"业主可以自行管理建筑物及其附属设施,也可以委托物业服务企业或者其他管理人管理。"因此,所谓物业服务合同,就是建筑物区分所有权的业主,将其区分所有的建筑物及其附属设施,委托物业服务企业或者其他管理人管理的合同。

《最高人民法院关于审理物业服务纠纷案件具体应用法律若干问题的解释》第一条规定:"建设单位依法与物业服务企业签订的前期物业服务合同,以及业主委员会与业主大会依法选聘的物业服务企业签订的物业服务合同,对业主具有约束力。业主以其并非合同当事人为由提出抗辩的,人民法院不予支持。"

2003年6月国务院颁布了《物业管理条例》,将原来习称的"物业管理合同"改称为"物业服务合同"。2007年修订的《物业管理条例》第二条规定:"本条例所称物业管理,是指业主通过选聘物业管理企业,由业主和物业服务企业按照物业服务合同约定,对房屋及配套的设施设备和相关场地进行维修、养护、管理,维护物业管理区域内的环境卫生和相关秩序的活动。"从而将物业服务合同界定为业主和物业服务企业之间签订的,以对房屋及配套设施设备和相关场所进行维修、养护、管理,并维护物业管理区域内环境卫生和相关秩序为内容的合同。

2. 物业服务合同对业主具有约束力的法律依据

《物业管理条例》第二十五条规定:"建设单位与物业买受人签订的买卖合同应当包含前期物业服务合同约定的内容。"即前期物业服务合同的相关约定,应当成为买卖合同的一部分,意味着业主在购买建筑物时,已经以自己的意思表示对建设单位所签订的前期物业服务合同的权利、义务予以概括承受,从而对其产生了法律上的约束力。

根据《物权法》第七十五条、第七十六条的规定,选聘物业服务企业是业主大会的职权。业主大会通过民主程序,经过人数和专有面积双重多数的业主同意所作出的决定,对业主具有约束力。《物权法》第七十八条规定:"业主大会或者业主委员会的决定,对业主具有约束力。"

3. 物业服务合同对业主约束力的表现

业主受物业服务合同约束,表现为业主享有物业合同规定的权利,承担物业合同规定的义务。其权利包括接受物业服务企业所提供的服务,对物业服务企业的服务水平进行审查,监督物业服务企业的行为,对物业服务企业的工作提出意见和建议,通过业主大会享有解聘物业服务企业的权利。同时,业主也要承担物业服务合同所规定的义务,包括根据合同规定缴纳物业服务费用,遵守业主公约和物业服务规约,为物业服务提供相应的便利等。在审判实践中,部分业主以自己不是物业服务合同的当事人,不应受物业服务合同约束,或者以自己不同意签订该物业服务合同为由,对于物业服务企业有关缴纳物业服务费用等诉讼请求提出的抗辩,不应获得支持。

10.3.2 物业服务合同的主要内容

物业服务合同是建立在平等、自愿基础上,受业主大会、业主委员会的委托,规范物业服务与管理各方当事人之间权利与义务关系的协议。一般应包括以下内容。

(1) 签订本物业服务合同的法律法规和政策依据。

(2) 所服务物业的基本情况(物业的建成年月、类型、功能布局、坐落、四至、占地面积和建筑面积概况等)。

(3) 物业服务与管理主要事项。

① 建筑物本体建筑的维修养护与更新改造。

② 物业公用设备、设施(如公用照明、中央空调)的使用管理、维修、养护和更新。

③ 物业区域内市政公用设施和附属建筑物、构筑物的使用管理、维修、养护与更新。

④ 附属配套建筑和设施,包括商业网点等的维修、养护与管理。

⑤ 环境卫生管理与服务。

⑥ 安全管理与服务(如治安管理、消防管理和车辆道路安全管理等)。

⑦ 物业档案资料管理。

⑧ 环境的美化与绿化管理,如公共绿地、花木、建筑小品等的养护、营造与管理。

⑨ 供暖管理。
⑩ 社区文化建设。
(4) 管理服务费用。物业服务合同中的管理费用应主要包括如下内容。
① 管理费用的构成，即物业管理服务费用包括哪些项目。
② 管理费用的标准，即每个收费项目收费的标准。
③ 管理费用的总额，即合计每建筑面积或每户每月(或每年)应缴纳的费用总计。
④ 管理费用的缴纳方式与时间，即是按年缴纳、按季缴纳，还是按月缴纳；是分别还是汇总缴纳；缴纳的日期等。
⑤ 管理费用的结算，即缴纳的费用以人民币结算，还是以某一种外币结算。
⑥ 管理费标准的调整规定，即管理费调整的办法与依据等。
⑦ 逾期缴纳管理费用的处理办法，如处罚标准与额度等。
⑧ 专项服务和特约服务收费的标准。
⑨ 公共设备维修基金的管理办法等。①

(5) 双方的权利义务。
双方的权利义务是泛指法定义务之外的其他需要约定的权利义务。不同的物业，其物业管理的项目和具体的内容也不同，合同双方要根据该物业的性质和服务内容及特点，在物业服务合同中约定有针对性的、适宜的权利与义务内容。

(6) 物业服务质量。
约定物业服务质量就是约定各项具体服务应当达到的标准。只约定物业服务项目不约定物业服务质量，或者约定服务质量不明确，会造成合同履行争议。因此，约定服务质量必须具体、细致。如环境卫生服务标准、维修服务标准、绿化维护服务标准等。

(7) 合同期限。
合同期限是指合同的有效期。物业服务合同属于在较长期限内履行的合同，因此当事人需要对合同的期限进行约定。物业服务合同的期限条款应当尽量明确、具体，或者明确规定计算期限的方法，还要约定合同终止时物业及物业资料的交接等问题。

(8) 违约责任。
违约责任是指合同一方或双方当事人违反合同规定的义务，依照法律规定或合同约定由过错一方当事人所应承担的以经济补偿为内容的责任。因物业服务合同的特殊性，为了保证合同当事人的特殊需要，保证物业服务合同义务的切实履行，应当按照法律规定的原则和物业自身服务的对象，对违约责任作出具体的明确约定，如约定违约损害的计算方法、赔偿范围等，并约定免责条件。

物业服务合同除需明确以上内容外，还应包括当事人双方根据物业服务需要商定的其他条款，如约定合同生效的条件、合同争议的解决方式选择等。

因物业服务合同的特殊性，在合同履行中，未约定的服务项目或履行中发生的新项目，在不违反法律法规及相关政策的前提下，由业主、业主大会(业主委员会)、物业服务公司协商一致后应当另行签订补充协议。

---

① http://www.baike.com/wiki/.

课后练习

1. 社区的法律地位是什么？
2. 业主委员会的职责是什么？
3. 案例分析

（1）2011年，张先生买下一套顶楼商品房，并在屋顶上安装了太阳能热水器。没多久，小区的物业公司对张先生指出，这样安装违反了有关规定。然而，张先生并没有进行整改。一周后，物业公司向张先生发出书面通知，要求他在3日内拆除。接到拆除通知的张先生依然无动于衷，于是物业公司将其告上了法庭。

在审理中，物业公司据理力争，说屋顶是整幢楼全体业主共有的，现在张安装太阳能热水器，侵犯了其他业主的权利。物业公司还拿出《上海市居住物业管理条例》加以说明。该《条例》规定，禁止在天井、屋顶以及道路或其他场地搭建建筑物、构筑物。另外，他们小区在"住宅装修须知"中也有"禁止安装卫星天线接收器和太阳能热水器"的规定。

张先生辩称，太阳能热水器不属《上海市居住物业管理条例》中规定的"建筑物和构筑物"，而且太阳能热水器安装在其房屋对应的屋顶上，并没有妨碍其他业主，也不会对屋顶造成损害。

问题：物业服务公司将业主张先生起诉到人民法院，请问人民法院该作出怎样的裁决呢？法律依据是什么？

（2）2005年2月3日，原告苗某发现家中被盗，笔记本电脑、手表、首饰以及高档服装和部分现金失窃，共计价值100余万元。苗某随后向公安机关报案，案件至今没有侦破。苗某认为，既然被告物业管理公司收取了原告的物业费，就应当保障业主在公寓中的人身和财产安全，而被告没有尽到职责，保安制度不健全，没有聘请专业的保安人员，监控不到位，致使原告家中被盗。被告的过失行为与失窃后果存在因果关系，因此被告应予赔偿，故起诉要求被告赔偿实际经济损失80%计80万元。

被告物业管理公司辩称，由于为前期物业管理，收费标准低，公司没有经济能力聘请专职的保安人员，聘请的仅为物业管理员。在原告家中被盗事件中，被告没有过错，不应承担责任。

问题：请分析物业公司是否应承担业主家损失的赔偿责任。

参考文献

[1] 梅夏英,高圣平.物权法教程[M].3版.北京:中国人民大学出版社,2015.
[2] 郭明瑞.名师名校法学讲义物权法[M].北京:中国法制出版社,2009.
[3] 崔建远.物权法[M].2版.北京:中国人民大学出版社,2011.
[4] 王利明.民法总论[M].2版.北京:中国人民大学出版社,2015.
[5] 孟令志,曹诗权,麻昌华.婚姻家庭与继承法[M].北京:北京大学出版社,2012.
[6] 夏吟兰.婚姻家庭继承法[M].北京:中国政法大学出版社,2012.
[7] 杨遂全.婚姻家庭亲属法学[M].北京:清华大学出版社,2011.
[8] 杨大文.婚姻家庭法学[M].北京:中国人民大学出版社,2002.
[9] 吴春歧.婚姻家庭纠纷处理[M].北京:法律出版社,2010.
[10] 李燕春.赡养扶助案例解析[M].北京:中国社会出版社,2009.
[11] 刘辉.婚姻家庭纠纷及法律操作指引[M].北京:法律出版社,2013.
[12] 齐艳英.婚姻家庭法教程[M].沈阳:辽宁大学出版社,2006.
[13] 魏振瀛.民法[M].5版.北京:北京大学出版社,高等教育出版社,2013.
[14] 房邵坤,范李瑛,孟令志,王洪平.亲属与继承法[M].北京:科学出版社,2011.
[15] 高铭暄,马克昌.刑法学[M].6版.北京:北京大学出版社,高等教育出版社,2014.
[16] 刘家琛.刑法分则及配套规定新释新解(中)[M].北京:人民法院出版社,2000.
[17] 张雪梅.实践中的儿童权利[M].北京:法律出版社,2013.
[18] 刘德良.网络时代弱势群体的法律保护[M].北京:法律出版社,2013.
[19] 孟金梅.艾滋病与法律[M].北京:中国政法大学出版社,2005.
[20] 曾庆敏.老年立法研究[M].北京:社会科学文献出版社,2011.
[21] 朱燕.关注特殊人群 创新社会管理[D]."加强和创新社会管理"专题研讨会论文集,2012.
[22] 王全兴.劳动法学[M].北京:高等教育出版社,2013.
[23] 王建军,夏志强,王建容.社区管理的理论与方法[M].成都:四川大学出版社,2008.